AF494635

FÉDÉRATION NATIONALE
DES
COOPÉRATIVES DE CONSOMMATION
Siège social : 13, Rue de l'Entrepôt, PARIS-X[e]

NEUVIÈME CONGRÈS NATIONAL

TENU A MARSEILLE
SALLE DU CHATEAU DES FLEURS
:: Rond-Point du Prado ::
Les 25, 26, 27 et 28 Mai 1922

Prix : 4 francs

PARIS
L'ÉMANCIPATRICE (IMPRIMERIE COOPÉRATIVE)
3, Rue de Pondichéry, 3
—
1922

NEUVIÈME CONGRÈS NATIONAL

Tenu à MARSEILLE

Salle du Château des Fleurs

Rond - Point du Prado

Les 25, 26, 27 et 28 Mai 1922

FÉDÉRATION NATIONALE
DES
COOPÉRATIVES DE CONSOMMATION
Siège social : 13, Rue de l'Entrepôt, PARIS-X[e]

NEUVIÈME CONGRÈS NATIONAL

TENU A MARSEILLE

SALLE DU CHATEAU DES FLEURS

:: Rond-Point du Prado ::

Les 25, 26, 27 et 28 Mai 1922

PARIS
L'ÉMANCIPATRICE (IMPRIMERIE COOPÉRATIVE)
3, Rue de Pondichéry, 3
—
1922

Fédération Nationale des Coopératives de Consommation

13, Rue de l'Entrepôt, PARIS

NEUVIÈME CONGRÈS NATIONAL

Tenu à Marseille

PREMIÈRE SÉANCE DU JEUDI 25 MAI 1922 (matin)

La séance est ouverte à 9 heures, salle du Château des Fleurs, rond-point du Prado, à Marseille.

OUVERTURE DU CONGRÈS

POISSON. — Au nom du Conseil central, je déclare ouvert le Congrès national de la Coopération française. Pour cette première séance, le Conseil central vous propose, comme président, notre camarade GIDE, et, comme assesseurs, nos camarades COLLE, de la Fédération du Midi, et RIEHL, de la Fédération d'Alsace.

S'il n'y a pas d'opposition, je prie ces trois camarades de venir prendre place à la tribune.

Discours d'ouverture de M. Charles GIDE

Coopérateurs et chers Camarades,

Ce n'est pas la première fois que j'ai l'honneur de présider un Congrès à Marseille. Notre collègue M. Gaumont, qui, vous le savez, vient de publier, dans notre journal, l'histoire de la Coopération à Marseille, m'a rappelé à moi-même, car je l'avais un peu oublié, qu'en 1890 j'ai ouvert un Congrès coopératif à Marseille; et il paraît que, à cette occasion, j'avais évoqué le souvenir de la fondation de Marseille par les Phocéens et le mariage de Gyptis ! Mais si j'avais oublié mon allocution, j'avais gardé un souvenir très vif de la réception que nous avait fait ici une société qui portait un nom charmant, « La Belle de Mai ». Et je me rappelle aussi que toute la nuit on a fait danser les coopérateurs. Je ne sais pas s'il y a dans cette Assemblée quelques coopérateurs qui soient de cette époque, ce n'est pas impossible, puisque j'y suis moi-même, mais, même s'il y en a, il y a longtemps qu'ils ne dansent plus.

Depuis cette époque, plus de trente ans, Marseille a grandi, et la Coopération marseillaise a grandi aussi. Au fur et à mesure que vous avez ajouté des bassins à votre Vieux Port, au fur et à mesure de la ruche centrale, qui porte aussi un nom charmant, « La Butineuse », se sont envolés des essaims qui ont formé des succursales, non seulement à Marseille, mais dans les environs. Néanmoins, nous aurions voulu que la Coopération marseillaise eût grandi plus encore, en proportion de l'agrandissement de cette ville magnifique. Je l'aurais voulu par amour-propre de méridional. Car je suis aussi, ne l'oubliez pas, un Méridional de l'autre côté du Rhône, et j'ai parlé, je n'oserai dire la langue de Mistral, mais tout de même le patois du Languedoc, avant de parler français. Si l'on prend une carte de France et qu'on trace une ligne de démarcation entre la France du Nord et la France du Midi — du vrai Midi, celui qui va de Toulouse à Valence — on constate, avec une certaine humiliation, que le nombre des coopératives est beaucoup plus considérable dans la France du Nord que dans la France du Midi. Nous serions bien heureux si la France du Midi avait donné autant de coopérateurs qu'elle a fourni, toutes proportions gardées, d'orateurs politiques et même de ministres.

Mais nous espérons que cet état de choses changera, et nous comptons bien que le Congrès qui nous réunit aujourd'hui donnera une vigoureuse impulsion à la Coopération marseillaise et à la Coopération du Midi en général. Et nous espérons aussi que, réciproquement, ce Congrès fera du bien à toute la Coopération française et à notre Fédération nationale. Nous en avons besoin, car, il ne faut pas le dissimuler et c'est mon devoir de le dire dans ce discours d'ouverture, la Coopération traverse en ce moment une crise difficile, périlleuse même. On pouvait s'y attendre, parce que, après le magnifique essor dont elle a bénéficié pendant la guerre, la Coopération subit la loi commune à tous les mouvements qui fait qu'aux périodes d'expansion succèdent des périodes de dépression. Nous avons en ce moment quelques gros nuages sur notre horizon, et nous voudrions bien qu'ils fussent ici balayés par un souffle bienfaisant comme celui de votre mistral.

C'est d'abord la crise économique. On vous dira tout à l'heure, et vous le savez déjà, que notre Magasin de Gros a subi des pertes de quelques millions; mais nos camarades d'Angleterre pourront vous dire que les Magasins de gros anglais ont subi des pertes autrement considérables. Et, quoique le malheur de nos amis ne console jamais notre propre infortune, cette comparaison nous sauve de toute humiliation. Nous subissons, comme tout le monde commercial et industriel, la crise économique qui, à la suite de la guerre, a fait le tour du monde et continue à dévaster dans une certaine mesure l'Europe entière. Evidemment, il y a des sociétés qui n'auront pu distribuer de bonis ou qui auront dû les restreindre. Et peut-être, à la suite de ces diminutions de bonis, auront-elles vu leur effectif diminué d'un certain nombre de déserteurs coopératistes.

S'il n'y avait que cet accroc, il n'y aurait pas là de quoi nous inquiéter. Nous nous dirions que ce n'est qu'un mauvais moment à traverser. Mais il y a plus; il y a les attaques qui viennent de droite et de gauche, des quatre points cardinaux, et qui menacent notre unité.

A notre droite, voici les commerçants qui ne nous ont jamais aimés — et cela se comprend, il n'y a qu'à se mettre à leur place. Cependant, pendant toute la durée de la guerre, ils avaient observé « l'union sacrée ». Aujourd'hui, ils se dédommagent de ce silence qui leur pesait. Dans de nombreux journaux, dont nos amis de Lorraine ont été particulièrement les victimes, et ailleurs aussi, dans une grande revue qui s'appelle l' « Action Nationale », la Coopération a été attaquée d'une façon tout à fait malveillante. Et dans un Congrès des Unions civiques, récemment, un procureur général honoraire — qui, par une singulière coïncidence, se trouve être un de mes camarades d'enfance, — nous a dénoncés par un réquisitoire des plus violents, en disant :

> Propagande redoutable, celle de la Fédération Nationale des Sociétés de Consommation, qui menace de renverser l'ordre social actuel, et cela par l'alimentation des grèves et le secours donné au Parti Communiste.

On croirait vraiment, à entendre ce réquisitoire, que nous sommes déjà la barre de la cour d'assises! Je dois dire cependant, pour que vous n'attachiez pas une importance extrême à cette violence de langage, que ce procureur général honoraire est aussi un méridional!... Il est, comme moi, du Gard, avec cette seule différence que je suis d'Uzès, et qu'il n'est, lui, que de Bagnols-sur-Cèze. Alors... il exagère... en me dénonçant personnellement comme voulant renverser l'ordre social actuel. Mais tout de même, il a donné l'appui de son autorité à une diffamation, à savoir que nous faisons des millions de bénéfices (toutefois on ne s'entend pas au juste sur le chiffre; les uns disent 70 millions, les autres seulement 40 millions) et qu'ils servent à subventionner, les uns disent la C.G.T., et les autres le communisme, car on n'est pas d'accord non plus sur ce que nous subventionnons; peut-être s'imagine-t-on que la C. G. T. et le communisme c'est la même chose.

Certes! ces 70 millions, ou même seulement ces 40 millions. nous serions bien heureux de les avoir. Et je vous prie de croire que si la C. G. T. avait la perspective de les voir tomber dans sa caisse, cela lui serait aussi, particulièrement en ce moment, infiniment agréable. Malheureusement, ces dizaines de millions ne sont qu'un mirage comme la centaine de milliards de l'indemnité allemande.

On vous dira tout à l'heure, hélas! que nous sommes bien loin d'avoir réalisé des dizaines de millions de bénéfices. Mais même si nous les avions réalisés, on peut croire que, malgré les sympathies que nous avons montrées en différentes circonstances, en effet, pour la C.G.T., il n'y aurait pas un centime qui serait détourné de sa véritable et unique destination, qui est le développement de la Coopération française. Nous protestons donc contre cette calomnie, qui n'est, à vrai dire, qu'une absurdité.

Voici maintenant les coopérateurs catholiques qui nous menacent d'un schisme et qui même, quoique en petit nombre, l'ont déjà effectué. L'année dernière, nous avions vu surgir, en opposition à l'Alliance Coopérative Internationale, une

Alliance Coopérative Chrétienne, qui a son siège à Rome. Cette année, il y a un mois, à Paris, il s'est constitué une Fédération de coopératives dites « indépendantes », qui a déclaré, après une longue discussion, ne pouvoir adhérer à la Fédération Nationale « parce qu'un trop grand nombre de coopératives de notre Fédération Nationale se livrent à une propagande socialiste et anti-chrétienne ».

Eh bien, je proteste également, et avec la même vigueur que tout à l'heure, contre cette assertion.

Parmi les membres du Conseil Central de la Fédération Nationale, il y en a, en effet, qui sont inscrits dans le Parti socialiste, mais il y en a qui appartiennent au parti contraire et d'autres qui n'appartiennent à aucun parti. Mais jamais aucun de nous ne s'est avisé de demander à ses collègues quelles étaient ses opinions politiques ou religieuses. Et aucun de nous n'a exercé une propagande quelconque, ni dans le sens chrétien, ni dans le sens anti-chrétien. Je suis d'autant plus à même, personnellement, de démentir cette accusation, que je suis depuis trente ans membre d'une association protestante de christianisme social et que je vais, dans quelques jours, présider un de ses congrès. Nous sommes libres penseurs ou religieux, protestants ou catholiques, nous sommes tous unis par une même foi et par une même religion, qui est la foi dans la coopération pour le salut temporel des peuples.

De notre gauche aussi nous avons subi maintes attaques. Vous savez que de là aussi nous sont venues des accusations auxquelles, pour les réfuter il suffit d'opposer les accusations en sens inverse que je viens de citer. Mais il y a ici présents quelques-uns de nos camarades coopérateurs communistes; or, il n'est pas dans mon rôle de président de séance de discuter avec eux, mais ils auront l'occasion de se faire entendre ici et la discussion à cet égard pourra s'ouvrir. Qu'ils me permettent seulement de répondre sur un point. Quand ils nous adressent cette critique que la réalisation de notre programme ne ferait que fortifier la société bourgeoise, je puis leur dire que cette même société bourgeoise est loin de partager le sentiment qu'ils expriment là, et qu'elle ne nous a jamais témoigné aucune reconnaissance des prétendus services que nous lui rendons!

Au reste, il n'est pas nécessaire, pour faire route ensemble, de tendre exactement au même but. Le jour où notre programme, qu'on trouve réformiste et petit-bourgeois, sera réalisé, c'est-à-dire le jour où le commerce et l'industrie seront contrôlés par les sociétés coopératives, le jour où le profit aura été éliminé — et j'avoue que ce ne sera pas encore pour demain — ce jour-là, rien n'empêchera nos camarades communistes de continuer leur route en nous laissant en chemin comme des traînards fatigués. Mais en attendant, nous pouvons bien faire route ensemble et combattre ensemble, en maintenant ce « front unique » dont il a été si souvent parlé chez les socialistes. On peut n'avoir pas la même opinion sur certains points, mais coopérer sur d'autres. Nos camarades communistes savent que si je ne partage pas, peut-être à raison de vieux préjugés bourgeois, tout leur programme sur les questions sociales, du moins sur les questions de politique internationale, je suis de cœur avec eux, et personne ne leur est plus reconnaissant que moi-même des efforts qu'ils ont faits, soit pour abréger la guerre qui vient de se terminer, soit maintenant pour empêcher une guerre nouvelle. C'est parce que je leur rends cet hommage que je compte sur eux. Je ne crois pas que dans un moment où, comme je viens de le dire, nous sommes attaqués de tous les côtés, il y ait ici des camarades pour nous tirer dans le dos.

Mais vous comprendrez que je sois inquiet pour notre unité, parce que je sais quelle peine nous avons eue à la constituer et parce que cette unité, nous l'avons déjà vue brisée. Après l'avoir reconstituée, il y a une dizaine d'années, il ne faudrait pourtant pas que nous risquions de la voir se diviser en trois fédérations, celle de droite, celle de gauche, et l'ancienne! C'est contre ce danger que je devais vous mettre en garde.

Mais ce n'est pas tout encore. Nous voyons le gouvernement, qui pendant toute la guerre nous avait témoigné une sympathie justifiée par les services rendus, faire mine maintenant de revenir en arrière et reprendre à certains égards la figure un peu maussade que nous lui connaissions avant la guerre. C'est peu de chose, mais enfin, ce sont là aussi quelques indications auxquelles il faut prendre garde.

Nous avons vu ces derniers jours des circulaires de l'Administration aux fonctionnaires de tous ordres, fonctionnaires de l'Instruction publique, des Finances, de la Justice, etc., pour les inviter à ne pas se laisser porter comme administrateurs de sociétés coopératives, ou à ne pas conserver leurs fonctions. Ce serait un coup terrible pour les coopératives qui ont l'honneur de compter parmi leurs membres un si grand nombre de mes collègues de l'Enseignement à tous les degrés.

Nous avons aussi à nous défendre contre le fisc, qui se montre particulièrement exigeant en matière d'impôts. sous la pression, il est vrai, des réclamations de nos concurrents qui prétendent que les coopératives sont favorisées. Récemment la Fédération des Coopératives avait demandé à être représentée à la Conférence internationale du Travail, à côté des représentants patronaux et des représentants ouvriers; sa demande a été écartée.

La création d'une Chaire dans l'Enseignement supérieur n'a pas été sans rencontrer quelque hésitation de la part de l'administration supérieure. Il y a donc certaines préoccupations pour l'avenir.

Eh bien, malgré tout, j'ai confiance. J'ai confiance parce que, dans ces dernières années, la Coopération a acquis cette très grande force, la première de toutes, qui est la confiance en elle-même.

Oui, la confiance en elle-même. Nous avons acquis cette conviction que nous étions une force économique et une force morale en même temps.

Une force économique qui a été révélée d'une façon indiscutable par les services que la Coopération a rendus dans toute l'Europe durant ces années tragiques, et tout particulièrement dans cette Europe orientale, où l'on peut dire que c'est grâce à la Coopération — et nos délégués qui reviennent de Russie pourront vous l'affirmer — que la vie économique a pu continuer dans cet immense pays. Force morale aussi, car la Coopération, à la différence d'autres grands mouvements économiques, à la différence des trusts, par exemple, est une puissance morale; elle représente quelque chose de supérieur à ce qui, jusqu'à présent, a gouverné le monde économique. Ce qui fait qu'on est venu à elle dans tous les pays c'est qu'on a compris qu'au milieu de ce monde économique qui se rue à la poursuite du profit, par les mensonges de la publicité et de la réclame, la Coopération représentait la justice dans le prix, la vérité dans l'échange et la solidarité entre toutes les classes. Et c'est cette auréole au front de la Coopération qui fait sa force.

Notre camarade Poisson disait ces jours-ci, dans un article, qu'il comptait sur le Congrès de Marseille pour soutenir notre mouvement. Eh bien, je confirme cette affirmation. Géographiquement, on ne peut pas dire que Marseille soit le cœur de la France, mais, moralement et nationalement, toutes les fois qu'il a fallu être « un peu là », Marseille a été là, et ce n'est pas pour rien que notre hymne national porte son nom. Eh bien, nous vous demandons aujourd'hui de faire un effort dans ce sens national. Non pas, remarquez-le bien, que nous soyons des nationalistes, même sur le terrain coopératif; je suis moi-même, en politique et dans tous les domaines, un régionaliste, et en tenant nos congrès d'abord à Strasbourg, puis à Lyon, maintenant à Marseille, nous vous montrons que notre but est de chercher précisément à fortifier le mouvement des Fédérations régionales, non pas assurément pour qu'elles constituent des groupes disséminés, mais pour qu'elles fortifient par leurs adhésions volontaires notre Fédération nationale en attendant que la Fédération Nationale, à son tour, par une Fédération internationale, qui existe déjà dans notre Alliance Coopérative Internationale, nous donne la paix sans laquelle tous les autres biens que les coopératives cherchent à réaliser ne serviraient de rien.

C'est pour cela, chers camarades marseillais, que nous sommes heureux de nous trouver aujourd'hui dans cette ville, reine de la Méditerranée, et que nous avons confiance que nous partirons d'ici plus unis, plus forts et plus confiants encore que nous n'y sommes venus.

LES ORGANISATIONS ÉTRANGÈRES EXCUSÉES

POISSON. — Le Magasin de Gros des Coopératives anglaises à Manchester, nous écrit :

Votre invitation du 4 mars a été soumise à notre Conseil, mais celui-ci regrette de ne pouvoir envoyer un représentant à votre Congrès de Marseille qui a lieu du 25 au 28 mai prochain.

Il espère que votre réunion aura un plein succès.

Nos camarades de l'Union Suisse s'excusent en ces termes :

Nous revenons par la présente à votre lettre du 4 mars 1922, nous invitant à nous faire représenter à votre Congrès à Marseille à la fin du mois de mai prochain.

Nous vous remercions bien sincèrement de votre aimable invitation, regrettons cependant de ne pas pouvoir donner suite à votre invitation pour les raisons suivantes :

La crise économique qui sévit actuellement en Suisse fait sentir ses suites également dans le mouvement coopératif. Par suite du chômage entier ou partiel, surtout dans de nombreuses branches dans l'industrie d'exportation, la force d'achat d'une grande partie de nos membres a diminué. D'un autre côté, la baisse de prix a nécessité des amortissements très importants sur les stocks de marchandises, de sorte que les exercices derniers de nombreuses sociétés aussi bien que de l'U. S. C. n'ont pas bouclé d'une façon satisfaisante.

Les autorités de l'Union ont donc décidé de fixer l'assemblée des délégués de cette année à un dimanche après-midi et de prévoir sur l'ordre du jour exclusivement les questions statutaires Toute excursion ou autre amusement sera exclu afin de permettre aux délégués de pouvoir réintégrer leur domicile encore le jour même. Cette mesure a été prise afin d'éviter tous les frais inutiles. N'ayant rien d'autre chose à offrir aux délégués étrangers, les autorités ont décidé de s'abstenir cette année de lancer des invitations aux organisations coopératives des autres pays. En même temps il a été décidé de ne pas déléguer des représentants de notre organisation aux congrès étrangers pour la même raison d'économie que nous devons suivre dans les petites choses aussi bien que dans les grandes. Nous ne doutons pas que vous comprendrez notre façon d'agir et vous prions de bien vouloir nous excuser de notre absence.

Nous vous souhaitons de tout cœur une très bonne réussite de votre Congrès pour le bien de votre fédération ainsi que pour le mouvement coopératif de votre pays tout entier.

L'Union Centrale des Sociétés coopératives de consommation allemandes s'excuse également et écrit :

Nous vous remercions beaucoup pour votre aimable invitation à assister à votre Congrès qui se tiendra cette année du 25 au 28 mai. Malheureusement il ne nous est pas possible de prendre part à votre Assemblée, étant donnée l'obligation dans laquelle nous sommes d'aller à Gorlitz, Elberfeld et Karlsruh pour assister aux assemblées de notre Union de Révision.

Nous souhaitons le meilleur succès à votre Congrès.

Il en est de même pour le Magasin de Gros des Sociétés coopératives de consommation allemandes, qui nous dit :

Nous vous accusons réception de votre invitation du 4 mars, nous priant d'assister à votre Congrès qui doit se tenir à Marseille du 25 au 28 mai et nous vous en remercions.

A notre grand regret, nos administrateurs sont tous très occupés en ce moment par la tenue d'Assemblées régionales, de telle sorte que nous ne pourrons cette année répondre à votre invitation.

Nous faisons tous nos vœux pour que votre Congrès ait un plein succès.

L'Union des Sociétés coopératives de consommation austro-allemandes à Vienne n'a pu également envoyer de délégués :

Nous avons bien, dit-elle, reçu votre cordiale invitation du 4 mars, à assister à votre IXe Congrès et nous vous en remercions. Malheureusement, pour diverses raisons, il ne nous est pas possible d'assister à votre Congrès. Les conditions du change dans notre pays sont telles qu'elles ne nous permettent pas d'envoyer une délégation à l'étranger. D'autre part, nous sommes très occupés par la préparation de notre Assemblée qui commence le 25 juin, et, quoique nous considérions une délégation comme très utile pour resserrer les relations coopératives, il ne nous est pas possible de l'envisager.

Nous vous envoyons nos meilleurs vœux pour la réussite de votre Congrès.

Le Magasin de Gros des Coopératives de Vienne s'excuse et nous exprime ses vœux :

Nous vous accusons réception de l'invitation que vous nous avez adressée à assister à votre Congrès annuel, mais regrettons de ne pouvoir y envoyer aucun délégué.

Nous vous adressons nos meilleurs vœux de réussite, et nos félicitations pour les buts que vous avez atteints pendant l'année qui vient de s'écouler : vous pouvez être assurés que nous suivons votre mouvement avec le plus grand intérêt.

Nous vous souhaitons une réussite encore plus grande pour l'avenir et nous espérons que, par la diffusion des idées coopératives, les bases d'un avenir meilleur seront jetées.

La Hangya, Magasin de Gros des Coopératives hongroises adresse en ces termes ses saluts à la Coopération française :

Nous avons bien reçu votre honorée du 4 courant par laquelle vous avez bien voulu nous inviter au prochain Congrès coopératif qui aura lieu à Marseille.

C'est à notre vif regret que nous devons vous informer que, vu le change détérioré de notre pays, il nous est à présent impossible d'envoyer des représentants de notre organisation au Congrès.

Néanmoins, qu'il nous soit permis d'envoyer par la présente nos salutations cordiales aux coopérateurs français. Nous avons toujours suivi avec une vive attention les admirables progrès de votre mouvement et nous vous serions très reconnaissants, si vous vouliez nous faire parvenir un rapport complet du Congrès.

Puis, au nom de la Ligue Coopérative d'Amérique à New-York, M. Warbasse, son secrétaire, nous dit son bon souvenir d'une visite en France et nous exprime ses souhaits :

Nous vous remercions sincèrement de votre cordiale invitation à la Ligue Coopérative des Etats-Unis d'Amérique de se faire représenter au 9e Congrès de votre Association. Nous regrettons que la distance qui existe entre nos deux pays nous mette dans l'impossibilité de nous faire représenter, mais vous pouvez être assurés que, par l'esprit, nous sommes avec vous. Nous envoyons nos cordiaux saluts coopératifs à votre Congrès et espérons qu'il aura un plein succès.

Deux des délégués de la Ligue au 10e Congrès coopératif international qui a eu lieu l'été dernier, ont visité un certain nombre de sociétés coopératives françaises pendant la durée de leur séjour et ils ont été très impressionnés par l'accomplissement de la coopération dans votre pays. Le mouvement dans notre propre pays ne s'est pas encore développé dans la mesure des entreprises coopératives en France. La coopération est encore ici dans son enfance, mais c'est un enfant très vigoureux. Nous avons environ 3.000 sociétés de consommation avec 750.000 membres. Ces sociétés ont différents objets, elles comprennent des magasins d'épicerie au détail, des boulangeries, des laiteries, des cinémas, des compagnies d'assurances, des unions de crédit, des compagnies de téléphone et de distribution de lumière. Par dessus tout, de grands progrès ont été faits au point de vue de l'éducation coopérative. De plus en plus, les sociétés coopératives s'affilient à la Ligue coopérative qui est l'Union nationale d'Education du Mouvement.

La Ligue prend un très vif intérêt aux travaux de tous les camarades. Nous savons que notre mouvement est très jeune et que nous avons beaucoup à apprendre des coopérateurs d'Europe. Nous sommes très fiers des résultats acquis par la coopération dans votre pays, car nous sommes attachés aux coopérateurs français par les liens d'une bonne camaraderie. Nous savons que, sans égard aux plans des politiciens pour une Ligue politique des Nations, le mouvement coopératif est une création de vérité, de vie, une ligue économique des consommateurs du monde, pour l'abolition du profit, de l'exploitation et de l'injustice.

Au nom des coopératives de consommation de l'Amérique, nous vous saluons et vous assurons de notre sincère intérêt et de nos meilleurs vœux.

Le Magasin de Gros de Prague donne la raison de son absence et nous assure de sa sympathie :

Nous avons bien reçu votre aimable invitation pour votre IXe Congrès coopératif à Marseille.

Nous vous prions de bien vouloir nous excuser de ne pas pouvoir prendre part à ce Congrès, car, en même temps, notre Société coopérative de Gros a son assemblée générale et c'est pourquoi elle est empêchée d'envoyer son délégué à votre réunion.

Nous vous prions de vouloir bien agréer par la présente nos meilleurs vœux pour le succès de vos discussions que nous suivons avec le plus grand intérêt. Les relations amicales et fraternelles dans l'organisation coopérative internationale sont la preuve d'une sympathie mutuelle entre le mouvement coopératif de nos deux pays, et soyez persuadés que nous conserverons dans l'avenir l'estime et l'admiration pour le mouvement coopératif français.

L'Union Centrale des Sociétés coopératives de Tchéco-Slovaquie s'excuse également :

Nous avons reçu votre invitation du IXe Congrès de votre Fédération Nationale des Coopératives de Consommation, qui aura lieu à Marseille les 25-28 mai, dit-elle. En vous remerciant cordialement pour cette amabilité, nous regrettons de ne pouvoir envoyer nos délégués à votre Congrès, étant très occupés dans notre mouvement coopératif.

Agréez, chers coopérateurs, nos meilleures salutations au IXe Congrès, au nom de notre Fédération tchéco-slovaque des Coopératives, siège à Prague, qui a donné dans la dernière année la preuve de sa vitalité et d'une grande prospérité.

La Fédération compte maintenant plus de 1.300 sociétés coopératives avec plus d'un million de membres et le chiffre d'affaires se monte à 1.500 millions de couronnes tchéco-slovaques.

Notre mouvement coopératif s'étend à plus de 4 millions de personnes.

Nous sommes sûrs que votre Congrès de Marseille prendra les délibérations utiles à tout le mouvement coopératif.

L'Union Coopérative et le Magasin de Gros de Suède nous disent :

Nous avons reçu votre aimable invitation de prendre part au Congrès de la Fédération Nationale des Coopératives de Consommation. Nous regrettons de ne pas avoir l'occasion de l'accepter.

Nous espérons pourtant que vous voudrez exprimer au Congrès nos salutations cordiales.

L'Union Coopérative norvégienne exprime au Congrès ses bons sentiments :

En vous remerciant, dit-elle, de votre aimable invitation au Congrès à Marseille, nous regrettons d'être obligés de vous faire part qu'il ne nous est pas possible d'y être représentés.

Nous vous prions, chers coopérateurs, de porter à la connaissance du Congrès nos sincères salutations et nos meilleurs vœux du résultat du travail.

Le Magasin de Gros des Coopératives agricoles d'Irlande souhaite le succès du Congrès :

Nous vous remercions de votre aimable invitation à assister à votre

Congrès qui doit se tenir du 25 au 28 mai prochain. Nous regrettons cependant de devoir vous informer qu'il n'est pas possible à notre Société d'envoyer un délégué à cette occasion.
Nous souhaitons beaucoup de succès à votre Congrès.

Le Bureau Central des Organisations coopératives danoises assure le Congrès de ses vœux :

Nous avons reçu votre aimable invitation de prendre part au IXe Congrès de la Fédération Nationale des Coopératives de Consommation à Marseille les 25, 26, 27 et 28 mai prochain.
En regrettant de ne pas avoir l'occasion de l'accepter, nous vous prions, Messieurs et chers coopérateurs, de vouloir bien porter au Congrès nos remerciements à l'invitation et nos meilleurs vœux pour la Coopération française.

L'Union Générale des Coopératives finlandaises s'excuse et déclare :

En possession de votre aimable invitation contenue dans votre lettre du 4 mars, dans laquelle vous nous demandez d'envoyer des représentants au Congrès de votre Fédération à Marseille, les 25-28 mai prochain, nous regrettons de ne pouvoir, cette année, vous envoyer des représentants.
Nous souhaitons un bon succès à votre Congrès.

Le Magasin de Gros finlandais souhaite le succès du Congrès

En possession de votre cordiale invitation contenue dans votre lettre honorée du 4 mars, d'envoyer des représentants au Congrès de votre Fédération à Marseille, les 25-28 mai prochain, nous regrettons de ne pouvoir cette année envoyer des représentants à votre Congrès.
Nous souhaitons un bon succès à votre Congrès.

Puis l'Union Centrale des Sociétés coopératives de consommation de Finlande pense pouvoir envoyer des délégués à un prochain Congrès :

De notre part et de celle du Magasin de Gros, dit-elle, nous vous remercions vivement de votre amicale invitation au Congrès de Marseille.
Nous regrettons beaucoup de ne pas pouvoir envoyer cette fois de représentants. Nous avions l'intention d'envoyer au Congrès le président de notre Conseil d'administration Väinö Tanner, qui prend part à la Conférence de Gênes en représentant du Gouvernement finlandais. Mais puisque Tanner, comme nous l'avons appris, doit, en quittant Gênes, voyager ailleurs, nous ne pouvons pas réaliser notre désir.
Nous souvenant des agréables impressions que nous a faites la présence de vos représentants, MM. Camin et Lévy, à notre Congrès de l'été dernier, nous espérons vivement avoir à l'avenir l'occasion d'envoyer des représentants au Congrès des coopérateurs de France.
Nous souhaitons à votre Congrès et au mouvement coopératif français, le meilleur succès.

Enfin l'Union Coopérative du nord de l'Espagne, une organisation centrale de récente création, invoque sa jeunesse et s'excuse ainsi :

Nous avons l'honneur de vous accuser réception de votre aimable invitation du 4 mars, relative au Congrès que votre honorable Fédération tiendra à Marseille les 25, 26, 27 et 28 mai prochain.
Nous avons été très sensibles à cette invitation et vous remercions vivement pour votre délicate attention. Mais, pour des raisons nombreuses qui ne vous échapperont pas, chers coopérateurs, notamment l'état actuel de

notre société qui ne fait que s'organiser et la situation de sa trésorerie, nous ne pouvons nous permettre, pour l'instant, aucun débours sérieux, partant un voyage onéreux à l'Etranger.

Néanmoins, nous suivrons avec une attention soutenue les débats de votre Congrès, et si vous voulez bien nous être agréables, nous vous demanderons de nous faire suivre les comptes rendus de vos séances.

Enfin, l'Union des Coopératives polonaises vient de nous faire parvenir le télégramme suivant :

Regrettons ne pouvoir assister à votre Congrès. Agréez salutations empressées et souhaits meilleur succès pour mouvement fraternel de France.

LA RÉCEPTION DES DÉLÉGUÉS ÉTRANGERS

Le Président. — Je donne la parole aux délégués étrangers, et d'abord à notre camarades Galacher.

Discours de GALACHER, Délégué de la Wholesale écossaise

Galacher. — Monsieur le Président, camarades ocopérateurs, c'est un plaisir pour moi, et aussi un privilège, que de vous apporter les amitiés fraternelles du Magasin de Gros écossais, et aussi de vous exprimer ses meilleurs vœux de succès pour ce grand congrès et pour la prospérité du mouvement coopératif français.

En Angleterre, nous traversons à l'heure actuelle des temps très durs; nous payons à l'heure actuelle les frais des conflits, et l'époque de guerre pèse sur nous. Chômage, salaires très bas, grèves, lock-out, sont à l'ordre du jour, et c'est la conséquence d'une crise industrielle sans précédent. L'industrie et le commerce de la Grande-Bretagne ont été durement éprouvés; bien des maisons de commerce ont fait banqueroute; d'autres, actuellement encore debout, ont cruellement souffert; mais le mouvement coopératif anglais est toujours debout, avec autant de courage qu'autrefois. Certes, nous autres coopérateurs anglais, nous avons eu bien des pertes à supporter; nos affaires ont fléchi considérablement depuis 1919. Mais notre mouvement est toujours dans une situation financière saine, et la confiance de nos membres est restée inébranlable.

Pendant la période de guerre, la Coopération, en Angleterre, a prouvé sa force, la sûreté de ses principes, et leur valeur aux yeux des travailleurs. A l'heure actuelle, pendant des heures difficiles, après la plus grande et la plus terrible guerre de l'histoire, quand nous essayons de reconstruire le monde délabré, nous autres militants, nous voyons quelle force vitale, quel principe essentiel est la Coopération au point de vue de la vie économique d'un pays, et combien grande serait l'erreur du reconstructeur qui travaillerait en son absence.

Nous désirerions que nos hommes d'Etat puissent adopter le principe de coopération pour l'organisation à établir entre les nations. La Conférence de Gênes eût pu, peut-être, après les négociations qui ont eu lieu, être plus productive en résultats favorables si les nations avaient été moins méfiantes et moins égoïstes, si elles avaient pensé un peu moins à leurs intérêts nationaux, et entrevu l'Europe comme une société unique, une société fraternelle de nations. Ce sont d'ailleurs là les seules bases pouvant servir à la construction d'une paix durable et si nécessaire. Nous devons apporter les principes de la coopération dans nos relations internationales ; sinon, la paix de l'Europe restera menacée.

Pour ces raisons, les coopérateurs d'Ecosse sont pleinement en faveur de cette coopération internationale. Nous désirons voir les démocraties du monde alliées dans un magnifique mouvement de coopération internationale, de manière que la production de tous les pays puisse circuler librement et économiquement d'un point à un autre, sans l'intervention du profiteur ou de l'intermédiaire inutile.

Nous désirons aussi la coopération internationale dans un but et pour des raisons encore plus importantes. Nous désirons, et nous espérons que les peuples de tous les pays apprendront à se connaître et à s'aimer, et qu'ils arriveront à réaliser leurs aspirations par la bienfaisante coopération. N'oublions pas non plus notre mouvement coopératif international, et faisons tous nos efforts pour contenir nos hommes d'Etat, pour abolir la guerre entre les nations, pour éviter les effusions de sang et l'opposition de créatures humaines à d'autres créatures humaines. C'est là un grand et noble devoir, une œuvre admirable à laquelle nous pouvons nous attacher, et qu'il n'est pas possible de réaliser si nous n'appelons à notre aide l'esprit de coopération.

Pour conclure, je désire adresser mes compliments aux sociétés coopératives de France, à l'occasion de ce grand Congrès de Marseille. J'espère que toutes les sociétés coopératives ici représentées auront l'aide de Dieu pour continuer leur effort. Le passé est loin; n'en parlons plus. Mais rappelons-nous les leçons acquises, et que celles-ci ne soient pas dédaignées. Consacrons nos cœurs et nos esprits à ce grand travail, à cette œuvre admirable qui sont devant nous : la régénération du monde pour et par la coopération, et espérons que la seule et unique compétition qui restera de cette manière entre les nations sera pour savoir laquelle aura le plus fait pour servir la cause de l'humanité.

Le Président. — Je donne la parole à notre ami Mac Leod, qui représente également la Wholesale écossaise.

Discours de Mac LEOD, Délégué de la Wholesale écossaise

Mac Leod. — C'est pour moi le plus grand des plaisirs que d'avoir eu le privilège de venir à Marseille avec mon collègue Galacher, pour participer avec vous à cette réunion amicale et fraternelle, dans ce pays de France qui, après ces années de cruels sacrifices, restera un pays de beauté parmi les nations de la terre.

Monsieur le Président, nous venons du pays d'Ecosse. Quelquefois ceux qui viennent chez nous, à notre contact, nous trouvent un peuple jusqu'à un certain point particulier. Nous nous présentons avec moins de chaleur, dans les Congrès internationaux, que la plupart des autres délégués, et aussi, jusqu'à un certain point, nous semblons arriérés. Ceci peut être attribué

Contrairement à ce que les pessimistes pouvaient penser, les résultats n'ont pas été désastreux pour notre Magasin de Gros, bien au contraire; et si une crise a éclaté sur les coopératives dans presque tous les pays, nous pouvons être heureux, quant à nous, de dire que jusqu'à présent elle ne s'est pas encore fait sentir à nos organisations. Le chiffre d'affaires de notre Magasin de Gros a été aussi important cette année-ci, alors qu'il ne s'adressait plus qu'à de grosses coopératives, qu'au temps où les coopératives étaient locales. Nous n'avons pas vu diminuer notre chiffre d'affaires, malgré la baisse très appréciable de tous les produits.

En ce qui concerne les résultats, nous pouvons aussi nous féliciter. Nous pouvons même vous dire que nous aurons cette année-ci un de nos plus beaux bilans. Cela est dû au fait que, fournissant directement à toutes les grosses coopératives, nous n'avons plus besoin de stocks dans nos dépôts, et au fait que nous n'avons pas eu à subir les fortes dépréciations devant fatalement affecter toutes les marchandises se trouvant dans ces dépôts.

Si, pendant les neuf premiers mois de l'exercice, nous nous sommes ainsi occupés à peu près uniquement à consolider nos œuvres, pendant les trois derniers mois nous avons suivi l'idée géniale que vous nous avez apprise, en organisant d'une façon systématique la propagande coopérative. Vous avez fait, en France, une semaine coopérative. Nous avons fait, nous, les trois mois coopératifs. Et si nous avons fait une manifestation de cette durée, c'est parce que, à côté des conférences publiques, à côté des fêtes coopératives, nous avons organisé une propagande systématique dans toutes les organisations syndicales, ne comprenant pas plus qu'un syndiqué ne soit pas coopérateur que nous ne comprenons qu'un camarade ouvrier ne soit pas syndiqué.

Et cette propagande a produit. Votre vénéré président vous disait tout à l'heure qu'en France vous étiez sous le coup des attaques des Unions Civiques. Nous nous trouvons, nous, en Belgique, en face des mêmes adversaires; nous avons aussi trouvé devant nous les Unions Civiques, et, quand nous nous sommes aperçus qu'elles voulaient nous combattre d'une façon trop vigoureuse, nous avons tendu la main aux syndicats, qu'elles attaquaient également. Nous avons fait avec eux une union encore plus étroite, pour le plus grand bénéfice et des organisations syndicales et de la Coopération.

Voilà ce que nous avons fait. Oh! je sais bien que nous n'avons pas fini. Je sais bien que les Unions Civiques, créées surtout par les commerçants, par les mercantis, voient encore d'un mauvais œil les coopératives et les syndicats. Mais en nous tenant ferme, en luttant d'arrache-pied, nous avons la conviction que ce n'est pas à elles que restera la victoire. Au contraire, je vous garantis que nous leur ferons mordre la poussière.

Voilà, chers camarades, ce que nous avons fait au point de vue coopératif. Mais il y a autre chose.

En passant dans les rues de Paris, en passant, pour venir ici, dans vos belles avenues de Marseille, j'ai été frappé par une affiche placardée un peu partout : « Taxe sur le prix du pain. » Je me suis étonné qu'ici en France, le gouvernement, les maires, les préfets — je ne les nomme pas par ordre hiérarchique — soient obligés de fixer le prix du pain. Dans mon petit pays, le gouvernement n'intervient pas, ni les gouverneurs, ni les bourgmestres. Pourquoi? C'est parce que la Coopération est maîtresse des grandes boulangeries belges, et que les commerçants sont obligés de fixer le prix du pain comme nous le voulons. C'est une chose qui donne raison à l'affiche que vous avez publiée l'année passée, disant que les coopératives ne doivent pas fixer leurs prix d'après ceux du commerce privé, mais que c'est le commerce privé qui doit établir ses prix d'après ceux des coopératives.

Voilà donc l'exemple d'un cas dans lequel nous parvenons à être les maîtres d'un produit. Nous devons nous employer énergiquement à ce qu'il en soit de même dans d'autres branches de l'alimentation. C'est la raison pour laquelle je vous dis : Unissons-nous, travaillons ensemble d'une façon encore plus étroite pour établir la Coopération d'une façon telle qu'elle n'ait plus rien à craindre, ni des Unions Civiques, ni de n'importe quel autre organisme bourgeois. Elle doit passer outre et triompher. C'est en formulant ce souhait, chers camarades, que je fais tous mes vœux pour la réussite de votre Congrès.

Le Président. — Nous remercions notre camarade Dupont. J'ai été d'autant plus heureux d'entendre son appel à l'unité que je sais, et je dois le rappeler aux jeunes d'entre nous, quel a été le rôle des coopérateurs belges dans l'histoire du mouvement français. Ce sont eux — ceux qui ne sont plus là aujourd'hui, comme César de Paepe, ou ceux qui y sont encore, comme Bertrand ou comme Vandervelde — qui ont montré à nos adversaires que socialistes politiques et non-socialistes pouvaient marcher réunis dans le mouvement coopératif. Ils ont été les parrains de l'unité française sous sa forme actuelle de la Fédération Nationale.

Tout à l'heure, les délégués écossais nous ont un peu consolés en nous disant qu'ils avaient éprouvé des pertes et j'en tirais pour nous quelque consolation. Or, voici au contraire les coopérateurs belges qui nous disent qu'ils ont victorieusement traversé la crise. Eh bien, tirons aussi de cette constatation en sens inverse quelque chose de bon, un encouragement pour demain.

Remercions aussi nos camarades belges de venir si fidèlement à chacun de nos congrès. Anglais, Belges et Français, dans tous les congrès, depuis une trentaine d'années, sont inséparables. Ils forment, dans l'ordre coopératif, l'alliance des trois pays libéraux de l'Europe occidentale, alliance que nous espérons bien voir devenir permanente dans l'ordre politique.

La parole est à notre camarade Nast, qui représente ici l'Office National de crédit agricole.

Discours de NAST,
Représentant l'Office National du Crédit Agricole

Alfred Nast. — Par une rencontre qui peut paraître assez singulière, moi qui, depuis plus de vingt années, ai donné ce que j'ai pu d'activité au mouvement coopératif de consommation, et qui, depuis aussi près de vingt ans, ai, soit comme délégué de sociétés coopératives de consommation, soit comme rapporteur, — l'année dernière encore à Lyon, — participé à beaucoup de congrès des coopératives de consommation, je me vois à vos assises de Marseille, représenter l'Office National du Crédit Agricole. M. Tardy, son directeur général, qui est lui-même, de longue date, un ami de la Coopération sous ses diverses formes, m'a demandé, sur l'aimable invitation adressée à l'Office par le secrétariat de la Fédération Nationale des Coopératives de consommation, d'assister à votre Congrès comme délégué de cet établissement public; et d'être parmi vous, c'est pour moi, comme vous devez bien le penser, un véritable plaisir.

Depuis plusieurs années, des relations courtoises et même cordiales tendent à s'établir entre les diverses formes d'activité coopérative, et spécialement entre la coopération de consommation et les coopératives agricoles. Il doit donc nous apparaître comme un signe des temps de voir que, de plus en plus, dans les congrès, soit des coopératives agricoles, soit des coopératives de consommation, les délégués des unes et des autres sont appelés à se rencontrer.

L'année dernière, au Congrès de la Fédération Nationale de la Mutualité et de la Coopération Agricoles, qui s'est tenu à Reims, notre camarade Poisson a représenté la Fédération Nationale des coopératives de consommation. Cette année, la Fédération Nationale de la Mutualité et de la Coopération agricoles a désigné une délégation pour assister à votre Congrès de Marseille. D'autre part, l'Office National de Crédit Agricole m'a demandé de venir le représenter parmi vous.

Il serait trop long pour l'instant de vous expliquer en détail dans quelles conditions sont organisées, au point de vue de leur groupement, les associations coopératives agricoles. Cette organisation apparaît sur un plan assez différent de celui des sociétés coopératives de consommation. J'indique toutefois qu'il y a la Fédération Nationale, dont je parlais tout à l'heure, qui est un organe moral comme la Fédération des coopératives de consommation, et qu'il y a l'Office National du Crédit agricole, dont l'origine s'explique par le développement de la législation concernant la Coopération agricole depuis près de trente années. Cet Office, institué par la loi du 5 août 1920, est aussi un organe de propagande et en même temps d'aide économique : il a pour mission « de coordonner l'action des institutions de crédit agricole, de faciliter leurs opérations, de développer parmi les populations rurales la pratique du crédit mutuel et de la coopération agricoles ».

Il faut reconnaître un fait : c'est que, en France, la coopération agricole est extrêmement développée, et que ses formes d'activité sont extrêmement nombreuses. Quand on parle comme coopérateur de consommation, on s'efforce de représenter l'intérêt du consommateur comme quelque chose de général et d'uniforme, tandis que, lorsqu'il s'agit des manifestations de l'activité productrice, il y a de nombreuses différenciations. Je laisse de côté l'activité industrielle. Sur le domaine de l'activité agricole, on aperçoit des formes très variées. Il y a des sociétés d'origine parfois fort ancienne, comme, par exemple, les sociétés fromagères du Jura. Il y a des coopératives agricoles qui tendent à s'industrialiser : on connaît de plus en plus les distilleries, les sucreries coopératives, sans lesquelles les producteurs, les betteraviers, sont victimes, en ce qui concerne la vente de leurs produits, de certaines entreprises financières, alors que le consommateur, de son côté, ne bénéficie d'aucune baisse du prix du sucre. D'autre part, lorsque l'on descend vers le Midi, il y a toute une floraison de coopératives agricoles. M. Gide, dans son discours, a fait allusion à la lenteur avec laquelle le mouvement des coopératives de consommation a procédé dans le Midi; mais, au contraire, précisément dans le Languedoc et dans la Provence, les coopératives agricoles sont extrêmement nombreuses. Ce sont, bien entendu, dans les pays de viticulture, les caves coopératives; ce sont ici, en Provence, des sociétés de producteurs de fleurs, des sociétés oléicoles. Ce sont, dans d'autres régions, les minoteries coopératives. Et je ne parle pas des innombrables coopératives pour l'utilisation de machines à battre et autres instruments, pour la vente des produits, etc.

Nous voyons que, de plus en plus, les coopératives agricoles et les coopératives de consommation se recherchent. Cela est vrai à l'étranger, et cela est vrai en France. Ainsi l'entente semble se préparer entre, d'une part, les coopérateurs de consommation, ceux des villes et ceux des campagnes, et, d'autre part, les agriculteurs en tant que producteurs. D'ailleurs, chez l'agriculteur, il est extrêmement difficile de séparer le consommateur et le producteur.

Entre les grandes organisations coopératives des villes, entre les sociétés régionales de consommation dites sociétés de développement, et les exploitations agricoles avoisinantes, des tentatives de rapprochement et même d'union se manifestent. On voit en ce moment des relations de ce genre s'établir effectivement, entre autres régions, dans l'est de la France. Rappelez-vous le Congrès des sociétés de consommation tenu à Strasbourg il y a deux ans : ce Congrès avait, après avoir entendu les explications de mon vieil ami, le Docteur Fauquet, préconisé les rapports entre producteurs et consommateurs. Dans l'est de la France, il y a en ce moment, entre d'une part l'Union des Coopérateurs de Lorraine et, d'autre part, des coopérateurs agricoles, notamment pour le lait, une œuvre non seulement de rapprochement mais de véritable union, qui s'élabore. Des ententes se créent aussi entre coopératives de consommation et coopératives de production, en ce qui concerne l'aliment indispensable dont notre ami Dupont, délégué belge, parlait tout à l'heure : je veux dire le pain.

Dupont a évoqué la question de la taxe. Il y a, précisément en France, dans les Charentes, de vieilles sociétés, tantôt purement rurales, parfois mi-rurales et mi-urbaines, qui se sont donné le nom de « panifications » : ce sont les boulangeries, des coopératives de consommation. Ces sociétés entrent de plus en plus en relation avec des minoteries coopératives. Ces minoteries sont constituées entre producteurs de blé. Or, une grande partie de la clientèle des panifications, un grand nombre des coopérateurs de consommation, ce sont justement ceux-là mêmes qui apportent leur blé au moulin coopératif. En multipliant les rapports entre producteurs et consommateurs de produits agricoles, on pourrait éviter bien des difficultés concernant la fixation des prix de vente. Ainsi, pour le pain, dans la région des Charentes dont je vous parlais tout à l'heure, région de Saintes, de Rochefort, etc., la question est déjà résolue sans qu'il ait été nécessaire de faire intervenir la taxe.

Je veux insister sur un autre point. C'est que, dans les milieux agricoles eux-mêmes, jusqu'à présent on a représentés comme n'ayant essentiellement qu'un but, celui d'obtenir les prix les plus rémunérateurs, nous voyons se développer la notion de l'intérêt général. Une action, d'ailleurs récente, favorise ce mouvement. Il y a, dans un certain nombre de régions, notamment dans les régions dévastées de l'Oise et de l'Aisne, de grandes associations agricoles d'intérêt collectif, qui se constituent en vue d'assumer un service public: la distribution de l'énergie électrique. La législation sur le crédit agricole permet actuellement aux populations rurales d'organiser de grands services d'intérêt collectif, tels que distribution d'électricité, voies ferrées, abattoirs coopératifs, etc. Ici nous touchons précisément à ce point sensible que j'indiquais tout à l'heure, ce point d'équilibre entre les intérêts légitimes du producteur et les intérêts non moins légitimes du consommateur. C'est précisément cet équilibre qui est nécessaire pour que, d'un côté, le consommateur reconnaisse qu'il faut organiser des méthodes de production qui soient d'accord avec la dignité du travail industriel ou agricole, et pour que, d'autre part, le producteur lui-même, notamment la population des campagnes, se rende compte qu'il y a un intérêt général, collectif, s'étendant à tous ceux qui ont besoin de services économiques. Lorsqu'une société agricole d'électricité se constitue, elle est amenée, par la force même des choses, à représenter l'intérêt général du consommateur d'énergie électrique, du consommateur de lumière, ou du consommateur de force, et, ici, nous retrouvons précisément cette entente, qui va jusqu'à la fusion, entre les intérêts du consommateur et ceux du producteur.

Chers Coopérateurs, je terminerai en évoquant une conception très large de la Coopération, celle précisément que l'on a appelée la République coopérative. Je crois, d'ailleurs, que les théoriciens de la République coopérative n'ont pas été toujours, du moins en apparence, extrêmement d'accord. Je crois que le premier, en France, qui ait employé cette expression — République coopérative — a été, en 1889, notre vénéré maître M. Charles Gide. Si je ne me trompe, il avait précisément marqué pour l'avenir cette entente nécessaire entre les organisations coopératives qui peuvent évidemment se différencier les unes des autres par les méthodes, suivant qu'il s'agit du crédit, de la consommation ou des diverses formes de production; M. Gide évoquait l'harmonie à créer entre les multiples manifestations de l'activité coopérative. Je crois personnellement que c'est là le vrai plan de la République coopérative. Elle ne sera certainement pas réalisée du jour au lendemain; il y aura bien des questions d'application, mais l'économie politique doit être, au fond, une science destinée à faciliter la découverte des transactions entre des forces qui paraissent contraires. La vraie formule sera celle qui permettra à toutes les Sociétés coopératives de se développer, comme je le disais tout à l'heure, en se cherchant les unes les autres, et, espérons-le aussi, en se trouvant.

Le Président. — Mon jeune et vieil ami Nast sait, comme il

vient de le dire, que je suis tout acquis à cette entente entre nos sociétés et les coopératives de production en général, celles agricoles en particulier. Je crois que le mouvement coopératif ne pourra jamais prendre une extension complète en France si cette entente ne se réalise pas, et cette question est tellement importante qu'il faudra bien la mettre à l'ordre du jour d'un prochain Congrès. Malheureusement elle n'est pas très facile à réaliser. Notre camarade Nast a dit que les coopératives de consommation et les coopératives agricoles se cherchent. Je ne suis pas très convaincu que les unes et les autres se cherchent avec beaucoup d'empressement. Ou, si elles se cherchent, ce doit être comme au jeu de Colin-Maillard. Ce qu'il faudrait, c'est précisément faire tomber le bandeau des yeux des unes et des autres, en montrant, d'une part, aux sociétés de production agricole combien elles défendraient mieux leur intérêt si elles défendaient en même temps l'intérêt général; et, d'autre part, en montrant aux sociétés de consommation que le terrible problème du protectionnisme, qui empoisonne en ce moment non seulement la vie nationale de tous les pays mais la vie internationale, pourrait trouver sa solution dans une entente entre les sociétés de consommation et les sociétés de production agricole. Dans cette prévision notre concours et notre sympathie, dans ce Congrès, sont évidemment tout acquis au mouvement des coopératives agricoles.

Le délégué de l'Union coopérative anglaise ne pourra venir que demain. La liste des délégués étrangers se trouve donc épuisée. La parole est maintenant au secrétaire général Poisson.

LA RÉGLEMENTATION DES TRAVAUX DU CONGRÈS

Poisson. — Camarades, conformément à la tradition de nos précédents Congrès, j'ai à vous indiquer les mesures qui ont été prises pour la bonne tenue et la bonne marche de ce Congrès, et que le Conseil central vous propose de ratifier.

Je vous rappelle tout d'abord que nous avons une Commission de vérification des mandats à nommer. Son rôle est assez simple, puisqu'en réalité, les Sociétés qui composent ce Congrès sont à la fois adhérentes à la Fédération nationale et aux Fédérations régionales, et que, par conséquent, la mise au point de la liste des organisations représentées s'est faite avant le Congrès. Je ne connais pas à l'heure actuelle de contestation soulevée au sujet des mandats, mais il faut cependant nommer cette Commission. Elle se compose généralement de trois membres. Voulez-vous désigner trois camarades?

Le Congrès désigne : Brot, Pérussie, Betbeder.

Poisson. — Nous vous rappelons qu'une Commission, nommée par le Congrès, conformément aux Statuts, doit examiner tous les ordres du jour et toutes les résolutions déposés sur le bureau, soit sur les questions à l'ordre du jour, soit sur toutes questions à côté qui pourraient être soulevées. Ces résolutions sont renvoyées de plano à la Commission, qui fait sur chacune d'elles son rapport et ses propositions au Congrès.

Le nom des membres de la Commission de résolutions doit être donné par les Fédérations régionales. Camin va vous indiquer le nombre de délégués auquel a droit chaque Fédération. La Commission se réunira, si vous le voulez bien, à six heures, à la sortie de la réunion du Congrès. Il faut qu'elle prenne ce soir des décisions, car l'une de ses tâches essentielles est de présenter la liste des candidats soumis au Congrès et à l'Assemblée générale du Magasin de Gros. Je vais donc inviter les Fédérations régionales à désigner ceux de leurs représentants qui devront faire partie de la Commission de résolutions.

CAMIN. — Voici le nombre des délégués par Fédération : Albi, 6; Amiens, 5; Bordeaux, 6; Bourges, 5; Dijon-Besançon, 5; Grenoble, 3; Lille, 14; Limoges, 10; Lyon, 9; Marseille, 4; Nancy, 11; Nantes, 9; Paris, 31; Roanne, 9; Rouen, 5; Troyes, 5; Strasbourg, 6; Corse, 2; Afrique du Nord, 2.

POISSON. — Cela fait au total 131 délégués. Ce sont les statuts, mais je crois que le Congrès pourrait de lui-même décider de réduire ce nombre.

UN DÉLÉGUÉ. — Je propose un membre par Fédération régionale.

POISSON. — L'année prochaine, nous verrons s'il n'y a pas lieu de modifier les statuts sur ce point, car vous comprenez bien que la Commission ne peut pas fonctionner dans des conditions qui leur soient conformes.

Pour cette année, voyez-vous un inconvénient, et cela peut se faire d'un accord unanime, à ce que la Commission soit ramenée à un tiers du nombre de membres qui vous a été indiqué tout à l'heure ?

LE PRÉSIDENT. — Le Congrès accepte cette proposition.

POISSON. — Chaque secrétaire fédéral voudra donc bien remettre, avant l'ouverture de la séance de cet après-midi, le nom de ses délégués.

Pour faciliter l'étude des rapports sur l'activité de la Fédération nationale, et pour permettre l'examen détaillé des nombreux points qui sont contenus dans ces rapports, les délégués désireux d'intervenir sont priés de se faire inscrire préalablement. Quand ils auront pris la parole, le secrétariat, au nom du Conseil central, répondra sur les différentes questions soulevées, et défendra, s'il y a lieu, l'ensemble des rapports.

BELLINO. — Je demande à ce sujet qu'on limite le temps de parole.

POISSON. — J'allais en parler. Cela dépendra du nombre des camarades inscrits. S'il y en avait beaucoup, je crois en effet qu'il y aurait lieu de limiter; mais s'il n'y en avait que quelques-uns, cette limitation n'aurait plus de raison d'être. La liste sera close à partir de deux heures, et ne prendront la parole que ceux qui auront été inscrits, plus les rapporteurs. Nous aurons ainsi une méthode de travail bien réglée.

Pour les autres questions à l'ordre du jour, je vous demanderai de procéder de la même façon que pour le rapport moral. Les camarades désireux d'intervenir se feront inscrire, et la liste en sera définitivement arrêtée. Le temps réservé à la discussion sera réparti entre tous ceux qui seront inscrits, ou, s'il y a plusieurs opinions, une part équitable sera faite à chaque opinion. Les rapporteurs répondront ensuite comme pour le rapport moral.

Je crois que cette façon de procéder ne rencontrera pas d'opposition.

Le Président. — Cette procédure est adoptée.

La séance est levée à midi.

DEUXIÈME SÉANCE DU JEUDI 25 JUIN 1922

La séance est ouverte à deux heures.

POISSON. — Camarades, le Conseil central, pour la séance de l'après-midi, vous propose comme président CLEUET, et comme assesseurs FAUCONNET, secrétaire de la Fédération de la Région parisienne, et FOUCAUT, de la Région du Nord.

LE PRÉSIDENT. — Camarades, ainsi qu'il a été convenu ce matin, pour faciliter la discussion du rapport, les camarades qui désirent prendre la parole sur l'un des points énoncés dans le rapport du Conseil central, sont priés de se faire inscrire immédiatement au bureau, de façon à arrêter la liste des orateurs.

Je donne maintenant la parole à Pérussie, rapporteur de la Commission de vérification des mandats.

PÉRUSSIE. — Le Congrès comprend 476 délégués, représentant 4.479 mandats. La Commission de vérification n'a reçu aucune contestation.

LE PRÉSIDENT. — Par conséquent, le Congrès est constitué valablement et sans aucune réclamation.

Je donne la parole au premier orateur inscrit, le camarade Landy, de l'Avenir Social de Saint-Etienne.

DISCUSSION SUR LE RAPPORT DU CONSEIL CENTRAL

Discours de LANDY

LANDY. — Camarades, je vous demande de m'accorder un peu d'indulgence, et aussi de faire silence, car s'il y a du bruit, je ne pourrai pas me faire entendre comme je le voudrais.

Je viens, au nom des coopératives de Saint-Etienne et de la région de Firminy, dire aux dirigeants de la Fédération qu'ils n'ont pas suffisamment accompli leur devoir, surtout au point de vue des lois arbitraires dont, depuis quelque temps, nous sommes les victimes. Nous estimons que la Fédération aurait dû être plus énergique dans son action qu'elle ne l'a été. Ce n'est pas en effet en allant chez les parlementaires, en cherchant à constituer à la Chambre un groupe soi-disant coopérateur, dont les membres n'y connaissent absolument rien, que l'on pourra arriver à l'abolition de ces lois qui sont cause de la chute de beaucoup de coopératives. Nous prétendons que la Fédération aurait dû organiser un Congrès lorsque ces débats sont venus à la Chambre du Bloc national et qu'elle aurait dû prendre des décisions énergiques. Elle aurait dû dire nettement, par un Comité National, que les Coopératives ne paieraient pas, et le faire insérer dans toute la presse. Voilà ce qu'il fallait faire, au lieu, comme on l'a fait, de dire à certaines coopératives : « Payez », et à d'autres : « Ne payez pas. » Véritablement ce sont là des faits qui sont néfastes pour l'action coopérative tout entière et pour tous les coopérateurs.

Dans la Loire, nous estimons qu'il faudrait avoir un peu plus d'énergie que cela, qu'il faudrait que la Fédération, comme je l'ai dit tout à l'heure, prenne des mesures énergiques, et qu'elle les fasse exécuter par toutes les coopératives de France.

A ce sujet, je vais vous citer des faits exacts, au sujet de l'impôt sur le chiffre d'affaires, de l'impôt sur les bénéfices commerciaux, et aussi des bénéfices de guerre.

Sur les bénéfices de guerre, les délégués de l'«Avenir Social », dont je suis ici le représentant, avaient déposé dès 1918 une résolution tendant à ne pas payer. Le camarade Poisson nous a répondu, et cela figure dans le compte rendu que toutes les Coopératives ont pu voir, que les bénéfices de guerre ne seraient pas payés, et que cette loi ne visait pas les Coopératives. Quatre ans après, on voit le Ministre des Finances envoyer des inspecteurs qui, dans certains départements comme le nôtre, réclament des contributions formidables. Nous avons une coopérative à laquelle il est réclamé 480.000 francs. A une autre on demande 250.000 francs, etc. Véritablement, vous auriez dû savoir, alors surtout que vous êtes toujours avec vos amis législateurs, que ces impôts nous seraient un jour ou l'autre réclamés, et nous aurions vu alors ce que nous aurions eu à faire. Mais on ne nous a absolument rien dit. Nous avons toujours agi guidés par notre confiance dans la Fédération, qui, par l'organe de ses dirigeants, nous avait dit que nous n'aurions pas à payer. Aujourd'hui voyez la situation dans laquelle se trouvent des coopératives, qui peut-être même vont tomber.

Il n'est pas difficile de faire de beaux discours à une tribune, et, pour apaiser de justes colères, de déclarer des choses inexactes. Vos déclarations, je ne les imagine pas; elles sont tout au long dans le compte rendu du Congrès de 1918.

Je parlerai maintenant du service juridique de la Fédération, qui, à notre avis, laisse beaucoup à désirer. Il y a quelque temps, nous avons demandé des renseignements au service juridique de la Fédération, dirigé par le camarade Ramadier, dont j'ai la lettre en mains. Il s'agissait d'une affaire qui devait venir le 31 mai devant la Commission à la Préfecture. Le camarade Ramadier nous écrit : « Si vous le désirez, pour aller discuter avec la Commission du Premier degré, envoyez-moi toutes précisions. Je vous demanderai dans ce cas une somme de 300 fr. d'honoraires, et je ferai reporter l'affaire au 13 juin, date à laquelle je dois aller à Saint-Etienne, plaider également devant la commission du Premier degré. »

Nous lui avons envoyé tous les bilans que nous avions en notre possession; nous lui avons envoyé la lettre de l'inspecteur des finances; il avait tout en mains. Mais nous avons été étonnés de cette demande de 300 francs d'honoraires pour aller à Saint-Etienne demander un ajournement à la date du 13 juin. Il y avait une Coopérative voisine de la nôtre, l'Alliance des Travailleurs de Saint-Chamond, pour laquelle le camarade Ramadier devait également plaider. A elle, il a demandé 500 francs d'honoraires, un peu plus qu'à nous, par conséquent, pour discuter le même fait. Puisque nous étions dans le même cas, pourquoi faire entre nous une différence dans les honoraires qui nous étaient demandés ? Aussi qu'avons-nous fait ? Nous sommes allés nous-mêmes à la Préfecture, et nous avons demandé le renvoi, que nous avons obtenu facilement. Cela a fait un déplacement de moins au camarade Ramadier, et les 300 francs ont été gagnés par nous.

Ce qui est inadmissible, c'est que pour la même cause on demande des honoraires différents à deux coopératives voisines. Alors que les coopératives sont tracassées par les agents du fisc, on leur dit : « Nous luttons contre ces lois, nous luttons pour que vous n'ayez pas à payer » ; et, d'un autre côté, on veut les saigner à blanc en leur réclamant des honoraires calculés au double de ce qu'ils valent. C'est une chose que nous n'admettrons pas, et je vous prie de croire, camarades, que si cela devait continuer, il y a des Coopératives qui quitteraient la Fédération, parce qu'elles peuvent vivre par elles-mêmes.

Je vous en prie, camarades, laissez-moi parler. J'ai un mandat et je l'exécute. Je représente ici plus de vingt mille coopérateurs, et j'ai droit à la parole. Vous me répondrez ensuite, et je ne vous interromprai pas, même si vous avez des paroles peut-être un peu vives. Mais, je vous le dis catégoriquement, cette manière de procéder n'est pas faite pour encourager les camarades, et comme je vous l'ai dit, nous sommes désolés de voir de tels faits se produire. Ces faits sont précis et ils sont prouvés par des lettres qui n'émanent pas de nous.

En résumé, je voudrais qu'à l'avenir on prenne à la Fédération des décisions énergiques, des décisions fermes au point de vue des lois. Il faut, comme l'ont fait d'autres organisations, que nous disions nettement que nous ne voulons pas de ces lois et que nous les combattrons par le non-versement des impôts. Mais il ne faut pas dire à certaines coopératives de payer, et aux autres de ne pas payer comme j'ai en mains les preuves que cela a été fait.

Le Président. — La parole est à Henriet.

Un Délégué. — Le temps de parole est-il limité?

Henriet. — Si vous voulez le limiter, cela m'est égal.

Plusieurs Délégués. — Il suffit qu'Henriet monte à la tribune pour qu'on demande la limitation du temps de parole.

Mais nous écouterons Henriet, et nous obligerons qu'on le laisse parler.

Henriet. — C'est trop d'honneur, Camarades.

Le Président. — Ce sont tes propres amis, Henriet, qui t'empêchent de parler.

Discours de HENRIET

Henriet. — Avant d'entrer dans le détail des arguments que j'ai à donner au sujet du rapport moral, je tiens à constater que ce matin nous avons entendu ici notre camarade Gide déclarer qu'il regrettait les scissions qui s'opéraient. Il a cité tout d'abord les coopérateurs chrétiens, et de ceux-ci je ne suis pas. Il a cité ensuite les coopérateurs communistes; eh bien, je déclare que personne ici ne peut dire qu'il ait entendu un mot de scission de notre part. Contrairement à ce que l'on a dit et à ce que l'on essaie de répandre dans la Coopération, les coopérateurs communistes veulent s'attacher complètement à l'organisation coopérative et la conquérir à leurs idées. Vous voyez bien qu'il ne s'agit pas de la scissionner.

Camarades, beaucoup d'entre vous ont besoin d'éducation...

Buguet. — Laquelle ?

Un Délégué. — Nous nous chargerons de vous indiquer dans quelles conditions.

Un autre Délégué. — Celle d'Henriet?

Le Président. — Tous ces incidents n'éclairent pas le débat.

Henriet. — Camarades, je pense qu'on ne m'interrompra plus, pour éviter que je reste longtemps à la tribune. J'espère même que ceux qui ne veulent pas que j'y reste longtemps seront les premiers à ne pas m'interrompre.

Je disais donc que tout le monde avait besoin d'éducation. Et, en effet, il ne faut pas croire que, les uns ou les autres, nous n'avons pas besoin des suggestions qui peuvent être apportées ici par les uns et par les autres. La vie économique est extrêmement complexe, et il y a place pour toutes les idées et pour toutes les suggestions.

Comparons, camarades, si vous le voulez bien, le Congrès d'aujourd'hui avec celui de l'année dernière et avec celui d'il y a deux ans. Vous rappelez-vous, à Strasbourg, combien le mouvement coopératif, ou ceux qui le dirigeaient tout au moins, puisque c'est eux qui prenaient la parole, avaient le verbe haut, avaient de l'assurance, avaient confiance dans un avenir merveilleux pour la Coopération? Et regardez aujourd'hui les mêmes camarades. Je ne parle pas seulement de ceux de France, mais je parle même de ceux que nous avons comme habitude de prendre pour des maîtres; je parle de nos camarades d'Angleterre; vous avez vu qu'ils ont mis une sourdine, eux aussi, à leur verbe, et cependant il était haut. Combien de fois nous-mêmes, ici en France, dans les différents Congrès, avons-nous dit, tout en reconnaissant le passé merveilleux de la Coopération en Angleterre, combien de fois avons-nous dit qu'il y avait tout de même un peu trop d'orgueil, que la Coopération anglaise avait eu des conditions de développement et un milieu de développement que la coopération française n'avait pas eu et que, par conséquent, il fallait en tenir compte. Aujourd'hui je dirai presque que les choses se passent conformément à ce que j'avais prévu, — je suppose que beaucoup d'autres l'avaient prévu, mais ceux-là ne l'exprimaient pas. J'apportais la note pessimiste, quoique j'aie toujours été un optimiste pour l'avenir.

Il y a une chose que je répète toujours à mes camarades, c'est que celui qui examine les choses sans souci de son intérêt individuel et sans idées préconçues, qui recherche toujours et continuellement les meilleures solutions pour la classe ouvrière, et qui peut dire qu'il essaie d'apporter toutes ses connaissances, tout ce qu'il peut comprendre, tout ce qu'il peut avoir d'expérience de la vie pour en faire bénéficier le mouvement, celui-là doit être écouté tout au moins, même par ceux qui ne partagent pas ses idées. Mais malheureusement, c'est ce qui ne se voit pas souvent.

Si donc je me reporte au Congrès de Strasbourg, lorsque j'ai prévu cette crise que vous constatez tous aujourd'hui — et qui n'est pas finie, nous en reparlerons dans une autre séance—cela a été un éclat de rire homérique et justement de la part de ceux-là mêmes qui me disent aujourd'hui: « Oh! on la connait aussi bien que toi. »

Quand on voit la situation de la Coopération aujourd'hui, et quand on se rappelle la « superbe » qu'elle avait en 1920, on peut se rendre compte qu'il y a du chemin parcouru, et que pas mal d'illusions sont tombées. Le moment n'est plus de ces mouvements d'enthousiasme irréfléchi et de ces moqueries que l'on jetait à la tête des militants qui ne pensaient pas exactement comme l'ensemble des coopérateurs. Aujourd'hui, on sent que la situation est toute autre.

Et si vous voulez bien vous reporter à l'année dernière, vous constaterez également que lorsque je faisais allusion à la situation qui attendait les coopératives, non seulement en raison de la crise économique, mais aussi en raison de la crise financière dont on parlait à l'instant et qui trouve sa répercussion dans les impôts, il est bien évident que les protestations qui ont été élevées par beaucoup de camarades n'auraient plus lieu d'être aujourd'hui, car alors nous pourrions apporter d'autres chiffres et d'autres faits, qui vous démontreraient que nous ne nous étions pas trompés.

Mais j'en reviens à la question du rapport moral. Si nous avons fait, au Comité des Coopérateurs communistes, la proposition qui a été adoptée par une partie des coopérateurs parisiens, si nous apportons ici un ordre du jour tendant à refuser notre confiance au Conseil central de la Coopération, cela est dû, d'abord aux raisons que j'ai indiquées tout à l'heure, et également à celles apportées ici par le camarade qui m'a précédé. Je dis que le Conseil central de la Coopération n'a pas défendu les organisations coopératives comme il aurait dû les défendre.

En effet, que constatons-nous? et pourquoi disons-nous qu'il y a collaboration de classes dans la Coopération? Ce n'est pas seulement parce que des coopérateurs appartenant à une classe sociale plus fortunée que celle des travailleurs viennent apporter leur force de consommation à nos coopératives. C'est surtout en raison de l'état d'esprit qui règne dans les milieux dirigeants du mouvement coopératif français, depuis la guerre.

Si nous nous reportons à l'avant-guerre, nous trouvons que les dirigeants actuels du mouvement coopératif français étaient surtout des coopérateurs socialistes; c'est bien ainsi que les plus marquants d'entre eux étaient entrés dans le mouvement. Puis la guerre arrive, et l'union sacrée. Puis c'est la folie de la grandeur; on se leurre sur les résultats. On ne se rend pas compte que ces résultats sont obtenus en raison d'une situation donnée, d'une situation économique déréglée, et on finit par ne plus apercevoir la véritable situation. On finit par ne plus voir non plus le véritable sens de la coopération, qui n'a réellement de valeur que si on ne se contente pas de grouper simplement les consommateurs, mais si on veut en faire une forme de transformation sociale, mais si on donne à leur groupement une forme qui permet leur émancipation.

Est-ce que c'était cette forme-là que l'on défendait à la direction de la Coopération, pendant toute cette collaboration avec tous les gouvernements de guerre et avec les gouvernements qui ont continué ?

Rendez-vous compte, camarades, qui protestez énergiquement contre la non-activité, contre la carence de la Fédération des Coopératives au sujet de vos impôts, que cet état de choses est dû justement à ce que ses dirigeants sont liés par leur passé, par la façon dont ils en ont usé pendant et après la guerre avec le milieu social dont ils sont sortis. Et comment voulez-vous que ceux qui ont accepté la guerre, qui ont accepté l'après-guerre, qui ont accepté les réparations dans la forme du traité de Versailles, comment voulez-vous que ceux-là puissent protester contre les impôts qui ne sont en somme que le résultat de toute cette action?

BUGUET. — Cela ne tient pas.

HENRIET. — Si vous étiez de mon avis, cela m'étonnerait.

BUGUET. — Je demande à Henriet s'il veut me permettre de lui présenter une observation.

HENRIET. — Pas plus à toi qu'à un autre. Puisque tu as voulu limiter mon temps de parole, c'est bien le moins que je t'applique la règle à toi aussi.

Je dis donc, camarades, qu'il serait extraordinaire, et je le trouverais moi-même illogique, que des camarades qui ont suivi cette ligne de conduite pendant la guerre et l'après-guerre viennent aujourd'hui protester contre des impôts qui, en somme, sont des impôts normaux d'après la guerre. Comment? Vous protesteriez contre des impôts après avoir approuvé tout ce qui s'est fait. Mais par qui voudriez-vous qu'ils soient payés si ce n'est par les travailleurs? Penseriez-vous, par hasard, que ce sont les capitalistes qui vont les payer?

Je connais des camarades coopérateurs qui ont voté pour le Bloc national.

UNE VOIX. — Et des communistes d'aujourd'hui.

HENRIET. — Je ne les critique pas pour ce fait, si c'était leur pensée, mais ce que je dis est tellement vrai que cela fait sauter certains camarades qui sont ici.

BUGUET. — Tu les fais « rigoler ».

HENRIET. — Il est évident que s'il n'y a pas scission au point de vue de l'organisation, il y a scission au point de vue des idées. Pour nous, nous pensons, comme notre camarade belge le disait ce matin, dans un autre sens fort probablement...

BUGUET. — Oh oui, alors !

HENRIET. — ...mais qui, quand même, répondit parfaitement à ma pensée...

BUGUET. — Cela prouve que ta pensée est variable.

Henriet. — ...que la Coopération ne pourra rendre véritablement service à la classe ouvrière qu'autant qu'elle sera d'accord avec tout l'organisme de défense et de combat prolétarien.

Et du jour où vous cessez de penser ainsi, du jour où vous n'êtes plus les collaborateurs de la classe ouvrière, et où vous faites à votre tour de la collaboration de classes, à partir de ce jour-là, vous cessez d'être utiles à la classe ouvrière. Vous rentrez dans le cadre de ce que j'appelais, à Strasbourg, les sociétés d'économie ménagère, ne voyant l'intérêt de l'association que dans le bénéfice qu'au jour le jour les individus peuvent en obtenir.

Mais alors, et c'est justement du jour où vous basez votre action coopérative sur l'intérêt immédiat, du jour où vous n'avez plus pour principe de direction l'organisation d'une société autre que celle-ci, de ce jour-là, vous rentrez dans le cadre de la collaboration avec la classe capitaliste, et votre action n'a plus de raison d'être; et s'il arrive des circonstances comme celles où nous nous trouvons, vous êtes impuissants à y remédier, vous n'avez plus la possibilité de tenir, vis-à-vis de ceux envers qui vous vous êtes engagés, les promesses que vous leur avez faites.

Camarades, j'apporte toujours, je le regrette, la note pessimiste dans les Congrès, et, cependant, j'ai une confiance absolue dans l'avenir.

Plusieurs voix. — Nous aussi.

Henriet. — Vous avez, dites-vous, camarades coopératistes, confiance, mais pourtant pas mal de désillusions sont venues.

Voix nombreuses. — Non.

Henriet. — Je vous demande pardon. Pas mal de désillusions sont venues, ne seraient-ce que celles que vous êtes obligés de constater aujourd'hui. Et vous en constaterez encore bien d'autres.

Un Délégué. — Elles seront passagères.

Henriet. — C'est ce que je ne pense pas.

Il y a eu, il n'y a pas très longtemps, à Gênes, un petit congrès...

Un Délégué. — Ah non! pas de politique.

Henriet. — Je vous demande, camarades, si ce matin vous avez empêché notre camarade Gide de parler de cela. Et si Charles Gide a le droit de parler de quelque chose, est-ce que le même sujet serait interdit à d'autres ?

Le Président. — Personne ne t'empêche de parler.

Henriet. — S'il y en a qui sont incapables de comprendre, ce n'est pas pour eux que je parle.

Je disais, camarades, que la crise est tellement loin d'être terminée, que les capitalistes eux-mêmes, qui sont bien placés pour le savoir, nos dirigeants étant dominés par les directeurs des grands trusts capitalistes — et ceux-là, vous le savez, sont à la page — se rendent très bien compte que la machine ne marche plus. Et s'il y a eu le Congrès de Gênes, car c'est tout de même un Congrès International de gouvernants, c'est qu'il y en a eu nécessité; c'est parce qu'il y a impossibilité pour la classe capitaliste, dans la situation où elle se trouve, de donner satisfaction aux besoins humains, par suite de la désaxation, du déséquilibre (1) de tout le régime capitaliste.

Gaston Lévy. — En français nous avons toujours le mot « déséquilibre ».

Le Président. — Laissez continuer Henriet, cela va être bientôt finir.

Henriet. — Je ne sais pas si je dis des choses qu'on ne peut pas entendre, mais je vous assure que quand Lévy sera à la tribune, je l'interromprai comme il faut.

Lévy. — Je ne t'ai pas interrompu.

Henriet. — Tu ne t'en es jamais privé.

Le Président. — Jusqu'à présent, Henriet, tu as pu faire tout ton développement.

Un Délégué. — Avec peine.

Henriet. — Oui, certainement avec peine.
C'est là un sujet sur lequel nous aurons à discuter plus longuement demain, et ce ne sera pas la dernière fois.

Plusieurs Délégués. — Malheureusement.

Henriet — Puisque ce sujet est à l'ordre du jour, nous aurons l'occasion de donner tous les développements voulus à notre pensée. Mais, pour en revenir à la question présente, je dis que la direction de notre mouvement coopératif n'a pas semblé comprendre la situation, ou, si elle l'a comprise, tenue par ses engagements antérieurs, par sa façon de penser antérieure, elle n'a pas su se rendre indépendante de la forme gouvernementale.
Je parle pour les camarades qui veulent m'entendre.

Un Délégué (au Président). — Vous devriez avoir de l'autorité sur vos amis, pour les inviter au calme.

Le Président. — Voulez-vous prendre ma place ? Il faut faire silence, ou alors donner au Président l'autorité qu'il a dans d'autres pays.

Le même Délégué. — Si nous voulions faire de l'obstruction...

Le Président. — Mon cher camarade, il m'est impossible de vous empêcher de parler.

Henriet. — Je prie mes amis de ne pas interrompre.
Ce que je suis obligé de dire ici, c'est que si le Conseil Central, à qui vous avez à donner vos directives, reçoit exactement les mêmes que l'année dernière, il n'y aura rien de changé, et il

(1) L'orateur avait prononcé un autre mot corrigé à la lecture de la sténographie et qui avait motivé l'interruption qui suit.

ne pourra pas prendre position dans les questions concernant vos propres intérêts.

Ce n'est pas avec de la collaboration que vous aboutirez ; c'est au contraire par une lutte de tous les instants contre la direction capitaliste qui est celle de nos gouvernants. Il n'est pas possible d'être même coopératiste sans entrer en lutte contre le capitalisme qui nous régit. Par conséquent, vous ne pourrez obtenir de résultats qu'en suivant des directives très nettes et en montrant votre désapprobation pour les actes accomplis par le Conseil Central. Car, je tiens à le dire, à part une demi-douzaine de camarades, tous, vous avez été du même avis, vous avez trouvé tout parfait l'année dernière. Je suis obligé de vous dire que vous avez à faire votre « mea culpa ».

Je dis que si vous continuez ces mêmes directives, vous aurez encore les mêmes résultats. Ce qu'il faut, c'est qu'il n'y ait plus de collaboration de classes, c'est qu'il n'y ait plus de collaboration avec les dirigeants capitalistes, c'est qu'il n'y ait plus ce que l'on voit tous les jours : aujourd'hui la protestation dans un journal contre des impôts, et demain la poignée de mains avec ceux qui ont créé ces mêmes impôts. Ce qu'il faut, c'est soulever toute la classe des consommateurs qui sont à la fois des travailleurs, car les autres ne se solidariseront pas avec vous.

En effet, il y a deux sortes de consommateurs. Il y a le consommateur qui est en même temps un exploité, mais il y a le consommateur qui est en même temps un exploiteur. Par conséquent, il est certain que ceux qui profitent, d'un côté, dans la proportion de dix, ne protesteront pas quand ils seront lésés d'un autre côté dans la proportion de cinq. Et comme tous les capitalistes ont intérêt à ce que tous les impôts soient des impôts de consommation et pèsent sur les travailleurs, il est absolument certain que, si ce n'est pas par une alliance, si ce n'est pas par une action concertée avec l'organisation des travailleurs, vous n'aboutirez absolument à rien. Et qui en souffrira, camarades ? Ce seront les organismes de la Coopération.

La collaboration se fait sur tous les terrains. Je pourrais vous citer la collaboration au Conseil Supérieur de la Coopération ; je pourrais vous citer les vœux qui y sont émis ; je pourrais vous citer ceux mêmes qui ont été faits à l'Alliance Coopérative Internationale ; je pourrais vous citer des textes et les analyser, et je vous prouverais que c'est bien dans le cadre capitaliste, que c'est bien sans penser à la lutte de classes que les travailleurs mènent sur un autre terrain, qu'on veut poursuivre l'action de la coopération.

Je vous ferai la même démonstration sur le terrain de la défense nationale. Et ici, je ne serai sûrement pas démenti. Au Congrès International, notre camarade Charles Gide proposait une motion contre la guerre. Eh bien, nos dirigeants de la Coopération française ont établi une autre proposition, qui indique :

« Et au cas où la folie des hommes déchaînerait une nouvelle guerre, sans contester le droit et le devoir de tout pays de défendre son indépendance... »

Reconnaissant par là la défense nationale et recommandant le recours à l'arbitrage, vous saisissez tout de suite la différence, avec les paroles du camarade Gide. La vérité, c'est que le camarade Gide était pour la paix, contre la guerre, et se refusait à toute guerre. Mais nos camarades, sous prétexte de défense nationale, recouraient tout simplement à l'arbitrage. Or, il n'y a personne ici qui ne sache que la question de l'arbitrage, venant au moment précis où la guerre se déclenche, c'est comme de la moutarde après dîner. En attendant, nous subissons les conséquences de la guerre, et nous en subirons demain des résultats encore plus grands, car notre pays est peut-être le seul qui, et cela pour des raisons toutes spéciales, n'ait pas été touché profondément par les suites de la guerre. Mais cela ne durera pas longtemps.

Si la situation réelle n'apparaît pas encore bien nettement, c'est que nous sommes dans la situation d'un homme riche qui serait en train de manger sa fortune. A l'heure actuelle, sous prétexte que l'Allemagne paiera, on dépense vingt à vingt-cinq milliards chaque année, en plus des recettes, et le déficit augmente. Si on ne peut pas faire payer l'Allemagne, ce qui est fort probable, il faudra que ce soit vous qui payiez. Or toutes choses se paient, camarades. Ce que vous avez voulu et ce que vous avez soutenu, vous le paierez. Et quand notre classe capitaliste, ou plutôt quand notre pauvre pays sera au bout de son rouleau, lorsqu'il n'y aura plus rien, alors la situation sera pire que celle d'aujourd'hui.

Il y aura probablement à revenir là-dessus d'ici quelques années. Ne criez donc pas trop, car je sais que j'aurai encore raison, malheureusement.

Un Délégué. — Que fait la Coopération dans tout cela ?

Henriet. — Laissez-moi, camarades, ne pas parler maintenant de la Coopération.

Plusieurs Délégués. — Oh !

Henriet. — Je vous en prie, camarades. J'avais dit : laissez-moi ne pas parler maintenant de la Coopération, mais vous ne me laissez même pas finir ma phrase, et vous m'interrompez instantanément.

Un Délégué. — Tu en es bien content.

Le Président. — Il est impossible de continuer le débat dans de telles conditions.

Henriet. — Laissez donc. J'y suis habitué et cela ne me gêne pas.

Je disais donc, camarades, que je ne voulais pas parler de la Coopération, mais soyez tranquilles, j'en parlerai.

Gaston Lévy. — C'est encore un lapsus.

Henriet. — J'en parlerai après-demain, j'entends au point de vue matériel.

Gaston Lévy. — Alors il est peut-être inutile de continuer maintenant.

Henriet. — Peut-être qu'alors vous ne rirez pas tant.

Le même Délégué. — La suite à demain.

HENRIET. — Si je suis entré dans des considérations d'ordre général, c'est en raison même des nécessités de ma discussion.

UN DÉLÉGUÉ. — Nous sommes ici au Congrès des Coopératives. Qu'on nous parle donc de la Coopération.

LE PRÉSIDENT. — Je ne suis pas maître de la parole de l'orateur ; je cherche simplement à obtenir le maximum de silence.

HENRIET. — Vos interruptions me feront rester plus longtemps à la tribune, voilà tout. Si cependant vous ne voulez pas m'entendre, c'est bien, je m'arrêterai.

Si vous ne comprenez pas que je suis dans le sujet, tant pis pour vous.

Je ne vous parle pas maintenant de la coopération au point de vue matériel, mais j'ai mes raisons pour cela, et je m'en expliquerai.

UN DÉLÉGUÉ. — Il faut les expliquer tout de suite.

UN AUTRE DÉLÉGUÉ. — Concluez, et apportez des remèdes, après la critique.

HENRIET. — Au contraire, je dis que la situation générale, et celle de la Coopération par la force des choses, va devenir extrêmement critique. Je pense même que si on ne change pas l'ordre général de l'économie capitaliste qui régit le monde actuellement, si on ne change pas le régime actuel de protectionnisme national et en général toute l'organisation économique, nous irons à une véritable faillite.

Il n'est pas besoin, je vous l'assure, d'être sorcier pour prévoir cela; il n'y a qu'à analyser les faits sociaux. Aussi, je voudrais, contrairement à votre méthode, qui consiste à brailler des idées toutes faites...

HENRIET (montrant une partie du Congrès qui interrompt). — Je ne parle pas de tous, je parle de ceux-ci.

PLUSIEURS DÉLÉGUÉS. — C'est la vérité.

LE PRÉSIDENT. — Dans ces conditions, Henriet, ne te plains pas si on t'interrompt.

UN DÉLÉGUÉ. — Quand il ne sait plus quoi dire, il recherche les interruptions.

HENRIET. — Je tiens à dire, camarades, que la situation générale est extrêmement mauvaise, et je pense qu'il ne serait pas de trop, comme le disait notre camarade Gide ce matin... Je dis qu'il ne serait pas de trop...

PLUSIEURS DÉLÉGUÉS. — Conclusion.

UN AUTRE DÉLÉGUÉ. — Les remèdes?

LE PRÉSIDENT. — Je vous en prie, camarades, laissez parler Henriet.

HENRIET. — Je crois, et ce sera ma conclusion, qu'il ne sera pas de trop de l'union de tous pour que la Coopération puisse supporter toutes les attaques. Je pense que la Coopération a encore un grand rôle à jouer dans la société, mais ce grand rôle ne peut pas être rempli en continuant dans la voie où l'on est allé depuis la guerre, mais au contraire en donnant à notre Conseil Central une directive d'union avec les organismes compétents du prolétariat. Sans cela, ainsi que je vous le disais l'année dernière, vous deviendrez une association de petit-bourgeois. Si vous n'arrivez pas à convaincre la classe prolétarienne de la justesse de votre cause, et à la convaincre aussi que vous défendez bien sa propre cause, elle ne viendra pas à vous Mais il faut pour cela que vous preniez un autre mode d'action, et c'est pour cela que nous disons que nous n'avons pas confiance dans le Conseil Central actuel, en raison même du passé. Il faut que nous ayons une vue sur l'avenir et que nous sentions parmi nous circuler comme un sang nouveau.

Ce n'est pas sur les vieilles traditions que nous devons rester. Nous devons marcher suivant une nouvelle méthode...

Un Délégué. — Laquelle ?

Henriet. — ...en ayant pour base la classe ouvrière, et en prenant toutes les possibilités commerciales pour donner à la Coopération la souplesse qu'elle n'a pas, et qu'elle doit avoir si elle veut vaincre.

Je vous dirai enfin, camarades, et c'est par là que je terminerai...

Plusieurs Voix. — Ah !

Henriet. — Ce que vous direz ou ce que je dirai, est peut-être sans influence sur les fins sociales, car j'ai la conviction que l'organisme social ne se constitue pas, ne marche pas, n'est pas conduit par des hommes conscients, parce qu'il y a trop d'inconscients qui prennent leurs passions pour de la science.

Un Délégué. — Cela peut se retourner contre toi aussi, Henriet.

Henriet. — Alors que tous désireraient que le monde fût conduit par des hommes conscients, connaissant exactement les faits, comme nous savons bien, nous, par expérience, que cela ne se peut pas, nous apportons chacun notre part de suggestions, et c'est la vie elle-même qui nous départage. En attendant, nous demandons, nous, dans la Coopération, non pas même une part de pouvoir, mais le droit d'exprimer notre pensée, et nous ne prenons une attitude peut-être intransigeante, camarades de la droite qui m'interrompez, qu'en raison précisément de vos interruptions continuelles.

J'ai fini, camarades, et j'en suis satisfait, car il est extrêmement difficile de se faire entendre dans des conditions semblables.

Je tiens simplement, pour terminer, à vous dire que je n'ai invoqué que quelques-unes des raisons qui nous font combattre le Comité Central. Comme, en dehors de l'ordre du jour du Congrès, nous aurons encore d'autres questions, celle de la crise économique, qui sera discutée demain, ainsi que celle de la représentation des consommateurs dans les services publics et dans les monopoles privés, nous aurons l'occasion de nous expliquer plus amplement sur les différences de théories qui nous caractérisent, et dans ces conditions, je vais purement et simplement vous donner lecture de l'ordre du jour que nous déposons :

Le Congrès,

Constate que le rapport présenté par le Conseil central de la F. N. C. C. indique que les directives suivies par lui n'ont pas varié depuis le dernier Congrès, malgré la situation économique complètement différente de celle de l'an passé, dans laquelle la Coopération est obligée de se mouvoir.

Qu'il résulte, en effet, que, ne tenant aucun compte de la situation infériorisée faite à la Coopération par les Gouvernements et les assemblées délibérantes de la bourgeoisie, le Conseil central n'a pas voulu, sous prétexte de neutralité ou plutôt d'union sacrée, prendre une attitude nette d'opposition au régime capitaliste, et que, en cela, il n'a pas défendu comme il convenait les droits des consommateurs prolétariens ;

Qu'au contraire, en s'inclinant devant les divers traités imposés par les vainqueurs, et en acceptant le fait accompli, le Conseil central n'a pas compris qu'il participait à créer une situation économique qui devait aboutir à la crise mondiale actuelle, dont la classe ouvrière du monde entier ainsi que les coopératives, sont les premières victimes;

Qu'en fait, il a tendu de toutes ses forces à s'engager plus profondément dans la politique de collaboration des classes, en donnant son assentiment à la reconstitution économique, qui ne peut se faire, dans la société actuelle, qu'au profit de la classe capitaliste et contre les travailleurs. Les résolutions du Conseil supérieur de la Coopération et celles de l'Internationale coopérative en sont une preuve convaincante ;

Qu'en ce qui concerne la Russie, le Conseil central a soutenu constamment la thèse réactionnaire de la non acceptation des délégués de la Coopération russe, et que ce n'est que devant un vote contraire du Congrès des Coopératives, tenu à Bâle, que ses dirigeants se sont inclinés ;

Que du point de vue du développement commercial, le Conseil central n'a pas su prévoir la crise économique mondiale dont souffrent tant nos organisations, et qu'il n'a, en conséquence, su prendre aucune des mesures qui auraient pu y remédier ;

Que la suppression ou tout au moins la diminution du taux de la ristourne aux sociétaires, proposée par les coopérateurs communistes, surtout pour donner plus de souplesse à notre mouvement pour concurrencer le commerce capitaliste, qui s'étend chaque jour, ne s'est effectuée, dans la presque totalité des cas, que contre la volonté des dirigeants, et cela au préjudice des consommateurs qui ont toujours payé les prix élevés;

Que de cette compréhension des notions commerciales les plus simples, il est résulté une situation financière dangereuse pour la plupart de nos coopératives, d'autant plus que l'attitude expectative de nos dirigeants a incité nos gouvernants à imposer les coopératives au lieu de les protéger ;

Considérant, en outre, que du point de vue prolétarien, la motion d'unité votée au Congrès de Tours, à laquelle nos dirigeants se réfèrent toujours pour combattre les coopérateurs qui œuvrent à souder le mouvement coopératif au mouvement général prolétarien, n'a jamais voulu impliquer l'obligation de la neutralité, sous prétexte d'unité, mais bien la possibilité, pour les divers organismes coopératifs, tout en sauvegardant l'unité d'organisation matérielle, financière et commerciale, de disposer de leurs ressources et de leur puissance économique en faveur de l'idéal choisi par les différents groupements de coopérateurs composant les sociétés ;

Dans ces conditions, les coopératives prolétariennes, ne pouvant oublier les raisons d'être de leur activité, se refusent à approuver la ligne de conduite suivie par le Conseil central, et décident de repousser le Rapport moral.

Camarades, j'ai fini. Je sais très bien que la composition du Congrès et la forme prise par la Coopération dans ces dernières années ne donneront pas de solution exacte à la discussion que nous avons commencée. Il est évident que les coopératives, quoique la démocratie soit très en honneur, n'ont pas actuellement une organisation prolétarienne. Au fond, vous êtes tous ici, ou presque tous, et je le dis sans que le terme ait quoi que ce soit de péjoratif, des représentants des conseils d'administration, dans lesquels la classe ouvrière, en tant qu'organisation et en tant que méthodes, n'a pas encore eu, surtout dans les dernières sociétés fondées, le temps de donner son opinion. Mais cette opinion, elle la donnera, et croyez bien qu'avant longtemps, vous saurez qu'elle existe.

Me reportant au dernier Congrès et à l'avant-dernier, je vous déclare que si vous êtes satisfaits de votre situation, nous le sommes aussi, car nous avons confiance.

Poisson. — Alors, embrassons-nous, Foleville ?

Henriet. — Non, nous ne nous embrasserons pas. Nous garderons chacun nos méthodes d'action et nos théories. Pour nous, nous lutterons dans l'organisation coopérative, et nous y défendrons toujours l'organisation révolutionnaire des travailleurs.

Le Président. — La parole est à Gérard, qui est le dernier orateur inscrit sur le rapport moral.

G. Gérard. — Il est inutile que je monte à la tribune, car je n'ai qu'une très courte déclaration à faire. Je regrette profondément d'être obligé de prendre la parole, mais mon camarade Henriet, membre du même parti que moi, m'y oblige.

Henriet. — Toi, tu es moins encore avec moi que les autres.

Déclaration de G. GERARD

G. Gérard. — En tant que membre du parti communiste, et au nom d'un certain nombre de délégués qui font partie de cette organisation, je déclare que nous voterons le rapport moral, non parce que nous sommes absolument d'accord sur toutes les questions politiques ou sur toutes les questions d'organisation avec nos camarades du Conseil Central, mais d'abord pour répondre à l'appel qui a été fait à l'unité coopérative.

Nous voterons le rapport parce que nous tenons à cette unité, surtout au moment où Henriet déclare que la situation est difficile. Nous estimons, ayant dans d'autres organisations l'occasion de faire de l'administration en tant que communistes, que ce soit dans le domaine municipal ou dans le domaine coopératif, que ce n'est pas au moment où le groupement souffre qu'il convient d'apporter des difficultés. Nous disons à Henriet que c'est au contraire par l'union, et en apportant tous ses eforts, toutes ses connaissances, toute son intelligence au mouvement, qu'il pourra faire que demain ce soient les communistes qui dirigent le mouvement, parce qu'ils auront été les meilleurs par leur conscience, par leur talent et par leur énergie dans l'action.

Il est quelquefois des situations douloureuses; mais je déclare que si sur certains points nous ne sommes pas d'accord avec le Conseil Central, toujours pour la besogne méthodique qu'il aura à faire, il nous trouvera à ses côtés pour répondre à l'agresseur, que ce soit le mercanti ou n'importe quel autre de nos adversaires.

Le Président. — La liste des orateurs s'étant fait inscrire pour parler sur le rapport du Conseil Central étant épuisée, la parole est au camarade Poisson, au nom du Conseil Central.

Discours de POISSON

Poisson. — Je regrette, pour ma part, beaucoup l'atmosphère, peut-être trop bienveillante de ce Congrès, qui fait qu'on n'a pas apporté à cette tribune, en ce qui concerne la gestion et la direction de notre Fédération nationale, de bien nombreuses ni de sérieuses critiques.

Personne ne peut dire, cependant, que notre action est restreinte. Sans doute, il ne faut pas l'apprécier au nombre des pages que comprend le rapport moral de la Fédération, mais, tout de même, il y est traité de multiples sujets. Toute la diversité de notre action y est exposée. J'aurais voulu que sur les différents points de l'activité du Conseil Central des délégués se lèvent ici nombreux, non pas pour se livrer à des dénigrements systématiques, mais pour apporter à cette tribune leurs observations, leurs suggestions, et même au besoin leurs critiques. Sans doute est-ce peut-être le besoin d'unité qui se fait aujourd'hui sentir pour répondre aux campagnes dont nous sommes l'objet, qui a réduit le nombre des orateurs. En conséquence ce sera aux secrétaires fédéraux, à Camin, à Daudé-Bancel et à moi, que vous apporterez vos doléances, doléances qu'après tout nous connaissons bien. En tout cas, je suis heureux de constater qu'à ce Congrès l'unanimité, ou sinon l'unanimité, la presque totalité des délégués considère que, dans la mesure de nos forces et de nos moyens, la Fédération Nationale a rempli son rôle et son devoir.

Oh! nous ne prétendons pas être parfaits; nous ne disons pas que nous avons tout bien fait; nous ne disons pas que nous avons obtenu tout ce que nous aurions voulu. Nous avons simplement essayé, avec les forces dont nous disposions, avec vos forces, — car nous ne pouvons pas faire autre chose que de vous représenter, — de mener à bien, au cours de l'année qui vient de s'écouler, l'activité de notre Fédération Nationale.

Il était facile, en effet, de diriger l'action de la Fédération Nationale aux heures heureuses où un vent léger semblait pousser toutes les masses consommatrices vers nos organisations. Vous savez comme moi, vous qui avez des responsabilités, vous qui, en effet, êtes pour la plupart des administrateurs de sociétés coopératives, les difficultés de l'heure. Je me félicite, contrairement à d'autres, que ce soient des administrateurs de sociétés coopératives que nous ayons devant nous. Sans doute, la Coopération est d'essence démocratique, mais je sais aussi la valeur que peut avoir l'élite des militants qui dirigent les démocraties, sous le contrôle des masses, la démocratie coopérative comme les autres. Or, je sais ce qu'est la masse des consommateurs, dont il faut accepter, même à travers son ignorance, le contrôle simpliste. En ce moment, le rôle des administrateurs de sociétés coopératives, des militants, des élites qui dirigent la Coopération, ce n'est pas de suivre l'ignorance du consommateur, mais c'est au contraire d'essayer de le conduire et de l'instruire à travers les difficultés des heures pénibles.

Si, à la Fédération Nationale des coopératives, nous avions écouté uniquement les consommateurs ignorants, où en serions-nous, camarades administrateurs ou délégués? Si nous les avions écoutés, peut-être, sans sagesse, sans prudence, pour leur donner des satisfactions immédiates, aurions-nous développé notre mouvement sous une forme précaire. On nous disait : « Vendez à prix de revient », n'est-ce pas, Henriet?

HENRIET. — Non, pas moi.

POISSON. — On dit cela à une époque, et aujourd'hui, sous une forme atténuée, on écrit absolument la même chose. Car, que veut dire cette phrase :

« ...La suppression, ou tout au moins la diminution du taux de la ristourne aux sociétaires, proposée par les coopérateurs communistes, surtout pour donner plus de souplesse à notre mouvement... »

Il ne s'agit plus de questions de principe.

« ...pour concurrencer le commerce... »

Pour le concurrencer, donc pour vendre moins cher que lui.

« ...pour concurrencer le commerce capitaliste, qui s'étend chaque jour, ne s'est effectuée, dans la preque totalité des cas, que contre la volonté des dirigeants, et cela au préjudice des consommateurs qui ont toujours payé les prix élevés. »

HENRIET. — C'est surtout une question de souplesse commerciale, permettant de vendre bon marché, et, par conséquent, de conserver les acheteurs.

POISSON. — Or, avec la crise économique, les coopératives qui auraient suivi cette formule seraient aujourd'hui sans réserves, condamnées à mort!

On dit que nous n'avons pas prévu la crise économique? Seulement, dans l' « Action Coopérative », dès 1919, j'écrivais, sous l'inspiration de mon ami Gaston Lévy, un article dans lequel je disais aux coopératives : « Attention, la hausse va finir; c'est la baisse qui s'annonce; ne faites plus de stocks; réservez vos achats. » Et cependant, en même temps que nous leur disions cela, il y avait une autre campagne, systématique et permanente, en faveur des ligues d'acheteurs. Celles-ci avaient l'air de donner plus d'avantages que les coopératives, en vendant à meilleur compte. Mais nous avons dit : Ces ligues-là sont précaires; elles ne dureront pas. Et comme pour nous la Coopération n'est pas un moyen de lutte éventuelle au jour le jour, mais un système nouveau d'organisation sociale, et comme sa persistance nous intéresse même plus que les résultats immédiats qu'elle peut donner, nous avons dit aux sociétés coopératives : Si vous voulez faire de la Coopération un moyen d'organisation sociale nouveau, se substituant au régime économique capitaliste, ne vous arrêtez pas à des formes de combat sans lendemain, qui tentent par des paroles et par une démagogie facile, mais qui ne vous donneront pas une organisation sociale nouvelle.

La crise économique, on en reparlera. Incontestablement, cette crise nous a frappés, mais nous sommes assez forts aujourd'hui pour ne pas nier la vérité, même quand la presse de nos adversaires peut nous entendre. Oui, beaucoup de nos sociétés, la presque totalité de nos sociétés ont subi les effets de la crise économique, mais je voudrais dire, quoique ce sujet reviendra en discussion, que nous avons une grande consolation et une grande joie. C'est que si nous avons beaucoup souffert, les commerçants, ces fameux capitalistes, qui, paraît-il, nous réduiraient à néant s'ils le voulaient, par le simple effet de leur volonté, ont encore beaucoup plus souffert que nous. Et, après tout, les situations obérées sont encore beaucoup plus nombreuses dans le commerce privé, — qui se prétend pourtant établi sur des principes techniques meilleurs, — que dans nos sociétés coopératives. Ce sont donc des paroles de confiance, des paroles d'espérance, que je voudrais prononcer devant vous, au moment même, d'ailleurs, où cette crise coopérative tend, nous l'espérons, à s'atténuer.

Mais on a dit aussi que l'on condamne l'action de la Fédération — et ce n'est pas moi qui invente ces mots — parce que nous travaillons à la reconstitution économique. Et l'on ajoute: il n'y a pas de reconstruction possible dans la société capitaliste; il faut attendre des heures nouvelles. Je m'adresse aux gens réfléchis et je leur demande nettement, franchement : Est-ce que la Coopération ne travaille pas dans le cadre de la société capitaliste, et avant que celle-ci soit renversée? Si elle travaille dans le cadre de la société capitaliste avant qu'elle soit renversée, pensez-vous que cela ne sert à rien et qu'il vaudrait mieux aller occuper son activité ailleurs ?

Et si la Coopération fait quelque chose, certes elle ne travaille pas à reconstituer la société capitaliste. Dans le cadre même de cette société, elle constitue un monde nouveau, qui se forme, qui progresse, qui se développe. En cela, la Coopération est un élément de reconstitution économique, mais pour agir, elle n'a pas besoin d'attendre le Grand Soir, le renversement du régime tout entier. Elle fait mieux que cela: elle le renverse tous les jours, morceau par morceau, pierre par pierre, sou par sou, sans attendre pour cela le grand mouvement qui viendra ou qui ne viendra pas.

Au cours de cette année, nous avons vu se faire jour, à travers notre crise économique, une campagne merveilleusement, savamment organisée contre nous. Cette campagne n'est pas finie; elle va continuer; c'est la campagne des mercantis Vous savez, du reste, que le mot de mercanti — employé également dans nombre d'autres langues étrangères — n'a pas beaucoup de différence avec celui d'intermédiaire. Le mercanti, c'est celui qui, étant intermédiaire, peut exploiter davantage le consommateur, et tous les intermédiaires voudraient être mercantis. Quand un intermédiaire n'est pas mercanti, c'est qu'il ne le peut pas.

Cette campagne des mercantis, elle s'est dressée aujourd'hui contre nous, avec force et avec puissance. Ne nous illusionnons pas, elle a produit ses effets. Aujourd'hui nous n'avons pas en face de nous une opinion publique qui nous soit aussi sympathique qu'elle l'était il y a quelques années. L'opinion publique souvent ignorante, l'opinion publique qui pendant quelques années a vu dans la Coopération la panacée universelle, et dans laquelle s'est peu à peu créée cette idée que nous pouvions faire beaucoup de choses, cette opinion publique, à la suite de la campagne des mercantis, s'est légèrement retournée.

Nous avons aujourd'hui contre nous, et nous le savons très nettement, la presse. Oh, je ne perdrai pas mon temps, devant un congrès de coopérateurs, à démontrer pourquoi la presse suit l'opinion publique. Je ne leur démontrerai pas davantage pourquoi nous assistons aujourd'hui, parmi les gouvernements et les gouvernants, à un revirement contre nous, revirement parlementaire qui atteint tous les parlementaires, à quelque parti qu'ils appartiennent. En leur nom personnel, quelques-uns seulement, et très rares, sont partisans de la Coopération et nous défendent à la Chambre ou auprès des Ministères. Et je tiens à associer ici, dans le même hommage, trois hommes qui nous ont défendus pendant ces deux dernières années, peut-être pas par des manifestations de réclame pour leur personne, mais qui n'en ont pas moins été, dans la mesure où ils ont pu nous défendre efficacement, des hommes qui nous ont défendus sans nous demander rien : c'est Albert Thomas, c'est Godart, c'est Ernest Lafont. Il faut qu'on vous dise et que vous sachiez que tous les trois ont dû faire des démarches qui n'avaient pour eux rien d'intéressant, et qui ne pouvaient, ni de près ni de loin, leur procurer aucune satisfaction. Il faut que vous sachiez qu'ils nous ont défendus aussi bien à la Chambre que dans les Commissions, aussi bien auprès du gouvernement qu'au cours de toutes les démarches qui ont été nécessaires.

Les mercantis ont été très habiles. Ils ont porté la question sur deux terrains : la question des privilèges fiscaux, et la question de l'indépendance de notre organisation à l'égard des partis politiques.

En ce qui concerne les privilèges fiscaux, il est presque honteux pour un secrétaire de la Fédération Nationale d'être obligé de dire, devant une assemblée d'administrateurs de sociétés qui le savent mieux que lui, que les sociétés coopératives ne bénéficient à l'heure actuelle d'aucun privilège fiscal. Mais comme malgré tout je dispose ici d'une tribune qui dépasse le cadre de ce Congrès, je dirai, pour que mes paroles soient répétées — dans la mesure où la presse ne les étouffera point — que la Coopération ne jouit à l'heure actuelle d'aucun privilège fiscal. Privilège fiscal? Au moment où l'on essaie d'argumenter avec nous, où l'on essaie d'ergoter pour parvenir à nous frapper dans les conditions les plus injustes?

Oui, camarades de Saint-Etienne, nous avons pu, en 1918, vous dire, à la tribune de votre Congrès, que les coopératives ne seraient pas frappées de l'impôt sur les bénéfices de guerre. Quand nous vous le disions, c'est que nous avions entre les mains des décisions prises à l'unanimité par la Chambre, et qui disaient que les coopératives — avec cette restriction, il est vrai, qu'il ne s'agissait que des coopératives ne vendant qu'à leurs sociétaires — seraient exemptées de l'impôt sur les bénéfices de guerre. Et puis, les temps ont changé. C'est tellement vrai que quand la loi sur les bénéfices commerciaux et industriels a été votée, nous avons cru, — et c'était vrai à ce moment-là, — avoir remporté un succès considérable. Un amendement déposé par nous avait pour résultat, au sens littéral que nous lui avions donné dans son texte, et au sens qui lui avait été donné par ses défenseurs, et même avec les approbations des ministres de l'heure, d'exonérer les coopératives de l'impôt sur les bénéfices commerciaux et industriels. Il s'agissait des coopératives qui ne vendaient qu'à leurs sociétaires, et de celles qui vendaient au public mais dont les bénéfices étaient ristournés à des œuvres de solidarité générale ou d'intérêt public.

Ce texte, pendant deux ans, a été ainsi interprété, non seulement par nous, mais par ceux qui se croient au-dessus des lois et qui font les interprétations qu'ils veulent des textes : les dirigeants des Administrations publiques. Nous parlons non pas des agents subalternes, qui sont très souvent nos amis, mais de ceux qui sont à la tête des administrations et qui dirigent, par cela même, toute l'action fiscale. Ai-je besoin de justifier que les sociétés coopératives, qui invoquent aujourd'hui une loi pour être exonérées de l'impôt sur les bénéfices commerciaux et industriels, pouvaient à ce moment invoquer un principe de justice et non pas un privilège fiscal? Il s'agit de bénéfices commerciaux et industriels, mais précisément nos organisations coopératives sont faites pour ne pas réaliser ces bénéfices. Leur raison d'être, c'est la suppression du profit, c'est la suppression du bénéfice commercial. Demander à ne pas être frappés par un impôt contraire à notre nature et à notre raison d'être, ce n'est pas, évidemment, réclamer un privilège fiscal.

On prétend que nous bénéficions d'avantages; mais nous avons montré, dans un tract, quels sont les impôts que paient aujourd'hui les sociétés coopératives et que ne paient pas les intermédiaires, même ceux du petit commerce. Nous avons montré qu'aussi bien lorsque nos sociétés se constituent que quand il s'agit de nos réserves ou quand il s'agit de l'intérêt à nos actionnaires, le fisc est là qui nous guette, qui ne nous manque jamais, alors même qu'il s'agit d'impôts que les détaillants privés ne paient pas.

Et alors, quels sont donc les impôts que les sociétés coopératives françaises ne paient pas et que paient les commerçants?

Est-ce l'impôt sur le chiffre d'affaires? Nous nous sommes placés toujours sur le terrain de la justice fiscale, et la Fédération Nationale n'a jamais demandé ni aucun avantage ni aucun privilège. Nous avons dit, pour les sociétés coopératives vendant au public, que puisqu'il y a les impôts de consommation et l'impôt sur le chiffre d'affaires en est un, nous devions ces impôts pour la part de nos ventes au public. Mais en revanche, est-ce que nous devons être frappés pour les répartitions faites à nos sociétaires? Non, et nous l'avons proclamé bien haut. Est-ce qu'on frappe le commerçant pour sa consommation particulière, familiale, des produits provenant de sa boutique? Or la situation des coopérateurs associés est exactement sous ce rapport celle du petit commerçant.

Mais voici qui montre encore mieux que toute cette campagne est faite dans un sentiment d'injustice flagrante. Comment, c'est à nous, coopérateurs, qu'aujourd'hui, aux yeux de tout le monde, on fait reproche de ne pas payer l'impôt sur le chiffre d'affaires! Mais vous savez, vous qui en êtes les administrateurs, que neuf sur dix des sociétés coopératives paient l'impôt sur le chiffre d'affaires, et le paient contrairement au texte de la loi, et contrairement à la justice. Et quand on nous a dit qu'à la Fédération Nationale nous manquions un peu d'action, eh bien, c'est peut-être le seul moment où je me suis dit que le camarade qui m'a précédé à cette tribune avait en partie raison. Oui, nous manquons d'action vigoureuse; nous n'aurions pas dû seulement nous défendre, mais nous aurions dû aussi attaquer. Nous aurions dû dire plus vigoureusement et plus fortement : ceux qui, en réalité, ne paient pas sont précisément les commerçants qui nous accusent de ne pas payer. Nous devrions dire en même temps — et beaucoup plus haut — que l'impôt sur le chiffre d'affaires est un impôt profondément injuste. Nous avons toujours protesté, non pas contre la totalité des impôts de consommation, car, avant ou après la guerre, Henriet, il y a toujours eu des impôts de consommation, mais contre l'application de ces impôts. Notre mouvement a toujours essayé de dire que l'impôt de consommation ne pourrait, non pas se légitimer, mais tout au moins se défendre, que si, d'abord, on avait fait produire leur maximum aux impôts directs.

Nous sommes allés, dans la mesure de nos moyens, défendre partout nos coopératives. Un camarade nous a reproché à cette tribune de ne pas toujours avoir donné la même formule de défense aux sociétés, d'avoir dit aux unes : payez, et d'avoir dit aux autres : ne payez pas. Mais, pardon. Notre service juridique est là pour vous renseigner sur la loi existante, sur ce qu'il considère comme pouvant être réclamé dans l'état actuel de la législation. Mais le service juridique n'est pas un service de propagande; il n'a pas à donner de conseils de propagande. S'il y a des sociétés coopératives qui veulent accomplir un geste de révolte et refuser de payer l'impôt sur le chiffre d'affaires, c'est leur affaire à elles, et il ne faudrait même pas que pour cela on s'abrite derrière l'autorité de la Fédération nationale.

Il faudrait d'abord savoir si les sociétés coopératives sont bien décidées à faire un mouvement de ce genre. Et, à Saint-Etienne, est-ce que vous l'avez fait ?

Landy. — Oui.

Poisson. — Est-ce que vous l'avez réellement tenté ? Non. Vous avez fait des gestes de protestation théorique, voté des ordres du jour. Mais nous, nous pensons que la meilleure forme d'action ne consiste pas à voter à la fin d'une réunion des ordres du jour incendiaires, mais auxquels il n'est pas donné de suite. Nous pensons, nous, qu'il faut lutter jour à jour, qu'il faut lutter pied à pied, pour essayer d'arracher, soit l'interprétation d'un texte, soit une situation meilleure pour nos sociétés. Certes, nous nous rendons compte que bien davantage aurait pu être fait. Ces temps derniers, nous avions organisé des meetings, au nom de la Fédération nationale, pour protester contre l'impôt sur le chiffre d'affaires. Il y a quelques jours, je viens d'en faire quatre. Je ne puis pas dire que le résultat en ait dépassé toutes nos espérances. Peut-être la chaleur a-t-elle fait que les consommateurs ne sont pas venus aussi nombreux que nous l'aurions voulu à chacun de ces meetings. Et il en a été, camarades, à Saint-Étienne comme ailleurs. Le malheur, nous vous le disons, c'est que le consommateur est, hélas, trop souvent, un homme qui se laisse exploiter et brimer. Il faut un long effort, non pas seulement d'éducation, mais d'action, pour pouvoir arriver à l'agiter, à le remuer, et à lui faire défendre ses intérêts et ceux de nos sociétés coopératives.

Si vous voulez, demain, entamer contre les mercantis, et en réponse à la leur, une campagne énergique, je vous déclare que la Fédération nationale la fera. Mais elle ne la fera que si ce n'est pas pour donner un coup d'épée dans l'eau, et si elle se sent sûre d'avoir derrière elle des masses agissantes et décidées. Alors, nous serons là, et nous vous soutiendrons, mais il faut que nous ayons l'impression d'être suivis et soutenus dans l'action par nos coopératives et les consommateurs.

Or, c'est précisément au moment où pour défendre nos sociétés nous aurions besoin de tout le monde, c'est à ce moment-là que se font jour, à l'intérieur de notre mouvement. des ferments de désagrégation et de division. A cela aussi je vais répondre, et répondre immédiatement.

Que nous reprochent donc certains hommes placés à des pôles opposés. Ceux de droite ne m'inquiètent pas beaucoup, quand ils veulent, à côté de nous, constituer un mouvement. Je préférerais sans doute que tous les catholiques restent dans notre mouvement, où ils ont leur place, comme les libres-penseurs, à la condition de ne pas y venir comme catholiques ou comme libres-penseurs, mais comme coopérateurs. Mais ils ont voulu faire quelque chose à part. Bien. Mais les autres, les coopérateurs qui se disent communistes, c'est à l'intérieur même de notre mouvement qu'ils veulent agir; c'est leur droit.

Henriet. — Absolument.

Poisson. — Mais nous avons alors le devoir de montrer quel est le résultat, ou quel serait demain le résultat de leur action.

Chose curieuse, on n'a pas apporté à cette tribune tous les arguments que l'on répand par ailleurs. On en a repris un : la collaboration de classes ; mais on en a négligé un autre, consistant à dire que, du point de vue international, la Coopération française, par ses délégués, faisait une œuvre réactionnaire contraire à ses intérêts et aux intérêts mêmes du prolétariat tout entier. Il faut que je réponde brièvement, mais il faut que je réponde aux deux arguments donnés.

D'abord, pendant six mois ou un an, nous avons entendu répéter que les délégués de la Fédération nationale au Congrès international de Bâle avaient fait une œuvre de réaction — de réaction économique, s'entend — en excluant les Coopérateurs russes, ou en voulant les exclure.

Au Congrès de Bâle, nous l'avons dit dans l' « Action Coopérative », il n'a jamais été question d'exclure ou de ne pas exclure la Coopération russe. Il s'est agi uniquement de savoir si la Coopération russe devait avoir immédiatement, par sa direction actuelle, des représentants au Comité central. Un point, c'est tout. Le Congrès a dit : tout de suite. Et nous, nous n'avons pas le moins du monde dit : « Jamais » ou même « Beaucoup plus tard. » Nous avons dit : «Au prochain Comité central, — qui est maintenant passé du reste, — dans six mois, et avant, nous voulons savoir si la Coopération russe est encore « Coopération. »

Nous avons dit au Congrès de Bâle : « Nous n'avons pas, nous, à juger si le ravitaillement du peuple russe, dans sa forme actuelle, est socialement inférieur ou supérieur à la Coopération. Cela ne nous regarde pas. Mais nous sommes l'Alliance Coopérative Internationale, et nous devons donc n'avoir dans notre sein que des organisations coopératives. Il y a des services de ravitaillement municipal; il y a des monopoles d'Etat; est-ce qu'ils demandent à faire partie de l'Alliance Coopérative Internationale ? »

L'Alliance Coopérative Internationale, c'est l'alliance de toutes les coopératives du monde, mais c'est tout ! Or, les anciens dirigeants de la Coopération russe nous disaient que cette Coopération russe n'existait plus, ou plutôt qu'elle n'était plus coopérative mais institution d'Etat. A Bâle, nous n'avions pas à savoir si c'était meilleur ou si c'était moins bon; nous avions simplement à savoir si véritablement c'était encore de la Coopération.

Le temps a passé; et si, à Bâle, on ne voulait pas nous donner les six mois nécessaires pour faire l'enquête indispensable pour connaître la vérité, les circonstances ont voulu que l'enquête se fasse, et que la Coopération française, par un de ses délégués, y ait été représentée. Je suis allé en Russie. C'est même moi qui, au Comité exécutif de l'Alliance, ai fait la proposition ferme de l'envoi de la délégation. A ce sujet, j'ai rencontré pas mal de résistance, cependant j'ai été appuyé par les Belges, par les Suisses, par les Tchéco-Slovaques. J'ai été combattu par les Allemands et ma proposition a été finalement appuyée aussi par les Anglais.

Et puis, c'est moi-même qui ai proposé aussi au Comité exécutif un mandat précis. Nous n'allions pas là-bas pour enquêter sur le bolchevisme; ce n'est pas notre affaire; nous allions là-bas pour savoir ce qu'était devenue la Coopération russe, quelle était sa valeur, quelle était son organisation. Nous y sommes allés, et nous en sommes revenus avec la certitude qu'aujourd'hui la Coopération russe est, à l'heure actuelle, constituée sur les mêmes bases que la Coopération française, sans qu'il y ait dans sa constitution un principe de plus, mais aussi sans qu'il y ait un principe de moins.

Cette Coopération, dont je ne puis vous dire tout ce que je pense — je n'en aurais pas le temps — mais qui, à mon avis, est le plus grand élément de la reconstitution économique de la Russie, cette Coopération, qui est basée sur les principes des Pionniers de Rochdale, ni plus ni moins, elle avait en effet disparu. Elle a été remplacée, de 1919 à 1921, par une organisation d'Etat. Mais cette organisation d'Etat a, aujourd'hui, disparu; la Coopération russe a été réinstaurée dans ses principes anciens, vivant avec ses fonds, avec ses administrateurs librement élus, responsable de ses actes, organisation volontaire, émanant des coopérateurs eux-mêmes. Et alors, quand nous avons constaté, avec la faillite de l'étatisation coopératiste russe, le retour à la coopération libre, volontaire et indépendante, nous avons dit alors, et sans réserve aucune, que sa place était parmi nous.

Mais nous avons aussi cherché à savoir depuis quand la Coopération était redevenue libre. Il y avait un décret du 7 avril 1921, mais c'est au 1er septembre 1921 que les organisations russes ont eu leurs propres fonds, ont eu leurs propres ressources, ont eu leur propre gestion.

Retenez bien cette date du 1er septembre; c'était huit jours après le Congrès de Bâle. Dans ces conditions, lorsque nous disions à Bâle que nous n'étions pas sûrs, et que nous désirions savoir si la Coopération russe était encore libre, est-ce que nous avions tort, ou est-ce que nous avions raison ?

Mais peu importe maintenant; c'est fini, et nous sommes loin de cela. La Coopération russe, au même titre que tous les autres mouvements coopératifs, a aujourd'hui droit à notre sympathie, à notre aide, à notre effort mutuel de secours.

Mais ce n'est pas tout. Au Congrès auquel j'ai assisté à Moscou, dans les derniers jours où j'étais en Russie, devant des délégués venus de tous les coins de la Russie, dont quelques-uns avaient fait quinze jours de voyage pour venir écouter notre modeste délégation, j'ai dit, devant ce Congrès des Coopérateurs russes tenu à Moscou, quelle était la conclusion de ma visite, et, dans un discours que la veille j'avais fait traduire mot à mot, parlant pour la première fois de ma vie sans improviser, je leur ai fait la déclaration suivante, que je répète devant vous comme je le leur ai promis. Voici ce que je leur ai dit, et ce que je vous répète :

La Coopération russe, après avoir été pendant deux ans transformée presque complètement en institution administrative et officielle de répartition de l'Etat, est redevenue, avec la nouvelle politique économique russe, une institution proprement coopérative, ayant sa vie propre, son indépendance organique, et, quel que soit le temps nécessaire pour passer complètement de la phase officielle à la phase de la coopération libre, par conséquent en ce qui concerne le texte, du reste non appliqué, de certains décrets, l'adhésion volontaire au lieu de l'adhésion obligatoire, et les pressions extérieures, soit du Gouvernement, soit du parti politique, un fait est certain, indiscutable, éclatant. Une volonté de liberté puissante et sincère anime pour ainsi dire l'unanimité des coopérateurs russes, du plus humble au plus haut placé. Dans ces conditions, la coopération française, comme la Coopération internationale, n'a pas de plus impérieux devoir et de plus précieuse besogne à accomplir, que de servir cette volonté de liberté en cherchant à l'aider et à l'encourager par tous les moyens en son pouvoir, et en nouant avec elle les relations les plus étroites, morales et économiques.

Et maintenant, je dis aux camarades russes : « A l'œuvre et au travail communs. »

J'avais promis de répéter devant vous les phrases mêmes que j'ai employées, sans que, de leur part, il y ait une seule contestation sur la vérité des paroles que j'ai dites.

Maintenant, c'est fini; on ne parle plus de la trahison des dirigeants de la Coopération française ; on passe à autre chose, on en est à la collaboration de classes.

Ah! la collaboration de classes! Mais de quelle collaboration s'agit-il? Est-ce du Conseil supérieur de la Coopération? Est-ce du Bureau international du Travail, — auquel, du reste, nous ne sommes pas représentés ? — Est-ce du Conseil supérieur des Chemins de fer, auquel nous avons demandé à être considérés comme partie participante à l'administration, mais où nous n'avons pas été acceptés par les gouvernants?

Demain comme hier, nous voulons être indépendants des gouvernements; nous voulons être indépendants de tout gouvernement, et nous voulons faire nos affaires nous-mêmes. Nous ne serons pas plus sympathiques au gouvernement actuel que nous ne l'avons été aux gouvernements d'hier, et nous ne le serons pas davantage aux gouvernements de demain. Dans la mesure où ces gouvernements serviront l'action coopérative et prépareront une société sans profit, nous les aiderons, mais non pas en tant que gouvernements, en tant qu'ils serviront la coopération.

Mais aucun gouvernement, en tant que gouvernement, ne pourra compter sur notre concours total, complet, quel qu'il soit. Je me rappelle que pour avoir dit cela il y a trois ans, à Paris, au Congrès de 1919, j'avais soulevé quelques protestations, et aujourd'hui je suis obligé de rappeler ma formule : nous sommes indépendants des formes de gouvernement, et nous ne servirons que la Coopération. Nous demanderons aux gouvernements de nous aider, et, hélas! ils nous seront toujours plus ou moins hostiles.

Mais je ne sais pas de quelle pâte sont faits certains cerveaux et certaines volontés. En votre nom, je suis allé en maints endroits avec tous mes amis de la Fédération Nationale, dans des délégations, auprès des ministres d'hier et d'aujourd'hui ou dans des commissions, mais je ne me figurais pas qu'il fallait que j'y sois pour ainsi dire comme un petit enfant qui doive toujours s'incliner. Quand je vais, au nom de la Coopération, devant n'importe qui, devant n'importe quelle force sociale, devant n'importe quel parti politique, fût-ce le mien, j'y vais au nom de la Coopération, soutenu par la foi que j'ai dans notre mouvement et dans son avenir. Et j'y vais non seulement en homme libre, mais comme représentant la Coopération, pour faire pénétrer son esprit, et pour arracher morceau par morceau quelques améliorations pour nos sociétés et pour notre mouvement. C'est dans cet esprit que je n'ai peur d'aller nulle part, car je ne me sens ni corrompu, ni corruptible, dans aucun milieu.

Collaboration? je ne sais pas, moi, ce que cela veut dire. Je n'ai jamais collaboré avec personne, en tant que secrétaire général de la Fédération. Partout j'essaie de faire pénétrer la force et l'esprit coopératifs. Ah, nous ne réussissons pas toujours; nous ne réussissons même que rarement, mais moi, je ne me décourage jamais. Il faut, quand on s'accroche quelque part, tenir bon. et essayer, malgré tout, malgré les difficultés, d'arracher quelque chose.

Vous parlez de consolider la société bourgeoise ! Permettez-moi de vous dire que c'est une plaisanterie. Depuis que je suis militant et que je suis à votre service, j'ai cette faiblesse, car je ne suis après tout qu'un intellectuel, de n'avoir jamais considéré suffisamment la Coopération toujours de ce point de vue pratique, de ce point de vue matériel immédiat, qui, à juste raison, est bien souvent celui des travailleurs ou industriels ou paysans, qui viennent souvent à la Coopération pour ces buts matériels, et pour qui l'économie ménagère est une chose intéressante. Car ceux-là ne pensent pas que c'est avec un prolétariat de moins en moins payé, avec des paysans de moins en moins heureux, avec une misère croissante, qu'on arrivera à établir un régime nouveau et meilleur. Ils pensent au contraire que c'est bien davantage en élevant le niveau matériel et moral que l'on prépare un monde nouveau.

Un Délégué. — Le contraire est de l'anarchie.

Poisson. — Je comprends donc que la plupart de nos administrateurs et de nos consommateurs, ouvriers et paysans, préoccupés de ces améliorations immédiates, et cela compte pour eux, aient au cœur plus que moi, qui ne suis qu'un intellectuel, la pensée de la Coopération envisagée du point de vue de l'économie ménagère. Mais j'ai bien le droit de dire aussi que notre devoir à nous, les intellectuels, est d'essayer de ne pas se contenter de voir dans la Coopération des avantages matériels, mais d'essayer de voir dans la Coopération une puissance morale et une force d'organisation économique, de transformation sociale. Dans ces conditions, vous comprendrez que je ne puisse m'empêcher de sourire lorsque je suis obligé de me défendre de consolider la société bourgeoise, quand, précisément, l'intellectuel que je suis voit peut-être trop bien l'élément de transformation sociale que constitue la Coopération.

Et c'est au moment où nous essayons de joindre à la fois et l'action positive et l'action idéaliste, c'est au moment précis où nous aurions tant besoin de toutes nos forces, que les ferments de division apparaissent. Je vais vous dire toute ma pensée. Pour moi, je ne considère pas, à l'heure actuelle, les ferments de division partant de ce groupe que représente Henriet comme bien dangereux pour notre mouvement. Je vous avoue que je considère que dans tous nos Congrès on donne à ce groupe une importance beaucoup plus grande, beaucoup plus considérable que ne le justifierait sa puissance.

Henriet. — Cela viendra.

Poisson. — J'avoue que je ne suis tout de même pas comme certains qui sont allés jusqu'à dire que le citoyen Poisson et ses amis devaient entretenir soigneusement le groupe des coopérateurs communistes comme une opposition désirable.

Je ne dis pas cela, mais tout de même j'ai bien le droit de constater, non pas leur force en croissance, — car ce n'est pas au nombre de voix que ces choses doivent se juger, — mais leur décrépitude intellectuelle, de Congrès en Congrès.

Henriet. — C'est simplement de l'insolence. Nous retrouvrons cela, « l'intellectuel » !

Un Délégué. — Il est facile à l'intellectuel Poisson de se moquer de l'intervention de ceux qu'il juge inférieurs.

Poisson. — J'ai l'habitude de répondre dans les mêmes conditions où l'on m'attaque.

Ce qui m'inquiète, voyez-vous, dans le mouvement d'Henriet et de ses amis, ce n'est ni son effort, ni son avenir. Mais laissez-moi vous le dire, même à cet état minuscule, dans un mouvement comme le nôtre, il ne faut pas laisser apporter des éléments de division et de désagrégation. Aussi, à ce point de vue, rendai-je hommage à Gérard. Il y a une chose que je tiens à dire devant tout ce Congrès, composé uniquement de coopérateurs, d'hommes venus de tous les coins de l'horizon politique, philosophique ou social, où il peut y avoir des réactionnaires politiques ou des révolutionnaires, des modérés ou des avancés : Nous ne savons pas quels chaussons ou quels souliers ils ont politiquement laissé à la porte pour entrer ici nu-pieds et y faire de la besogne coopérative. Ce que nous savons, c'est qu'ici, communistes ou réactionnaires, ils sont tous égaux. Et le jour où, dans notre mouvement, on fera une besogne contre un parti quelconque, vous ne nous trouverez jamais, les dirigeants actuels de la Coopération, pas plus mes amis que moi-même, pour faire participer à cette besogne.

Les catholiques trouveront ici un respect égal à celui qu'y trouveront les communistes les plus endurcis, et nous défendrons tous les hommes qui sont avec nous, quels qu'ils soient. Nous leur demanderons, naturellement, de ne pas apporter dans le sein de notre organisation des préoccupations de parti. Si nous y apportions les nôtres, nous auriez mille fois raison de ne pas nous garder à la tête de la Coopération. Si vous pouvez, par des actes, ou même par des intentions, montrer que des camarades que vous connaissez, moi ou d'autres, obéissent à des préoccupations politiques, notre place n'est pas là, et nous nous retirerons. Mais il faut le démontrer.

Voyez-vous le danger que vous présentez dans notre mouvement, coopérateurs du groupe Henriet, je vais vous le dire, et ce sera ma fin : C'est, que réellement, — le mot sera peut-être un peu dur, — vous êtes des professeurs d'inertie! Ce que l'on a vu tout à l'heure à cette tribune a-t-il consisté — ce qui après tout serait très logique et très normal, car nous ne faisons pas tout bien — à critiquer, mais à critiquer pour demander de faire mieux? Ce que vous avez entendu, — et pour moi j'en ai été absolument abasourdi, — c'est qu'on a essayé de démontrer que tout l'effort pour l'idéal coopératif a été fait en pure perte, qu'il ne fallait pas y croire, que le capitalisme arriverait toujours à être le plus fort, qu'il ne fallait compter que sur une espèce de mythe révolutionnaire. Et ce que vous disiez, Henriet, aux gens qui sont lancés dans l'action, c'est ceci : « Depuis deux ans, vous avez perdu des illusions. » Comme conclusion, vous vous réjouissiez que les coopérateurs soient désillusionnés sur leur propre mouvement!

Eh bien, nous vous disons, nous, que c'est cela, c'est cette désagrégation interne qui est terrible dans notre mouvement. Le mal de votre action, c'est qu'elle fera des indifférents. Elle en touchera quelques-uns qui se diront : « Après tout, est-il tant besoin de se donner du mal? » « Est-ce que tout de même cet « écorchage » des hommes, — les uns après les autres, — n'a pas quelque chose de fondé ? » Et certains, par crainte, — parce qu'enfin tout le monde n'est pas homme d'action, — par crainte d'être ainsi dépiautés, se retireront. Vous ne vous rendez donc pas compte que cela peut vous enlever demain les meilleurs de vos militants, les plus braves, les plus courageux ? Vous ne savez pas ce que peut faire cette menace perpétuelle, cette critique systématique de tout ce que l'on fait, cette critique qui n'a pas d'autre but que de critiquer?

Par exemple, de temps en temps, j'ai une idée à proposer;

elle est mauvaise ou elle est bonne, et je me dis : Voilà ce qu'on devrait faire; voilà ce qu'on devrait tenter; et bien souvent je ne le fais pas, je n'ose pas préconiser cette idée auprès de mes camarades, parce que je me dis : si on fait cela, il y aura toujours le petit clan qui nous guette et qui va nous critiquer. Le résultat est qu'on n'agit plus.

Voyez-vous, l'action de ces hommes est néfaste pour notre mouvement, elle n'est ni dangereuse par son avenir, qui est nul, ni dans sa puissance de démonstration; elle est néfaste dans le doute et dans le découragement qu'elle sème. Nous avons besoin présentement, non pas tant de l'unanimité du Congrès, que de confiance dans l'action et la force de notre Fédération Nationale. Ce que je désire à l'heure actuelle, ce n'est pas une unité formelle, ce qui ne signifierait rien, mais une unité de cœur, de sentiments, d'idées, telle que la Fédération Nationale l'a déjà recueillie, et la recueillera demain, j'en suis sûr, de tous les coopérateurs sincères, épris à la fois d'action pratique et d'organisation idéale. Cette directive que je vous indique, il vous appartient tous les ans, aujourd'hui comme l'année dernière, de dire si nous devons la continuer. Mais vous ne devez pas nous appuyer seulement par des bulletins tombant dans l'urne, mais par votre volonté, volonté de liberté comme je la voulais pour la Coopération russe, et volonté d'agir et de nous débarrasser de tous les miasmes qui pourraient empoisonner notre organisation.

Le Président. — Camarades, le bureau n'a pas reçu de demande de scrutin sur le rapport moral. Voulez-vous procéder au vote par mains levées?

Henriet. — Il y a des mandats.

Un Délégué. — Nous demandons le vote par mandats.

Le Président. — Du moment que le vote par mandats est demandé, il est de droit.

Landy. — Il y aurait une précision à demander au camarade Poisson. En ce qui concerne la taxe sur le chiffre d'affaires, il a dit qu'il ne fallait pas compter sur la Fédération pour faire une action.

Poisson. — Je n'ai pas dit cela.

Landy. — Mais c'est le sens de vos paroles.

Poisson. — J'ai dit, au contraire, conformément du reste à ce que j'avais déjà déclaré à des camarades d'Arras, que, quelle que soit l'action que vous entreprendriez, la Fédération sera avec vous.

Landy. — Il serait peut-être nécessaire d'envisager une action d'ensemble.

Poisson. — Je suis tout disposé à ce que le Conseil Central l'examine, mais je vous demande de ne pas nous engager dans une action qui ne donnerait que des coups d'épée dans l'eau. Si nous sentons un mouvement général des consommateurs, qui ne consiste pas simplement dans le vote d'un ordre du jour de congrès, mais qui serait une réalité, je vous prie de croire que nous ne serons pas les derniers à l'appuyer.

Un Délégué. — A l'heure actuelle, des fonctionnaires sont inquiétés parce qu'ils font partie du conseil d'administration de sociétés coopératives. Non seulement ils sont inquiétés, mais je puis vous citer ce fait que chez nous on a fait passer un fonctionnaire devant un conseil de discipline pour avoir fait partie d'une coopérative. Je demande au Congrès de bien vouloir examiner la possibilité d'une protestation énergique.

Poisson. — Non seulement je suis de cet avis, mais je voudrais qu'il y ait sur ce point un vote spécial du Congrès. Je demanderai à notre camarade de préparer un texte, qui sera soumis à la Commission des résolutions, et je suis convaincu que le Congrès le votera.

Un autre Délégué. — Je demanderai que les diverses circulaires et directives émanant à ce sujet des grandes Administrations soient soumises d'abord à une Commission, car il paraît qu'il n'y a pas à ce sujet unité de vues entre les différents départements ministériels. Les fonctionnaires doivent savoir quels sont leurs droits et leurs obligations. Il faut donc que le Congrès se prononce en toute clarté, mais avec des textes précis sous les yeux.

Un Délégué. — Je dois dire à ce sujet que je suis fonctionnaire des Ponts et Chaussées, que j'ai demandé un congé pour venir au Congrès, et qu'il m'a été accordé.

Poisson. — Il y a des cas individuels, mais je crois qu'une protestation sera utile, et je demanderai à notre camarade d'en préparer le texte.

Camin. — Je voudrais indiquer au Congrès, et rappeler à ceux de nos camarades qui lisent l' « Action Coopérative », que dans son dernier numéro, ce journal a publié un article sur cette question — article appuyé de documents. — Il est particulièrement remarquable que tous les ministères qui se sont occupés de la question sont en complet désaccord.

A la Fédération Nationale, nous avons été saisis particulièrement du cas d'un de nos camarades, instituteur, qui, d'ailleurs, doit être dans cette salle, mais que je ne nommerai pas pour des raisons que vous comprendrez, et qui a été mis en demeure par l'Administration de l'Instruction publique d'avoir à opter entre les fonctions d'administrateur d'une société coopérative et son poste d'instituteur adjoint.

Nous avons publié le texte de la mise en demeure dans l' « Action Coopérative », et nous avons également publié la réponse du ministre au parlementaire à qui nous avions demandé d'intervenir.

Nous avons, d'autre part, publié dans ce même numéro des circulaires ou lettres émanant des différents ministères qui se sont préoccupés de cette question. Nous avons fait remarquer que, par exemple, le ministère de l'Intérieur avait récemment publié une circulaire dans laquelle il reconnaissait, en fait, le droit des fonctionnaires à faire partie du conseil d'administration de sociétés coopératives, puisqu'il leur disait : « Vous pouvez appartenir au conseil d'administration de ces sociétés, mais à la condition que, sur les documents destinés au public, vous ne fassiez pas suivre votre nom de l'indication de votre qualité de fonctionnaire. »

Par contre, aux Finances, il semble qu'on ait une toute autre opinion de la question et qu'on veuille considérer les coopératives comme des sociétés commerciales.

Le Président. — Cette question sera examinée par la Commission des résolutions.

Poisson. — Etant donnée l'importance de la question, je demande, conformément à ce qui a été proposé par ceux qui sont contre nous, qu'il y ait un vote par mandats sur la question du rapport moral.

RAPPORT DE LA COMMISSION DE CONTROLE ET VOTE DU RAPPORT DU CONSEIL CENTRAL

Le Président. — Pendant qu'on procédera aux opérations du vote, nous pouvons continuer l'ordre du jour, qui appelle l'examen du rapport de la Commission de contrôle.

La parole est au rapporteur.

Droneau, rapporteur de la Commission. — Voici le texte du rapport de la Commission :

La Commission de Surveillance nommée par le Congrès de 1921, a vérifié avec soin les chapitres de la comptabilité de la Fédération Nationale des Coopératives ; elle s'est assurée de l'existence des valeurs disponibles et réalisables.

Le bilan a été l'objet de toute son attention et l'excellence des résultats de l'exercice (105.427 fr. 61) dispense de longs commentaires.

Elle approuve la sincérité du bilan et conclut à son adoption tel qu'il vous est présenté.

Le Président. — Personne ne demandant la parole, je mets ce rapport aux voix. Il est adopté.

Le Président. — Voici le résultat du vote sur le rapport moral :

Pour : 4.290 mandats.
Contre : 218 mandats.
Abstentions : 89.

Nous allons, maintenant, aborder les questions à l'ordre du jour. La parole est à Boyet.

LA CRISE ÉCONOMIQUE ET SES RÉPERCUSSIONS SUR LE MOUVEMENT COOPÉRATIF

Boyet. — Camarades, je ne m'oppose pas, évidemment, à ce que la discussion sur le rapport de Gaston Lévy commence dès maintenant, mais il est déjà tard, et vous avez, paraît-il, décidé ce matin de terminer votre séance à six heures. De plus, c'est aujourd'hui jour de fête, et il serait légitime que nous puissions un peu en profiter. Enfin, il y a au moins cent cinquante délégués qui sont à l'extérieur et qui ne vont certainement pas rentrer.

D'un autre côté, je suis personnellement dans un état de fatigue extrême, et mes amis de la Bellevilloise savent qu'il me serait impossible de faire maintenant mon exposé comme je voudrais le faire, et comme il est de l'intérêt du Congrès qu'il soit fait.

Pourquoi, dans ces conditions, ne pas remettre la suite à demain matin, étant entendu qu'au lieu de neuf heures, nous commencerions à huit heures et demie, ce qui nous ferait bénéficier d'une demi-heure de fraîcheur ?

Le Président. — Je demande au Congrès s'il est d'avis de continuer la discussion.

Le Congrès étant d'avis de continuer, je donne la parole à Henriet.

Discours de HENRIET

Henriet. — Camarades, je ne serai pas long, puisqu'il ne m'est accordé qu'un quart d'heure avant la fin de la séance.

Le rapport présenté par Gaston Lévy et par le Conseil Central, sur la crise économique et ses répercussions dans les coopératives nous a semblé, à beaucoup, n'être pas complet, et surtout ne pas indiquer les véritables causes de la crise économique.

Tout à l'heure, j'ai écourté ma discussion sur cette question, qui rentrait dans le cadre du rapport moral. Je puis y revenir maintenant, et je dis de suite que le rapport qui nous est présenté sur la crise n'est pas complet.

En effet, quand ce rapport énumère les causes de la crise, il parle de la crise économique, de la crise bancaire qui a commencé au Japon; il expose la marche qu'en effet elle a suivie, d'abord en Amérique, puis en France. Mais il indique uniquement là les effets et non les causes de la crise. Je crois que sans faire de longues polémiques on peut soutenir que Lévy ne nous a pas indiqué les causes de la crise économique. Ce sont ses effets, au contraire, qu'il nous a énumérés.

Lévy. — C'est de cela qu'il s'agit.

Henriet. — Il est inutile de vous énerver autant. Si vous voulez m'empêcher de parler, je descendrai de la tribune.

Un Délégué. — Vous pouvez vous en aller...

Boyet. — Il est bon de faire remarquer qu'on empêche Henriet de développer ses idées.

Le Président. — Henriet a parlé pendant trois quarts d'heure sur le rapport moral. Il a été interrompu, c'est vrai, mais il ne faut pas dire qu'il ne lui a pas été possible de développer ses arguments.

Henriet. — J'ai confiance en Cleuet pour faire respecter mon droit de parole.

Cleuet. — A condition qu'on m'écoute, sans cela, je suis impuissant.

Camarades, je disais donc que le rapport de Gaston Lévy n'était pas complet, et qu'au lieu de nous indiquer les causes de la crise économique, il en a décrit simplement les effets.

Si nous examinons comment se produisaient les crises économiques avant la guerre, nous constatons qu'elles se produisaient par suite du système anarchique de production qui régit la société capitaliste, où ce ne sont que les intérêts individuels qui dominent, et où, par conséquent, l'intérêt collectif, c'est-à-dire la production pour la consommation, n'est pas envisagée.

Boyet. — Très bien !

Henriet. — En fait, cette forme anarchique de production aboutissait dans certaines périodes à une crise dans chacune des corporations, dans chacune des industries, crises qui, petit à petit, allaient en s'atténuant, si bien que finalement la vie économique reprenait son cours. Ces crises se produisaient dans toutes les industries, mais pas en même temps. Or, la caractéristique de la crise économique que nous subissons à l'heure actuelle, c'est sa généralisation. Elle a atteint l'ensemble de la vie économique. Notez bien, d'ailleurs, que si elle a atteint les sociétés coopératives, il est certain qu'elle a atteint bien plus encore le régime capitaliste.

Un Délégué. — On l'a déjà dit.

Henriet. — Pour bien comprendre cette situation, il faut remonter à ses causes.

La cause principale en est dans l'usure des stocks; elle est dans la non production de travail utile pendant la guerre. Cinq années durant, le monde entier a produit pour la guerre et uniquement pour la guerre. On a même rationné ceux qui n'étaient pas en guerre, pour permettre de faire durer celle-ci. De sorte qu'après cette période le défaut de production des choses utiles à la vie a été tel qu'il s'est produit une hausse des prix qui, à notre connaissance, n'avait jamais atteint un tel degré. On était alors certain — et c'est par là que beaucoup ont manqué de perspicacité — qu'un accroissement de puissance économique sortirait de la guerre. Il semblait à beaucoup que l'anéantissement de l'Allemagne allait donner l'hégémonie commerciale aux peuples industriels de l'Entente et, par conséquent, allait nous amener un véritable renouvellement de prospérité économique. Cela était tellement dans l'esprit général que la plupart des journaux qui s'occupent d'économie politique ont traité cette question dans ce sens. Si bien qu'en dehors de l'intérêt personnel qui s'attachait à la spéculation et qui, par conséquent, créait cette hausse continuelle, il y avait la croyance générale qui aidait encore à la spéculation.

Si nous examinons les résultats de la crise économique et ses effets sur les coopératives, il faut dire que la crise économique comporte deux périodes, celle de hausse et celle de baisse.

En ce qui concerne la période de hausse, quoique notre camarade Gide indique que la Coopération donne le juste prix, il n'en est pas moins certain que la spéculation qui s'exerçait sur l'ensemble des denrées a créé pour elle une situation extrêmement favorable, parce que tous les consommateurs, atteints dans leurs moyens d'existence, recouraient à la Coopération comme à un organisme qui devait leur donner la possibilité de réduire le prix des denrées. Et en effet, peut-être, si la Coopération avait été absolument puissante, si elle avait eu en mains la plus grande partie du commerce et de l'industrie, peut-être aurait-elle été une puissance capable d'enrayer la hausse. Mais en fait, la Coopération, dans le système capitaliste, dans la situation où elle est encore aujourd'hui, est absolument impuissante à obtenir ce résultat. Et quand nous disions qu'on avait créé des illusions, ce n'était pas du tout, comme un grand orateur l'a dit tout à l'heure, pour décourager les coopérateurs de leurs efforts, mais pour que nous utilisions les possibilités qui étaient entre nos mains sans pour cela nous faire d'illusions. La vérité, c'est que les coopératives ont profité de la hausse des denrées, et que beaucoup de coopérateurs et de dirigeants de coopératives, en face de cette situation merveilleuse dans laquelle ils se trouvaient par rapport au commerce, ont cru que cette situation était de leur fait. Voilà ce qu'on ne veut pas reconnaître.

En fait, la situation des coopératives suit le mouvement économique. Quand les denrées montent, la situation des coopératives est merveilleuse; les consommateurs viennent nombreux, parce qu'ils regardent uniquement leurs intérêts, qui les poussent alors à venir aux coopératives. Quand il y a, au contraire, une période de baisse, cette période qui devrait être utile à tous, est pour nous, coopérateurs, ou du moins pour nos sociétés coopératives, la cause d'une situation extrêmement gênée.

Le remède général, nous ne pouvons pas le trouver en régime capitaliste par l'organisation seule de la Coopération, mais le remède pour nos coopératives contre les crises de baisse, réside surtout dans les profits que l'on doit réserver dans les bonnes années, dans les années de hausse. C'est alors qu'il faut constituer de fortes réserves pour les années de baisse, qui, à leur tour, sont des années de misère pour les coopératives.

Voilà, camarades, dans quelles conditions il faut envisager la question de la crise. Son origine, tout à l'heure, ou demain, Boyet vous l'expliquera. Il vous expliquera les idées qui lui sont venues et vous montrera combien l'état d'esprit général et combien l'état de guerre ont modifié les caractères des crises. Pour le moment, pour nous, l'enseignement qu'il en faut tirer est la nécessité de constituer de fortes réserves. Je voyais dans le rapport du Magasin de Gros — je ne sais qui a fait ce rapport, qui n'est pas signé, mais j'ai cru cependant y reconnaître la manière de Lévy — une phrase qui indiquait que les coopératives n'avaient pas la possibilité, en temps normal, de se développer comme elles l'avaient fait dans la période de hausse, et que cela constituait un danger. Si je ne rapporte pas ici exactement le texte de ce rapport, que je n'ai pas sous les yeux, je suis sûr cependant de respecter le sens de ce qui y est indiqué. Cela répond d'ailleurs à ce que j'ai toujours dit. C'est là le sentiment que j'ai toujours soutenu depuis que je suis coopérateur.

Ce même rapport faisait remarquer qu'en ce qui concerne les sociétés de développement, la jeunesse de ces sociétés et leur manque de réserves les avaient mises dans une situation inquiétante. Tous les administrateurs, sans exception, se sont trouvés surpris et ont même été fort inquiets pour la vie de leurs organisations, quand ils ont vu se déchaîner la crise et les prix baisser dans des proportions semblables. Et il ajoutait que seules les sociétés coopératives ayant constitué de fortes réserves (et il ajoutait aussi dont elles ne se servaient pas) avaient pu traverser la crise sans en souffrir.

En effet, cela est bien exact. Ce sont bien les sociétés qui avaient constitué des réserves qui ont pu supporter la crise, et qui ont pu suivre les cours du commerce, non pas vendre au meilleur marché possible, comme on l'a encore dit tout à l'heure, mais suivre les cours du commerce, de façon à conserver les acheteurs, à conserver les consommateurs, à qui on avait tout de même, par des promesses, quelque peu doré la pilule. Car si j'en crois ma propre expérience, dans toutes les réunions coopératives où je suis allé, j'ai toujours vu que loin de déclarer que la Coopération était le juste prix, on disait malheureusement trop souvent : venez à la coopérative, parce que vous y aurez la marchandise meilleur marché qu'ailleurs. Et cela a conduit souvent le coopérateur, ou plutôt le coopérant qui, lui, n'est pas toujours en situation de comprendre le mécanisme des crises économiques, à penser que la société coopérative ne lui donnait pas ce qu'elle lui avait promis. C'est cette constatation qui a conduit notre camarade Charles Gide à dire que ce n'était pas le prix inférieur à celui du commerce que l'on venait chercher dans les coopératives, mais le juste prix des marchandises. Or, quoi qu'en dise notre camarade, il y a là encore une erreur. Le juste prix, même dans la Coopération, n'existe pas; il n'est pas la reproduction de la quantité de travail et d'efforts aboutissant à la production d'un produit; il n'est que le produit d'une foule de circonstances, d'une foule de faits comme l'offre et la demande, qui sont cause que le prix d'un produit ne correspond jamais d'une façon absolue à la quantité de travail qu'il contient.

Il ne faut donc pas que, dans la Coopération, nous conservions comme base cette idée que le prix payé dans les coopératives est le juste prix. Il faut, si nous voulons dresser notre mouvement contre le mouvement capitaliste qui s'organise merveilleusement — et nous aurons à prendre modèle sur lui dans bien des cas — que dans nos coopératives, on suive les prix du commerce. Il faut, certes, qu'on soit plutôt en dessous qu'au-dessus, mais il ne faut pas que nous répétions les erreurs faites par nos aînés et que nous suivions les traditions anciennes, surtout les traditions venant d'Angleterre, où l'on payait les denrées plus cher, afin d'avoir une ristourne chaque année supérieure. Aujourd'hui déjà il n'en est plus ainsi, et même en Angleterre, même dans ce pays de la ristourne, on commence à comprendre, surtout en raison de la crise formidable de chômage et de misère qui y sévit, l'erreur qui a été commise. Par suite de la diminution de ses moyens d'existence, l'ouvrier s'est trouvé dans l'obligation d'aller au meilleur marché, et ce meilleur marché se trouvait souvent chez le commerçant, pour une raison bien simple. C'est que ce commerçant, obligé de réaliser, se trouvait dans l'obligation de vendre ses marchandises. On vous expliquera fort probablement à l'Assemblée du Magasin de Gros, quand nous discuterons sur des faits matériels, que des commerçants, obligés de réaliser, sont arrivés à fournir des marchandises aux coopératives, au-dessous des prix auxquels le Magasin de Gros pouvait les offrir.

Comme le camarade Boyet doit prendre la parole demain sur cette question, et que je vois l'heure s'avancer, je conclurai en quelques mots, en vous disant que les crises ne sont pas finies, et qu'elles tendent même à recommencer. C'est pourquoi j'ajouterai, moi aussi, ma recommandation à celle du rapporteur que j'indiquais tout à l'heure, en vous disant : Constituez des réserves toutes les fois que cela vous sera possible; faites l'éducation des coopérateurs et des coopérants de façon qu'ils comprennent nettement la situation économique; ne promettez rien que vous ne puissiez tenir; ne promettez même rien, car, en ce qui concerne les questions d'ordre économique, en régime capitaliste, il est absolument impossible, surtout dans les circonstances actuelles, de promettre quoi que ce soit, et d'être sûr de quoi que ce soit.

Car, à mon sens, le régime capitaliste ne se rétablira pas; il ne rétablira pas son équilibre; il est trop ébranlé pour cela; c'est un régime qui a donné tout ce qu'il était possible pour lui de donner. Nous avons, nous, au contraire, à organiser la Société future et à poser déjà les bases de notre organisation coopérative. C'est dans ce sens que nous devons travailler, et que nous devons porter toute notre ardeur de combattants et de militants.

Je ne vous donne pas lecture de l'ordre du jour que nous déposons. Je pense d'ailleurs que vous l'avez tous lu et vous engage à le voter.

Le Président. — La parole est au camarade Thiriet.

Intervention de THIRIET

Thiriet. — Je n'examinerai pas les conditions dans lesquelles les crises périodiques agissent sur les différentes entreprises. Nous sommes tous persuadés qu'une liquidation de certaine d'entre elles est chaque fois indispensable pour dénouer la crise. Il s'agit simplement de savoir si, dans cette lutte, ce sont les organisations fortes qui résistent le mieux, ou si, au contraire, les organisations faibles ont plus de chance de subsister.

La proposition de résolution recommande à tous les sociétaires « d'unir de plus en plus leurs efforts pour utiliser en commun leur force d'achat et les épargnes de leurs membres, pour opposer un front uni aux menaces des adversaires de la Coopération ».

Autour de quelles sociétés se groupera-t-on pour résister ? Lesquelles seront les plus fortes, les mieux armées contre les crises ?

Ou bien, celles qui agissant dans un rayon relativement étroit, sans grands capitaux immobilisés, n'ont pas à payer d'intérêts ou de frais de banque élevés, peuvent distribuer de grosses ristournes parce qu'elles ne cherchent pas de garanties dans l'accumulation de réserves visant surtout, grâce à la compression exagérée de frais généraux, au désintéressement de leur personnel et à la fidélité de leurs sociétaires ?

Ou bien, celles qui se sont développées le plus et qui, par la force même de leur organisation en sociétés de développement, ont, dans une certaine mesure, obéi aux lois générales des grandes entreprises modernes : rassemblement de capitaux importants au départ, centralisation des affaires techniques, bénéfices obtenus par l'accroissement de la vente et la réduction du nombre des intermédiaires, faibles ristournes permettant des réserves de plus en plus fortes ?

Personne ne contestera que, malgré la faiblesse de ses frais généraux et le dévouement de ses administrateurs, une société coopérative locale puisse assurer entièrement sa vie par la fidélité de ses sociétaires, surtout lorsqu'elle se trouvera en butte aux attaques d'une puissante société à succursales multiples : celle-ci gagnant suffisamment d'argent dans 99 p. 100 de ses magasins pourra, en faisant dans le centième les sacrifices nécessaires, tuer la société visée.

Il n'est pas discutable que, seule, une importante société peut se permettre les dépenses de propagande nécessaires pour lutter à la fois contre les calomnies du commerce intéressé et pour recruter toujours de nouveaux sociétaires. Indiscutable, également, que plus une société est importante, plus elle gagne la confiance des épargnants, plus elle inspire sa confiance dans le développement du mouvement coopératif tout entier.

Indiscutable encore, que c'est grâce à la concentration de plus en plus importante des achats et à l'organisation de plus en plus large des moyens de répartition que les coopératives soutiendront la lutte contre les grandes entreprises commerciales !

Mais je reste dans le sujet qui nous occupe, et bien qu'il soit mal porté de parler de soi, peut-être n'est-il pas inutile que je rapporte devant le Congrès une expérience importante que nous venons de faire en Lorraine, expérience que les coups accusés très haut par la concurrence ont rendue tout à fait concluante.

La crise économique a atteint, dit Gaston Lévy, les coopératives plus que toute organisation commerciale, parce que les coopératives manquaient de réserves pour démajorer leurs stocks.

J'ajouterai :

C'est surtout à l'insuffisance des moyens de répartition, c'est-à-dire au nombre insuffisant de boutiques;

C'est à une organisation insuffisante, appuyée de capitaux insuffisants, que la plupart des coopératives doivent de n'avoir pu se libérer à temps de leurs stocks, constitués souvent d'ailleurs n'importe comment, sans renseignements préalables de leur organisme naturel d'achat : leur Magasin de Gros.

Et l'on comprend l'avantage énorme que possède, en période de crise, une importante société à succursales multiples sur une petite coopérative.

Que peut faire en effet cette dernière, si en face d'elle un commerçant ou, mieux encore et souvent, un économat d'usine, un gros ravitaillement quelconque, ont des stocks à liquider ?

Sur ce que cette petite coopérative peut faire, nos camarades de l'Est sont fixés maintenant :

Ils connaissent des sociétés dont les magasins sont placés dans la région, soumis à la même concurrence, qui ont failli mourir et seraient aujourd'hui disparues, si notre société plus puissante, « l'Union des Coopérateurs de Lorraine », ne leur avait pas, en temps utile, prêté le secours de ses capitaux et de ses 250 boutiques organisées sur trois départements.

Il en est déjà plusieurs qui ne doivent leur existence qu'à leur unité d'action avec la grosse société qui a écoulé leurs stocks au moyen de ses nombreuses boutiques.

Car vous avez compris que tout s'enchaîne, que l'immobilisation des stocks entraîne celle des capitaux et que le réapprovisionnement en sucre, par exemple, peut se trouver empêché parce qu'il reste en magasin trop de légumes secs, trop de bonneterie ou trop de chaussures, cercle vicieux dont il est difficile de sortir.

Nombre de sociétés sont venues à nous pendant le dernier exercice, et je cherche en vain ce qui aurait pu sauvegarder l'existence du mouvement coopératif dans la région, si nous n'avions pas mis en commun les efforts et l'épargne de tous les coopérateurs.

« Opposons, dit la résolution Lévy, un front coopératif. »

Ne croyez-vous pas, Lévy, que c'est justement la présence de ce front unique qui a déchaîné, autant que la crise économique, les attaques des adversaires de la Coopération ?

Pour le démontrer, et par là indiquer au Congrès que, en accusant le coup, nos adversaires ne pouvaient nous donner une meilleure assurance que nous étions en bonne voie, je suis obligé de porter quelques faits précis à la connaissance du Congrès.

Avant le mois d'octobre dernier, il existait bien dans la Meuse, Moselle, Meurthe-et-Moselle et Vosges, 4 sociétés coopératives de développement et environ 150 sociétés autonomes.

Avons-nous vu le commerce s'en inquiéter ? Jamais.

Avons-nous vu un article de presse défavorable à la Coopération ? Jamais.

Mais depuis octobre dernier, la Départementale de la Meuse réunit ses 200 succursales aux 30 de « l'Union des Coopérateurs de Lorraine », aux 20 de la « Ruche nancéienne », aux 30 de « Metz ».

Elle contrôle l'exploitation commerciale des 15 boutiques de Belfort et de Besançon.

Elle met son enseigne devenue « Union des Coopérateurs de Lorraine » sur 20 coopératives autonomes.

Elle réunit 40.000 sociétaires, près de dix millions de capitaux et de réserves et plus de 300 succursales.

Pour parfaire son organisation, elle acquiert à Nancy les docks les plus importants et les mieux outillés de la région.

A ce moment, l'unité de front, tout au moins dans l'Est, n'est pas un vain mot, et c'est pour résister aux effets de cette unité d'action que les différents groupements hostiles au mouvement coopératif se réunissaient il y a deux mois, avec l'ordre du jour suivant :

« Décisions à prendre en vue d'enrayer le développement de « l'Union des Coopérateurs de Lorraine. »

C'est pour combattre les effets de cette unité de front qu'un grand journal régional imprimait en article de tête des attaques, calomnies, contre la Coopération en général et notre Société en particulier : « D'où vient l'argent ? » « Les bénéfices des Coopératives constituent-ils le trésor de guerre du communisme ? »

C'est pour en combattre les effets que de nombreux exemplaires de ce journal étaient distribués, le jour même, par la plupart des gérants des sociétés à succursales multiples.

C'est enfin pour résister aux effets définitifs de cette unité de front que l'on voit naître des organisations mi-commerciales et mi-politiques pour nous combattre moralement et commercialement.

Commercialement ? Les résultats obtenus jusqu'à ce jour sont un garant de l'avenir.

Moralement ? Vous savez ce que je veux dire : On prétend introduire dans la Coopération les divisions politiques et religieuses, on veut jeter les uns contre les autres les coopérateurs ouvriers et paysans en continuant la politique économique de bascule donnant satisfaction tantôt aux uns par la liberté des importations, tantôt aux autres, par un protectionnisme outrancier. Mesures l'une et l'autre maladroites et dangereuses, tant qu'elles ne seront pas réglées par l'organisation des relations nécessaires entre les différentes catégories de producteurs.

Ne nous prêtons pas à cette manœuvre. Quelles que soient les circonstances qui aient aggravé la crise économique que nous traversons, ne cherchons pas à y remédier par des conceptions politiques, celles-ci ne peuvent que troubler notre organisation économique.

Que les coopérateurs de toutes classes sociales et de toutes opinions politiques et religieuses prennent conscience de leurs intérêts identiques de consommateurs; qu'ils unissent leurs efforts et leurs épargnes dans l'organisation puissante et éprouvée de grandes sociétés régionales collaborant elles-mêmes, pour le plus grand avenir de la Coopération, dans le sein de leurs organismes centraux : la Fédération nationale et le Magasin de Gros des Coopératives.

La séance est levée à 18 h. 15.

PREMIÈRE SÉANCE DU VENDREDI 26 MAI 1922

La séance est ouverte à 9 heures.

POISSON. — Le Conseil central vous propose comme président de cette séance, le camarade Cayol, président de la Fédération des Coopératives du Midi. Comme assesseurs, il vous propose nos camarades G. Gérard, du Kremlin, et Auerbach, de Nancy.

LE PRÉSIDENT. — La parole est à Camin pour une information.

CAMIN. — Un certain nombre d'entre vous ont été surpris du fait que, alors qu'on avait annoncé que 4.479 mandats étaient représentés, le résultat du vote qui a eu lieu hier a été de 4.298 voix contre 218, avec 89 abstentions, soit un total de 4.597 mandats. Je tiens à signaler que la chose est absolument régulière. Nos camarades de la Région parisienne ont constaté qu'un certain nombre de Sociétés qui étaient en règle et étaient représentées ne figuraient cependant pas sur les listes, d'où une différence de 118 mandats qui ont été attribués régulièrement à ces Sociétés.

LE PRÉSIDENT. — L'ordre du jour appelle la suite de la discussion sur: « La crise économique et ses répercussions sur le mouvement coopératif. » La parole est au camarade Boyet.

Discours de BOYET, de " La Bellevilloise "

BOYET. — Camarades, quoique militant depuis une vingtaine d'années déjà dans la Coopération, j'aborde pour la première fois une tribune de Congrès coopératif et je m'autorise de cette particularité pour vous demander à la fois un peu d'attention et quelque bienveillance. Je suis persuadé d'ailleurs que la tenue de nos assises coopératives n'a rien à gagner, non plus que la Coopération elle-même, à ce que nos discussions se déroulent dans une atmosphère de gêne, d'opposition systématique, et je dirai presque de haine : le terme n'est pas trop fort, si du moins je me réfère à la séance d'hier, celle de l'après-midi, la première à laquelle mon état de santé m'ait permis d'assister.

Permettez-moi de revenir un peu sur cette séance, qui a prêté aux commentaires les plus pénibles : plusieurs orateurs, s'adressant à mes amis du Groupe des Coopérateurs communistes, leur ont reproché de nuire à l'organisation coopérative, le secrétaire général de la Fédération des Coopératives, le camarade Poisson, sortant de son rôle, il me permettra de le lui dire cordialement, a parlé de notre décrépitude intellectuelle, des ferments de division et de désagrégation que nous appportons dans la Coopération. Eh bien, ayant bien examiné la physionomie de la salle, je me demande si les rôles n'étaient pas renversés, et, si ceux qui subissaient ces reproches n'étaient pas précisément ceux qui auraient pu légitimement les faire. En effet, comment s'est déroulée la séance d'hier?

Un Délégué. — L'ordre du jour ! S'agit-il de Poisson ou de la crise économique?

Boyet. — Je m'en tiendrai à cette simple observation que lorsque vous faites vous-mêmes des appels à l'unité, vos orateurs sont écoutés, et même applaudis sur tous les bancs, qu'ils peuvent librement et longuement développer leur pensée, mais qu'il n'en est pas de même pour nous lorsque nous avons la parole. Au surplus, si vous croyez que ces observations sont inutiles, je vais m'arrêter immédiatement?

Un Délégué. — Oui.

Boyet. — Eh bien, je ne le crois pas! Mais si vraiment il est impossible de discuter, s'il nous est impossible d'essayer de nous entendre, s'il nous est impossible d'arriver dans la Coopération à cet accord dont vous parliez hier, au minimum d'accord qu'a besoin pour durer, votre unité organique, si enfin notre divorce est si accusé déjà que nous ne puissions pas vivre ensemble...

Un Délégué. — Séparons-nous!

Un autre. — Soyez clair et parlez-nous de la question à l'ordre du jour.

Boyet. — Je vais essayer d'être clair. Je demande au Congrès de me laisser poursuivre sur le terrain où je me suis placé pendant quelques minutes seulement.

Un Délégué. — Abordez l'ordre du jour.

Boyet. — En observant la physionomie des débats de la séance d'hier, je retrouvais l'atmosphère dans laquelle ont dû se dérouler vraisemblablement ceux qui ont eu lieu dans la région parisienne. En effet, à la Fédération de la Région Parisienne, comme dans toutes les autres d'ailleurs, des réunions ont été tenues en vue de ce Congrès.

Un Délégué. — Ceci n'est pas à l'ordre du jour, et je prie le Président de rappeler l'orateur à la question.

Un autre. — Parlez-nous de la crise économique, et laissez la Fédération Parisienne tranquille.

Boyet. — Si, malgré la demande de plusieurs camarades, je continue, c'est parce que je crois que non seulement cela n'est pas inutile, mais que cela est nécessaire, et je dirai même, indispensable. Je n'en ai d'ailleurs, je le répète, que pour un court instant.

Des comptes rendus des séances qui ont eu lieu dans la région parisienne ont paru dans la presse, notamment dans le journal « Le Peuple ». Dans ce journal, il est question de la folie destructive des Moscovites — les Moscovites, c'est nous, — à l'égard des coopératives. Et l'on établit ensuite une corrélation si étroite entre la campagne que mènent les mercantis contre la Coopération et l'attitude que nous observons nous-mêmes, que le lecteur est forcément amené, et le rédacteur du reste y met tous ses soins, à penser que nous sommes soudoyés par eux. Cela est grave, camarades, assez grave pour que nous en parlions. Je vous demande si cela est tolérable et si la situation qui nous est faite ne doit pas cesser immédiatement. En tout cas, avant d'entrer dans le vif de notre sujet, et de vous parler de la crise économique, qui est d'une importance primordiale, je voulais faire apel ici à la tolérance de tous. Je suis persuadé d'ailleurs, je vous le répète, que la tenue de nos assises n'aura rien à perdre si nous faisons preuve les uns à l'égard des autres au moins du minimum de courtoisie indispensable à tout débat. Cela ne voudra pas dire en outre que ni vous ni nous, nous abandonnions quoi que ce soit de nos idées et de nos tendances particulières et la correction de notre attitude ne pourra ni atténuer, ni diminuer la fermeté de nos principes.

Excusez-moi, citoyens, de ce discours un peu long et un peu en dehors de la question à l'ordre du jour. Vous conviendrez, je pense, qu'il n'était pas tout à fait inutile que je fasse à mon tour, ainsi que quelques-uns l'ont fait hier, un appel au Congrès pour que tous les orateurs bénéficient d'un peu de bienveillance afin que, pour le plus grand profit de notre organisation, nos discussions se poursuivent dans le calme et que chacun puisse en tirer tous les enseignements qu'elles comportent.

C'est dans cet état d'esprit que nous avons étudié, sans aucune prévention d'ordre personnel à son égard, le rapport du citoyen Lévy sur la crise économique et ses répercussions sur le mouvement coopératif.

Nous avons examiné ce rapport, et nous l'avons trouvé insuffisant, ou plutôt, incomplet, et, le Cercle des Coopérateurs de « La Bellevilloise », usant de son droit, accomplissant un devoir, a opposé, très simplement et tout amicalement, au rapport de Gaston Lévy, le rapport que certains d'entre vous ont sous les yeux et dont tous vous avez entendu parler.

Je me suis laissé dire qu'à la Fédération de la Région Parisienne, Gaston Lévy avait accueilli notre travail avec une ironie mordante, qu'il avait dit notamment — notre rapport étant long, il a sept à huit pages — qu'il aurait pu, lui aussi, faire un rapport de cette longueur. Certes, nous n'en avons jamais douté. Et en faisant ce rapport, nous n'avons pas eu l'intention de reprocher à Gaston Lévy ni son ignorance ni son incapacité, car alors nous lui dirions qu'il n'est pas à sa place dans les fonctions importantes qu'il occupe. Nous lui avons simplement reproché de n'avoir pas donné à cette question de la crise économique toute l'importance qu'elle mérite. Nous l'avons fait d'ailleurs sans prétention, et sans vouloir donner de leçons à personne.

Quant à l'ironie par laquelle Gaston Lévy a cru pouvoir combattre notre rapport, qu'il me permette de lui dire que l'ironie ne prouve rien du tout, que la raillerie n'a jamais été un argument et que, dans notre mouvement coopératif, lorsqu'un camarade ou lorsqu'un groupe de camarades font un effort sincère et loyal en vue d'un plus large débat, s'il est bon et profitable à tous d'encourager cet effort, il ne peut être que mauvais pour l'organisation elle-même de le déconsidérer par des sarcasmes.

Camarades, je vous disais tout à l'heure que la question de la crise économique est d'une importance primordiale. Elle revêtira demain, selon toutes probabilités, une telle gravité, que nous ferions preuve de la plus coupable incurie si nous manquions de l'étudier avec ampleur et sous tous ses aspects.

Tout d'abord, lorsque nous parlons de la crise économique, nous employons, j'en suis persuadé, une expression impropre, et qui ne laisse pas soupçonner la gravité du mal dont nous souffrons. Une crise, en effet, impliquerait un malaise plus ou moins grave et profond, mais d'un caractère en tout cas provisoire et passager. Ce n'est point là l'état de la France en particulier, ni celui de l'Europe et du monde en général. Il y a dans la situation économique actuelle un bouleversement profond, un détraquement universel, qui peut avoir les plus grosses conséquences. Permettez-moi d'essayer de vous le démontrer et d'entrer dans quelques développements.

Il n'est pas douteux, n'est-ce pas, camarades, que la question de la dette des Etats domine à la fois leur situation économique et leur situation financière? Or, avant la guerre, la dette de la France, — et je ne parle pas seulement de la dette de poids mort, c'est-à-dire de la dette qui n'est représentée par rien qui soit réalisable, — la dette totale de la France atteignait environ le chiffre de 33 milliards. Elle atteint aujourd'hui 350 milliards, c'est-à-dire qu'elle a plus que décuplé.

La dette de l'ensemble des Etats civilisés atteignait, avant la guerre, 200 milliards. Elle dépasse aujourd'hui 1.500 milliards. Et si l'on se rappelle qu'au début du siècle dernier, la dette de l'ensemble des pays civilisés ne dépassait pas 20 milliards, nous verrons qu'il a fallu près de 120 ans pour porter cette dette de 20 à 200 milliards, c'est-à-dire pour l'accroître de 180 milliards, alors qu'il n'a pas fallu plus de 50 mois au récent conflit mondial pour l'augmenter de 1.300 milliards.

Qu'on ne nous accuse pas surtout d'exagérer, et de brosser un tableau trop noir de la situation. Voici une opinion qui est celle d'un économiste, distingué certainement, et pour qui je vous aurai donné une belle référence quand je vous aurai dit que Pierre Larousse l'avait choisi pour collaborer à l'édification de ce véritable monument scientifique qu'est le « Grand Larousse » en 17 volumes. Voici l'opinion de cet économiste, opinion émise vers 1880, à un moment où la dette de l'ensemble des pays civilisés ne dépassait pas 116 milliards environ :

> Nous répétons, à propos de ce chiffre monstrueux, les réserves expresses que nous avons faites en commençant. Toutefois, nous ne pensons pas qu'il doive être beaucoup modifié, et, en tout cas, il est certain qu'on ne saurait songer à le diminuer.

L'auteur dont je parle vient, en effet, de donner le détail pour chaque pays des dettes intérieures et extérieures.

> Les calculs précédents comportent des lacunes évidentes, dont il n'est pas facile d'évaluer l'importance: le Mexique y manque, et on ignore la

dette intérieure d'un bon nombre d'Etats. Mais en aucun cas ces évaluations n'ont pu être exagérées.

Quant aux enseignements qu'on pourrait tirer de ce chiffre, ils sont grands assurément. Les gouvernements sont grevés de 120 milliards de dettes. Il leur est évidemment impossible de songer à amortir un pareil capital.

Gaston Lévy. — C'est une erreur.

Boyet. — Se condamneront-ils à payer à perpétuité les six milliards d'intérêts qu'il représente ? Pour échapper à cette effrayante nécessité, nous ne voyons que la banqueroute. On remarquera que nous raisonnons ici dans l'hypothèse absolument gratuite que les gouvernements, si follement prodigues dans le passé, seront sages dans l'avenir et ne contracteront plus d'emprunts, sinon des emprunts obligatoirement remboursables et effectivement remboursés dans un court espace de temps. C'est le seul moyen, selon nous, de retarder sinon de prévenir la catastrophe finale, qui serait la mainmise de l'Etat sur toutes les fortunes, le triomphe le plus éclatant et le plus imprévu des principes du communisme.

Ainsi, citoyens, vers 1880...

Un Délégué. — Vous avez demandé deux minutes, et cela va durer des heures.

Boyet. — Je vous assure, camarades, que pour ma part — j'ai peut-être tort ! — je considère la question de la crise économique comme l'une des plus graves de l'heure, à laquelle, d'ailleurs, sont liés des problèmes d'une importance capitale. J'essaierai, je vous le répète, et je vous en donne ma parole, de me résumer autant qu'il me sera possible, mais tout de même, laissez-moi, sur chacun des problèmes que nous avons à étudier, dire quelques mots. Je n'abuserai pas de vos instants.

Ainsi, camarades, vers 1880, un économiste célèbre ne voyait, pour échapper à l'effrayante nécessité de payer à perpétuité six milliards d'intérêts pour les dettes d'Etat, d'autre remède que la banqueroute.

Mais en 1922, cela a bien changé, et je vous demande de bien vous pénétrer de l'effrayante situation d'après-guerre : actuellement, ce n'est plus six milliards que les Etats ont à payer comme intérêt de leur dette, c'est cent milliards.

Pénétrez-vous bien, camarades, de la signification terrible de ces chiffres : ils veulent dire que les prolétaires du monde entier, avant même de songer à eux, auront à prélever chaque année sur les richesses qu'ils produiront une formidable dîme de cent milliards, pour être répartie entre les créanciers des Etats capitalistes.

Un Délégué. — Créanciers dont ils font eux-mêmes partie.

Boyet. — Il faut ajouter enfin que ce fardeau est d'autant plus lourd que la production est plus détraquée dans le monde, que le chômage grandit et que la misère augmente tous les jours.

Quelques mots maintenant, voulez-vous me le permettre, sur la situation économique des principaux Etats de l'Europe....

Le Président. — Je demande le silence !

Boyet. — Hier, et je m'en félicite...

Le Président. — Ne vous arrêtez pas à ces interruptions.

Boyet. — Comment voulez-vous qu'avec une telle opposition et dans l'état de fatigue où je me trouve et que vous savez j'arrive à faire un exposé digne de ce Congrès?

Hier, et je m'en félicite, le citoyen Poisson a pu parler pendant plus d'une heure sans être interrompu. Je suis heureux qu'on l'ait écouté, mais, je vous en prie, accordez-moi aussi un peu de tolérance et d'attention.

G. Gérard. — Vous avez admis qu'il était possible à un orateur de se faire entendre. Or il n'y a que deux orateurs inscrits sur la question, Boyet et Gaston Lévy. Je pense que tout à l'heure Gaston Lévy aura besoin d'un temps assez long pour son développement. Laissez donc au camarade Boyet la même possibilité, et faites que nous puissions, nous qui tentons un effort d'ensemble, déclarer dans le parti communiste que, lorsque nous voulons travailler avec vous, vous nous permettez de le faire.

Boyet. — Quelques mots sur la situation économique des principaux Etats de l'Europe: de la situation en France, il est inutile de vous parler, vous connaissez aussi bien que moi les difficultés sans nombre que rencontre le monde du travail pour arriver à vivre péniblement.

Jetons nos regards vers l'Autriche. Le moins qu'on puisse en dire est que dans ce pays sévit une misère profonde et que si cette situation continue, les travailleurs y seront très rapidement en proie à toutes les maladies.

En Allemagne, la situation, sans être aussi tragique, est arrivée à un point absolument critique. La Commission officielle des réparations nous signale que pendant les trois premiers mois de l'année, la vie a augmenté de plus de 100 %, et que, pendant le même laps de temps, la consommation de la viande a diminué de 55 à 60 %, et celle du pain de 25 à 30 %. Cette Commission ajoute: « Malgré cette situation, l'Allemagne est dans l'obligation d'importer pour deux milliards et demi de marks or de produits alimentaires. »

Et la Commission des Réparations nous fait prévoir qu'à bref délai, lorsque l'Allemagne ne pourra plus trouver les devises nécessaires à ces importations, elle sera réduite à la famine la plus noire.

En Italie, même situation inquiétante : pendant la guerre, la production s'est effectuée comme partout dans des conditions anormales; les ouvriers agricoles, attirés vers les villes en vue de la production industrielle de guerre, ne retournent pas dans les campagnes à la fin des hostilités, malgré un arrêt presque complet dans la production industrielle. Et le chômage monte, la misère grandit, tout le système agricole de l'Italie en est profondément anémié.

En Angleterre, la situation n'est peut-être pas aussi critique; elle ne laisse pas cependant de susciter les plus graves craintes, et d'ailleurs les plus justifiées, au gouvernement et aux capitalistes anglais. Quelle est la situation là-bas? On y a essayé, comme dans tous les Etats capitalistes, de redresser la situation au détriment du monde ouvrier, par des réductions successives de salaires. Et, de réductions de salaires en réductions de salaires, on est arrivé à déterminer en Angleterre d'abord une misère profonde, puis à susciter dans le monde ouvrier une agitation qui laisse prévoir à brève échéance une large crise sociale. D'après les statistiques les plus récentes, le chiffre des chômeurs dépasse trois millions.

Aux Etats-Unis, ce qui est caractéristique, c'est la concentration capitaliste actuelle, une concentration capitaliste si rapide qu'elle entraîne la ruine de tous les petits exploiteurs. On a, en effet, constaté, pendant la seule année 1921, plus de 20.000 liquidations judiciaires, contre la moitié au cours de l'année 1920.

Là-bas aussi les craintes les plus vives se font jour : du bouillonnement intense que l'on aperçoit dans les couches les plus profondes de la population, on devine que la classe ouvrière est enfin lasse de supporter les maux qui la frappent. Actuellement, aux Etats-Unis, il y a une immense armée de sept millions et demi de chômeurs, et l'on peut dire que de formidables batailles sociales sont à la veille de s'engager.

Telle est la situation, au point de vue économique, des principaux états de l'Europe et de l'Amérique. Je vous assure, citoyens, que si ce tableau n'est pas exactement fidèle, ce n'est pas que j'en ai forcé les tons; au contraire, c'est que je les ai plutôt adoucis et que je suis ainsi resté au-dessous de la terrible réalité.

Dans ces conditions, nous avons le droit de dire à Lévy que, chargé de faire un rapport sur la crise économique, il ne devait pas rétrécir, et, si je puis employer ce mot, rapetisser cette question comme il l'a fait. Il ne pouvait pas, surtout, se contenter de signaler au Congrès les conditions dans lesquelles s'est ouverte la crise. A mon avis, cela n'avait presque pas d'importance; il ne devait pas surtout parler de ces conditions de façon à laisser croire qu'elles avaient elles-mêmes déterminé la crise.

Lorsque Lévy nous dit, en effet, parlant de l'effondrement du marché de la soie au Japon :

L'effondrement du marché de la soie au Japon a entraîné les Banques qui avaient avancé des capitaux aux fabricants et aux spéculateurs de soie, à resserrer le crédit qu'elles avaient pu consentir dans tous les domaines; et, par voie de conséquences immédiates, cette restriction du crédit au Japon, amenant des demandes de crédit supérieures aux Etats-Unis, a abouti, pour les Banques de ce pays, au même resserrement : les détenteurs de marchandises, qui avaient dû emprunter des capitaux aux Banques se trouvaient dans l'obligation de liquider leurs stocks; ces stocks affluant sur le marché de l'Europe occidentale entraînaient la baisse des stocks indigènes de ces nouveaux pays, et, de pays en pays, de marchandises en marchandises, la crise est devenue générale.

Quand Lévy nous dit cela, en effet, on peut se demander, et il y a des gens qui se demandent, si ce ne sont pas les véritables causes de la crise.

Il nous a semblé que pour traiter des questions aussi importantes et ayant une telle gravité, on ne pouvait pas ne pas commencer par rappeler que le capitalisme, qui a déterminé cette crise en déclanchant la guerre, le capitalisme qui, pendant cinq ans, a délibérément accepté de détruire, se montre incapable maintenant de rien réparer, refaire ou reconstruire. Il fallait encore, et cela bien avant que d'indiquer dans quelles conditions la crise s'est ouverte, ce qui, je le répète, n'avait aucune importance, il fallait encore indiquer les causes de la crise, et il fallait d'autant plus les indiquer que ces causes, c'est uniquement la guerre.

Permettez-moi d'en dire quelques mots. Je le ferai le plus brièvement et le plus rapidement possible.

Voici les premiers mois de la guerre; il y a une perturbation générale; la production est presque complètement arrêtée; c'est période d'étonnement inquiet, d'abattement, on attend la fin de la guerre, qui ne peut durer que quelques mois, ont assuré nos généraux. Mais voici 1915, 1916, les hostilités continuent, le nombre des belligérants augmente. Voici d'ailleurs le passage de notre rapport qui est consacré à cette période :

> Alors les situations sont vite redressées; les profits viennent, qui s'enflent et grossissent jour après jour; enfin c'est une prospérité que n'eussent osé imaginer ceux qui en sont les bénéficiaires, et 1916, 1917, 1918 voient s'édifier de scandaleuses fortunes.
>
> Huit cent mille à un million de Français profiteront ainsi de la guerre, c'est-à-dire de la mort de leurs concitoyens, dans des conditions telles que, lorsque se termineront les hostilités, la dette de l'Etat, à leur endroit, atteindra 225 milliards.

Un ou deux exemples des gaspillages qui se sont multipliés pendant la guerre, dans des proportions qu'il est difficile sinon impossible d'imaginer :

C'est tout au début de la guerre; un officier supérieur de l'Intendance, à Paris, se présente dans l'une des plus grosses maisons de fabrication de confitures. Il demande le directeur de la fabrication, et lui indique qu'il aura besoin dans un délai très rapide — délai d'un mois —, d'une très grosse quantité de confitures. Il s'agit en effet de 200.000 kilos. Il précise quelques points, le délai de livraison, etc., et prend le chemin de la porte. Le directeur de la fabrication se permet alors de le rappeler, et timidement lui fait observer qu'une question importante n'a pas été abordée, celle du prix. Alors l'officier se redresse, et dans une attitude tout à fait ridicule, dit au Directeur de la frabrication : « Monsieur, pour l'armée française, il n'y a pas de prix, ce sera un franc ou ce sera un million; vous serez payé. »

Je pourrais vous faire certifier par le chef de fabrication le fait que je viens de vous signaler.

Un autre exemple : quelques jours avant la bataille de la Marne, exactement le 30 août 1914, une centaine de camions et de taxis pénètrent dans la cour de l'une de nos plus grosses maisons parisiennes d'alimentation. Les soldats montent précipitamment dans les étages, y prennent toutes les marchandises qui leur tombent sous la main, et en chargent camions et taxis. Quelques jours après, un officier de l'Intendance demande à cette maison d'alimentation, sa facture. Or, il n'avait été procédé à aucune espèce d'inventaire des marchandises emportées. Est-il besoin de vous dire que ni cette affaire ni la précédente n'ont été de mauvaises affaires pour les entreprises dont je vous parle ?

Pendant toute la durée des hostilités, toutes les opérations traitées au nom de l'Etat, au nom de la France en guerre, l'ont été de cette façon. Vous connaissez tous aussi bien que moi, et je n'y insisterai pas, ces sociétés ou ces individus ayant travaillé pour la guerre, et qui, avec un capital de un ou deux millions, arrivaient à des bénéfices de quinze, vingt et trente millions par année ou qui, sans capitaux, empruntaient de l'argent à l'Etat lui-même — argent que beaucoup n'ont d'ailleurs jamais rendu — et réalisaient des bénéfices dont ils étaient les premiers étonnés, sinon scandalisés.

Il est certain que, les choses ayant ainsi duré quatre ou cinq années, il était matériellement impossible de ne pas arriver à la crise économique, au désastre que nous subissons. Et il était d'autant plus impossible de ne pas y arriver, que, du côté du gouvernement, le même gaspillage a existé. Dès le début de la guerre, en effet, il n'y a plus de budget en France : les Chambres, soumises, accordent tous les milliards qui leur sont demandés, dont un grand nombre sont jetés en pâture à ceux que la mort n'enrichit pas. On peut remarquer que pendant certains exercices, le montant des allocations versées à ceux qui ne vivaient pas de la guerre dépassait le montant des recettes réalisées.

Un tel état de choses, se prolongeant pendant cinquante mois environ, ne pouvait qu'entraîner une crise économique formidable et à la fin de cette sorte de période d'incubation que furent les hostilités, la maladie devait se déclarer. Qu'elle se soit déclarée à telle ou telle occasion favorable pour son éclosion, cela, vous le sentez bien, n'importe pas; ce qui est certain, et ce dont nous devons être absolument persuadés, c'est qu'il n'était pas possible que la maladie ne se déclarât pas.

Mais, c'est la paix à présent. ! La France, qui semble donner les directives aux pays que le sort des armes a favorisés, va-t-elle recouvrer la raison ? Pendant cinq ans de guerre, elle n'a eu ni politique financière ni politique économique; sa production est absolument détraquée. Par une large politique d'intelligence et d'audace, d'un effort surhumain et permanent, va-t-elle, dans le domaine extérieur aussi bien que dans le domaine intérieur, essayer de réparer, de reconstruire et de refaire ? Non, c'est trop demander à la ploutocratie française et aux gouvernants qui sont à ses ordres. Ils se hâtent au contraire de pratiquer la politique la plus bornée et la plus sotte : la guerre militaire est finie, c'est la guerre économique qui commence.

En ce qui concerne la production, avant la guerre elle était organisée, en France et dans les autres pays du monde, d'une façon assez rationnelle. Chaque pays s'efforçait à produire et dirigeait ses efforts là où ses aptitudes sollicitaient le mieux son activité en tenant compte des conditions et des particularités de son sol, des aptituds des populations, sauf à demander aux autres pays du monde de lui fournir les produits dans les autres domaines. C'était là, je le répète, un système assez rationnel de production, et à la fois doublement avantageux en ce qu'il permettait d'éviter d'inutiles efforts et d'atteindre pour chaque chose le plus juste prix.

Mais, pendant la guerre, ce système de production a été bouleversé, la guerre ayant en effet incité tous les pays, et les pays belligérants notamment, à se suffire chacun à soi-même. M. Georges Boris, dans un article du « Progrès Civique », a résumé assez bien, avec cependant quelque exagération, je crois, la situation de la production d'après-guerre.

« Depuis 1914, dit-il, la plupart des pays ont accompli un prodigieux effort pour améliorer et développer leur outillage industriel. »

Cela est généralement exagéré, et ce n'est pas vrai pour l'outillage de la France ni pour son matériel, qu'il s'agisse du matériel ferroviaire, ou du matériel de navigation fluviale, ou du matériel de navigation maritime, absolument usés et pour lesquels on n'a rien fait de ce qui était nécessaire. M. Boris ajoute : « Non seulement chaque groupe de belligérants s'est préoccupé d'avoir les moyens de se passer des produits fabriqués par ses ennemis ou même par les neutres, mais, en vue de la concurrence, la Grande-Bretagne, les Etats-Unis, la France, l'Italie, l'Allemagne, le Japon, et dans une large mesure l'Espagne, la Suisse, les Dominions possèdent maintenant un outillage presque complet. Chacun de ces pays, aujourd'hui, fait à peu près de tout, et il en résulte naturellement un réduction chaque jour plus sensible dans le mouvement des échanges internationaux d'objets fabriqués.

« En vérité, on a poursuivi depuis la guerre deux buts impossibles à concilier : la création dans chaque pays d'un outillage industriel complet, et le développement des exportations. Ce double programme d'industrialisation et d'expansion économique est contradictoire dans ses termes mêmes, du moment que son exécution devient universelle. »

Et M. Boris, après avoir donné ces explications, résume la situation en disant :

« L'appel au protectionnisme n'enraiera pas la crise, au contraire. En enlevant aux objets manufacturés leur valeur d'échange internationale, il rendra plus difficile l'acquisition des matières premières indispensables pour les pays qui en sont dépourvus. La situation qui sera ainsi créée est de celles qui ne se dénouent en général que par la violence. »

Vous penserez sans doute, camarades, que, en face de cet état de choses, d'une production absolument anormale, on a tout mis en œuvre, en France, dès après la guerre, pour empêcher que cette situation ne continue, et que la France et le monde, qui avaient pu faire des efforts gigantesques pour détruire, allaient faire, immédiatement après la guerre, des efforts aussi grands pour essayer de réparer et de reconstruire. Vous le penserez d'autant plus que, chez nous, trois millions de producteurs, 1.500.000 morts et 1.500.000 mutilés, n'apporteront plus à la production le concours de leurs bras.

Mais nos gouvernants s'y refusent, ils songent au contraire à élever rapidement des barrières douanières formidables, qui constituent de véritables droits prohibitifs et empêchent les échanges internationaux, notamment en ce qui concerne l'Allemagne et, pour certains articles que seul ce pays peut nous fournir, nous devons nous servir de l'intermédiaire, belge, hollandais ou anglais, voire américain : la susceptibilité française ne sera point froissée, les prix que nous aurons à payer seront simplement décuplés.

Je tiens, camarades, à vous donner quelques exemples pour vous faire saisir à quel point, en élevant ces barrières douanières, nos gouvernants ont entravé les échanges internationaux et empêché le développement du commerce et de l'industrie.

Regardons vers le midi de l'Europe, du côté de l'Espagne. Nous avons besoin — et nous en avons toujours fait jusqu'à présent une très grosse consommation — des fruits et des vins d'Espagne. Il semblerait qu'il ne dût y avoir entre l'Espagne et la France aucune barrière, et que l'échange dût être libre entre ces deux pays. Mais pas du tout ! Dès 1919, on va établir sur les vins d'Espagne des droits qui ne s'élèveront pas à moins de 124 francs l'hectolitre.

Un Délégué. — Ce sont des représailles.

Boyet. — Evidemment, il y a eu des représailles, mais du côté de l'Espagne et à notre endroit, c'était d'ailleurs absolument naturel.

Je dis donc que les droits atteignent 124 francs l'hectolitre, et encore pour les vins ne dépassant pas 12 degrés. Si vous ajoutez que la différence du change double à peu près le prix de la marchandise, vous conviendrez qu'il est impossible d'importer des vins d'Espagne.

Pour la pulpe de fruits, c'est absolument la même chose. Le midi de la France seul fabrique des pulpes de fruits, mais il ne peut en fabriquer suffisamment pour notre consommation, et, jusqu'à présent, nous avions l'habitude d'en importer de très grosses quantités d'Espagne. Que fait-on ? On établit des droits qui montent à quarante francs aux cent kilos et qui avec la différence du change font que le chiffre de notre importation est ramené à rien.

De plus, on le disait tout à l'heure, de semblables mesures appellent des représailles, et l'Espagne n'a pas manqué d'en exercer contre nous : droits prohibitifs sur les marchandises venant de France et, au cours de l'année dernière, contrairement aux années précédentes, nos vins fins ne sont entrés en Espagne que pour une infime quantité.

Regardons maintenant du côté de l'Est, du côté de l'Allemagne. Nous avons besoin des papiers, des verreries, des porcelaines de l'Allemagne. En ce qui concerne les papiers, les droits atteignent actuellement 120 à 240 francs les 100 kilos, selon le poids du papier. En ce qui concerne les verreries et les porcelaines, cela va jusqu'à 250, 300, 360 francs aux cent kilos. Enfin, je prends un dernier article, le bas de soie, qui est très répandu en France. Eh bien, camarades, si vous voulez importer d'Allemagne cent kilos de bas de soie, vous aurez à payer à la douane une somme de 3.800 francs, multipliée par un coefficient de 3,5. Ainsi pour cent kilos de bas de soie, avant de payer votre fournisseur, vous devez payer à la douane une facture supplémentaire de 13.300 francs. Il est inutile, n'est-ce pas, d'ajouter que dans de telles conditions les négociants de ce pays sont contraints de s'abstenir de toutes tractations avec nos voisins de l'est.

Un dernier mot en ce qui concerne les blés étrangers.

Vous savez, camarades, que le problème du pain est un des gros problèmes de l'heure présente, et qu'il peut susciter des conséquences très graves. Vous savez d'autre part que les droits sur les blés importés, qui étaient avant les hostilités de sept francs au quintal, ont été supprimés pendant la guerre. Oui, on a eu pendant la guerre l'intelligence de comprendre qu'il fallait les supprimer, mais, dès la paix revenue, ils ont été non seulement rétablis, mais doublés. Si vous ajoutez à ces droits d'entrée en France, les droits de statistique, l'impôt sur le chiffre d'affaires, vous arrivez à un total de vingt-deux francs aux cent kilos qu'ont à payer les blés étrangers sans parler des transports. Si nous considérons d'autre part que le producteur français — et je tiens ce renseignement de meuniers qui m'ont certainement dit la vérité — n'a jamais demandé de son blé un prix supérieur à 62 ou 65 francs les cent kilos, on arrive immédiatement à cette conclusion que, en supprimant les droits sur les blés importés, il serait possible de payer le pain, non pas un franc le kilo, comme on se demande s'il sera possible de le faire demain, mais 60 ou 70 centimes au maximum.

Vous vous rendez compte par là à quel point nos dirigeants sont incapables d'arriver à une solution quelconque. Quant aux résultats de leur politique, ils sont déjà tangibles, et je vais vous citer encore deux chiffres qui les éclaireront. Ces chiffres sont tirés d'une statistique de l'Administration des Douanes; ils montrent que notre commerce extérieur a déjà diminué sur ce qu il était en 1921.

Si nous comparons les importations et les exportations françaises, pendant les quatre premiers mois de 1922, avec leurs chiffres pendant les quatre premiers mois de 1921, nous arrivons aux constatations suivantes :

Les exportations ont passé de 7.547.462.000 francs à 7.331.000.000 seulement. La différence en moins, pour l'année 1922, est de 215 millions.

En ce qui concerne les importations, pendant les quatre premiers mois de 1921, le chiffre en a été de 7,627 millions. Il ne s'est plus élevé en 1922 qu'à 7,010 millions, c'est-à-dire que la différence en moins atteint 616 millions.

Vous le voyez, camarades, déjà notre commerce extérieur a diminué comparativement à l'année 1921 alors qu'une augmentation sensible, logiquement, eût dû être constatée.

Un Délégué. — Voulez-vous me permettre un mot, pour vous demander si vous ne pensez pas que ces diminutions tiennent à une sous-consommation du peuple français, sous-consommation imposée par la situation actuelle ?

Boyet. — Cela peut tenir à ce phénomène de sous-consommation dont vous parlez. Mais je suis convaincu que cette situation tient pour la plus grande partie à l'incertitude dans laquelle se trouvent les négociants et les commerçants français, en ce qui concerne le commerce qu'ils ont à faire avec les pays étrangers.

Poisson. — Il y a aussi la baisse de la valeur des marchandises.

Boyet. — Il y a encore la baisse de la valeur des marchandises, qui peut être évaluée à 25 %, mais les autres facteurs jouent également. Et l'un de ces facteurs, le principal, est l'incertitude dont je vous parlais tout à l'heure, incertitude qui est telle que maintenant on peut dire que ce n'est point en réalité du commerce que peut faire un commerçant, lorsqu'il traite avec les pays étrangers. Il ne peut se livrer qu'au jeu et à la spéculation, et cette particularité a naturellement pour effet de le rendre timide et d'entraver les échanges.

Laissez-moi vous en donner un exemple : les pays qui avaient conservé pendant la guerre une politique financière, qui avaient surveillé leurs budgets, qui avaient fait des efforts pour que leurs dépenses fussent, dans la mesure du possible, couvertes par leurs recettes, ces pays, comme l'Angleterre, et je pourrais en citer d'autres, ont vu, vers le milieu de 1920, leur change monter dans une forte proportion. Je me souviens qu'à ce moment-là, des négociants français, en très grand nombre, ont perdu des sommes considérables parce qu'ils n'avaient pas prévu ce bond formidable du change anglais. En quinze jours, en effet, la livre anglaise, qui était restée à peu près au pair pendant toute la guerre, est montée de 27 francs environ à 45 ou 50 francs. Je vous laisse en tirer vous-mêmes les conclusions : les commerçants français qui avaient conclu des marchés avec l'Angleterre ont eu à payer des sommes à peu près doubles de celles pour lesquelles ils s'étaient engagés.

Camarades, si nous passons maintenant dans le domaine moral, toujours en ce qui concerne la production, que voyons-nous ?

Au sortir de la guerre, quelques hommes éminents, à l'esprit généreux et élevé, épouvantés certainement par l'immensité des deuils et des ruines, ont conçu ce rêve, peut-être légitime, de sceller l'union intime du capital et du travail. Ils ont affirmé à ce moment-là que ce n'était que d'une étroite collaboration entre ces deux forces que pouvait sortir la reconstitution économique de la France, de l'Europe et du monde. En tant que communistes, nous avons toujours cru qu'ils se trompaient, et nous avons toujours déclaré qu'après la guerre la lutte de classes deviendrait plus âpre, et que la bataille sociale deviendrait plus violente que jamais. Il n'en est pas moins vrai que c'était là une idée généreuse, et que les hommes qui l'avaient émise avaient fait preuve à la fois d'un grand cœur et d'une très grande intelligence.

Je pourrais vous citer à cet égard l'opinion de quelques-uns de ces hommes : de M. Maxime Leroy, par exemple, qui a écrit un très beau livre sur cette matière, de notre ami Roger Francq, de l'U. S. T. I. C. A., qui donne au communisme, sans compter, son talent et une très belle intelligence; je pourrais vous donner l'avis de M. Caillaux que la méchanceté perfide de ses ennemis et l'imbécillité de ses amis ont sans doute obligé à regarder le monde du travail d'un œil moins indifférent et plus affectueux.

Je retiendrai simplement l'opinion de notre éminent camarade, le Professeur Charles Gide, qui disait, je crois, au début de 1920, que « l'une des conditions de la reconstitution économique, était d'obtenir la bonne volonté ouvrière à participer à cette reconstitution ».Et notre éminent camarade ajoutait, sans doute avec un peu de scepticisme, qu'il serait « indispensable de tout faire pour arriver à obtenir cette bonne volonté ».

J'émettrai timidement cette opinion, camarades, qu'arriver à obtenir cette bonne volonté, n'était peut-être pas difficile. Il suffisait à mon avis de faire sa part au monde ouvrier, qui d'ailleurs la réclame et la veut. Il suffisait d'associer le monde ouvrier, dans une participation intime, à cette reconstitution;

il suffisait en somme de hausser le travail au niveau du capital lui-même. Mais si le capitalisme avait été assez intelligent pour comprendre cela et avait été surtout capable de le faire, la façon dont nous avons l'habitude de regarder le monde eût été erronée, et il est certain qu'alors le capitalisme nous eût fait mentir.

Mais il a continué à nous donner raison, et il est naturel, il est dans l'ordre capitaliste que le capitalisme même n'ait rien eu de plus pressé, après la guerre, lorsqu'il s'est agi de redresser la situation économique — que ce soit en France, en Angleterre, aux Etats-Unis ou ailleurs —, que d'essayer de la redresser au détriment du monde ouvrier, en supprimant, en atténuant les quelques réformes accordées, loi de huit heures, augmentations de salaires, etc.

Camarades, j'aborde maintenant le dernier des problèmes que je voulais traiter devant vous.

Un Délégué. — Enfin.

Boyet.—Je vous remercie, camarade, mais permettez-moi de vous dire qu'il est regrettable que notre Congrès n'ait pas davantage de temps à consacrer à des problèmes de cette importance. Lorsque nous parlons en effet des barrières douanières, du protectionnisme, des transports, il est certain que ce sont là des problèmes auxquels devrait s'attacher la Fédération Nationale, et auxquels d'ailleurs elle s'attellera peut-être. Il est certain que si nous pouvions arriver à abaisser ou même à détruire les barrières douanières, si nous pouvions arriver à faire baisser les prix des transports, je ne sais pas si nous aiderions à la reconstitution économique, mais je suis persuadé que nous arriverions dans tous les cas, et c'est là, à mon avis, une partie essentielle de notre fonction, à faciliter la vie au monde ouvrier.

En ce qui concerne les transports, l'incurie gouvernementale va jusqu'à l'aberration et, en quelques mots, je voudrais le montrer au Congrès.

Avant la guerre, chaque Compagnie de chemins de fer était maîtresse de ses tarifs. Comment ces tarifs étaient-ils établis ? D'une façon assez rationnelle, les directeurs des Compagnies de chemins de fer assemblaient certains jours les négociants et les commerçants importants de leur région, et établissaient ensuite les tarifs qui — on le reconnaissait généralement — étaient normaux et relativement justes, qui donnaient en tout cas, satisfaction aux intéressés. Après la guerre, la nécessité s'est fait sentir d'unifier tous ces tarifs. Et vous pensez, j'en suis certain, parce que c'est naturel, qu'on a dû prendre dans chaque Compagnie de chemins de fer, sinon les tarifs les plus bas, du moins les tarifs moyens et modérés, de façon à arriver à un tarif général juste et normal ? Non ! cela, évidemment, aurait nécessité quelque travail, et surtout cela aurait eu pour résultat de diminuer les bénéfices des actionnaires de nos Compagnies de chemins de fer. Alors qu'a-t-on fait ? On a pris, dans chaque Compagnie de chemins de fer, les tarifs les plus élevés, au contraire, et on a généralement unifié les tarifs par l'adoption des prix maximum, choisis dans toutes les Compagnies.

Prenons un seul exemple. La Compagnie P.-L.-M., avant la

guerre, transportait énormément de pulpes de fruits, à raison de 5 francs les 100 kilos, par wagon complet et de 7 fr.50 au détail. La Compagnie du Nord, par contre, qui ne transportait presque jamais de pulpes, faisait payer très cher le transport de ce produit, exactement 30 francs les 100 kilos.

Mais après la guerre, on a unifié les tarifs; on aurait pu prendre une moyenne, il était logique et naturel qu'on prît une juste moyenne de ces prix, mais c'eût été vraiment trop simple; on n'a pas cependant osé appliquer le tarif du Nord de 30 francs les 100 kilos, on s'est déclaré satisfait quand celui de 29 fr. 90 a été atteint.

Je vous parlais tout à l'heure de l'incurie et de l'aberration gouvernementale, je suis convaincu que sans l'exemple que je viens de vous citer vous n'en eussiez pas saisi la profondeur qui dépasse tout ce que l'on peut imaginer.

Les résultats de toutes les mesures que je viens de vous indiquer en ce qui concerne le commerce et l'industrie ? D'abord, elles ne peuvent que les entraver. Mais ensuite et surtout, étant donné le véritable désastre qui a fondu sur le monde, étant donnée la crise économique qui fait l'objet de notre discussion, ces mesures ne peuvent avoir pour effet d'atténuer la crise; elles ne peuvent au contraire que l'aggraver chaque jour.

Et maintenant, citoyens — et j'en ai terminé, en m'excusant d'avoir été aussi long — est-il utile de signaler les répercussions de la crise sur le mouvement coopératif ?

A cet égard, voici ce que nous déclarons :

Ce bref exposé peut suffire à démontrer que ce n'est point seulement une crise, mais un véritable désastre, une catastrophe !

Il n'est point besoin à présent de donner les raisons des répercussions de la crise sur le mouvement coopératif; rien n'a été épargné; rien ne pouvait être épargné.

Il est vrai que pour les coopératives, comme pour tous les organismes commerciaux, et pour les raisons que nous avons données plus haut, il est vrai que les opérations commerciales ont été faciles tant qu'ont duré les hostilités. Il est vrai aussi que, se trouvant dans l'obligation impérieuse d'avoir toujours des stocks assez importants pour satisfaire leurs sociétaires et clients, la dépréciation de ces stocks devait leur faire subir des pertes, ou, en tout cas, diminuer considérablement leur trop perçu.

Il faut signaler aussi que les coopératives devaient ressentir, plus profondément que le commerce privé, les effets de la crise de sous-consommation, qui se manifeste depuis plus d'un an, déterminée d'une part par le chômage et d'autre part par la cherté de la vie; leur clientèle est en effet presque exclusivement ouvrière, et la classe ouvrière, de toutes les classes, est la plus frappée.

Enfin, ces difficultés se sont encore accrues par suite des impôts de toute sorte dont les coopératives se trouvent actuellement frappées, et dont, à bon droit, elles pouvaient croire qu'elles seraient exonérées. Aussi longtemps, en effet, que les pouvoirs publics ont dû avoir recours à l'organisation coopérative, notamment pour le ravitaillement des populations, c'est une aide qu'ils ont apportée à certaines coopératives en échange de services rendus, et dont certains d'ailleurs n'ont pas contribué à rehausser le prestige de la Coopération dans l'esprit des masses laborieuses.

Mais, lorsque leur concours n'a plus été nécessaire, ils se sont empressés de céder aux sollicitations répétées et aux campagnes intéressées des adversaires de l'organisation coopérative. Grâces leur en soient rendues! Ils ont ainsi, en effet, clairement démontré aux moins avertis, aux moins clairvoyants, aux plus aveugles, qu'on se repaît de chimères quand on rêve de transformation sociale par le moyen d'une collaboration quelconque entre les classes.

J'en ai terminé, et il m'est facile, maintenant, en deux mots, de résumer la situation.

Au point de vue international, mondial : un gouffre dans lequel ont été jetés 1.500 milliards de richesses créées par les producteurs, sans parler — hélas ! — des quinze millions d'hommes assassinés. Dans le domaine de la production, au point de vue matériel, un amas de ruines, dans le domaine moral, un capitalisme qui, précipitant lui-même sa chute, fait tous ses efforts pour dresser contre lui la classe ouvrière mondiale.

En France, dans le domaine intérieur, une situation aussi lamentable faisant redouter une situation plus lamentable encore. Nos dirigeants ont donné l'exemple de l'incurie la plus noire et la plus complète. Dans le domaine extérieur, la France, autrefois le pays des Révolutions — hélas toutes effacées ! — le pays aussi de l'intelligence et de l'esprit, donne aujourd'hui aux autres peuples des conseils de démence réactionnaire tels qu'un de nos amis, le citoyen Pascal, catholique pratiquant, ancien élève de l'Ecole Normale supérieure, rallié depuis au Bolchevisme, pouvait, lui qui est allé à Gênes et qui a regardé ce qui s'y passait d'un œil très attentif, avec un rare talent d'observation, affiné encore par plus de quatre années de révolution, écrire à la date du 15 mai dernier l'article suivant :

VOIX NOMBREUSES. — Non ! plus de lectures ! assez !

BOYET. — Je ne vous donnerai lecture que de quelques lignes :

Si la Conférence échoue, si ainsi se trouve une fois de plus démontrée l'incapacité du monde capitaliste à se gérer lui-même, c'est à la France officielle que nous le devrons.

Et si une chose peut frapper, Camarades, lorsqu'on traverse l'Europe, c'est à quel point cette France, qui était si aimée autrefois, est haïe aujourd'hui. Qu'elle soit haïe en Russie, cela se comprend; qu'elle soit haïe en Allemagne, cela va de soi. Mais parlez en Italie à un ouvrier de Sainte-Marguerite ou de Gênes, sans que vous le lui demandiez, il ne se passera pas dix minutes sans qu'il vous exprime sa haine pour la France, qui empêche la paix du monde.

Et Pascal termine en nous jetant cet avertissement :

Si le Peuple français n'y prend garde, s'il ne désavoue pas les hommes et les partis au pouvoir, il sera, lui aussi, emporté dans ce torrent de haine, le jour où il se déchaînera.

Vous reconnaîtrez, camarades, que nous ne faisons pas ici une opposition systématique, que nous essayons simplement d'apporter notre part d'effort à l'œuvre que nous avons entreprise. Nous voulons, nous, que le peuple français prenne garde, et il nous a paru, à la lecture du rapport du citoyen Lévy, que lui-même n'avait pas pris garde, et qu'il n'avait pas lancé l'avertissement salutaire qu'il devait lancer, qu'il n'avait pas, surtout, révélé les fautes impardonnables des dirigeants français, lesquels, comme je le disais tout à l'heure, au lieu de travailler à l'atténuation de la crise, font tout ce qui est humainement possible pour l'aggraver.

Nous n'avons pas à juger, citoyen Lévy, votre omission ou votre silence, silence et omission que nous comprenons cependant, et qui, laissez-moi vous le dire tout simplement, comme je le pense, sont certainement dus, et peut-être sans que vous vous en rendiez compte, à une collaboration...

GASTON LÉVY. — Voilà ce que j'attendais depuis le début de vos explications.

BOYET. — Si vous l'attendiez, vous ne vous trompiez pas! Je tiens à vous le redire parce que je crois que c'est la vérité: votre silence et votre omission sont dus tout simplement à une collaboration qui a été trop longue, et surtout trop étroite, dans l'union sacrée.

Nous ne vous le reprochons pas, car nous n'avons pas à nous jeter la pierre les uns aux autres. Dans tous les partis, et ici laissez-moi sortir un peu de notre sujet...

C'est pour excuser, dans la mesure où cela est possible, la collaboration dont je viens de parler.

GASTON LÉVY. — Je n'ai pas besoin de vos excuses!

BOYET. — C'est une façon de parler, car je n'ai pas l'habitude de faire des excuses.

Nous n'avons pas, je le répète, à juger votre omission et votre silence. Cependant, nous ne pouvons pas ne pas vous dire que nous croyons, fermement et sincèrement que cette omission et ce silence sont dus, et cela est naturel, et cela est logique, à votre collaboration avec les pouvoirs publics.

Je vais maintenant, citoyens, vous lire la résolution que nous vous proposons. Vous verrez que nous y reprenons une partie de ce qui se trouve dans la résolution de Lévy, car il y a de bonnes choses dans cette résolution...

Je ne comprends pas votre surprise. Il serait vraiment étonnant que Lévy n'eût pas trouvé de bonnes choses à dire et à mettre dans son rapport!

Voici donc la résolution que nous avons rédigée.

PROPOSITION DE RÉSOLUTION :

Le Congrès national de la Coopération ouvrière française constate que la guerre 1914-1918, qui a fauché quinze millions de jeunes hommes et en a mutilé vingt millions, a plongé en même temps le monde dans une situation économique inextricable;

Il affirme que le capitalisme qui a voulu cette guerre et a ainsi, pendant cinq ans, délibérément accepté de détruire, est impuissant à rien réparer ou refaire, incapable de sauver le monde du désastre où il l'a précipité et que son rôle social est près de s'achever dans une faillite gigantesque :

Il reconnaît qu'une crise de l'envergure de celle qui s'est abattue sur le monde devait tout frapper; qu'elle n'a point, notamment, épargné les sociétés coopératives qui n'ont dû de continuer à vivre, dans la plupart des cas, que grâce au dévouement de leurs administrateurs et des militants qui leur consacraient leurs efforts, et aussi à l'attachement que leur ont montré des centaines de milliers d'adhérents.

Du point de vue national :

Recommande : A tous les coopérateurs, non seulement de continuer à rester fidèles à leur coopérative, mais de s'engager à faire un effort vigoureux et incessant pour y amener en masse des adhérents nouveaux.

Aux sociétés de développement et aux militants ouvriers de créer sans délai — en s'entourant au préalable des renseignements indispensables et en prenant toutes les précautions nécessaires — de nouvelles coopératives partout où ils prévoient qu'elles pourront vivre et se développer:

Aux administrateurs de coopératives de rester extrêmement prudents dans l'évaluation de l'actif de leurs sociétés; d'augmenter, toutes les fois que cela est possible, leurs fonds de réserve, et de limiter la ristourne du trop-perçu à un taux modique.

Il déclare qu'avec une volonté plus ferme que jamais, une activité sans cesse accrue, la Coopération doit poursuivre la substitution au régime compétitif et capitaliste actuel, d'un régime où la production sera organisée en vue de la collectivité des consommateurs et non en vue du profit;

Qu'instrument merveilleux et moyen puissant de lutte de classes, elle doit, dans une attitude jamais démentie de fermeté digne et forte, écarter de son action tous les moyens de nature à renforcer le pouvoir bourgeois ou dissimuler et atténuer les conflits sociaux;

Il est d'ailleurs persuadé que la Coopération devant rassembler tous les consommateurs ouvriers, il dépendra de ses dirigeants, des efforts vigoureux qu'ils sauront accomplir, que la Coopération ait dans la société actuelle la place que lui assigne sa force et que, en toutes occasions, elle fasse entendre utilement sa voix.

Du point de vue international :

Le Congrès signale au monde la folie de ses maîtres, qui se sont jetés d'un nationalisme militaire dans un nationalisme économique plus stupide encore, générateur de ruines dans tous les domaines de l'activité humaine ;

Charge le Conseil central de travailler en vue d'intensifier, au sein de l'Alliance Coopérative Internationale, la reprise des relations internationales — notamment avec la Russie — dans tous les domaines : moraux, commerciaux et bancaires. Et de pousser au plus haut degré le développement des organismes internationaux, afin que la Coopération internationale soit mise rapidement en état de remplir sa mission historique.

Un dernier mot! Nous travaillons ici en commun et nous nous refusons, quant à nous, à briser le pacte d'unité coopératif, nous ne tenons pas jalousement à la résolution que nous venons de lire. Mais nous ne pourrons, en tout cas, voter qu'une résolution qui, respectant le pacte d'unité, laissera à la Coopération ouvrière française sa véritable physionomie et son véritable caractère.

Le Président. — Je donne la parole au camarade Gaston Lévy.

Discours de Gaston LÉVY

Gaston Lévy. — Camarades, je ne veux pas essayer de répondre, ce serait d'ailleurs difficile et inutile, au long exposé que nous a fait notre camarade Boyet, appuyé d'une documentation abondante et prise aux sources les meilleures, depuis le Larousse illustré jusqu'au tarif des Douanes, en passant par les articles de M. Caillaux. Incontestablement, la question qui se pose aujourd'hui n'est pas celle que notre camarade Boyet a traitée. La vérité, c'est que tout de suite je tiens à dire qu'il y a un malentendu entre nous sur la définition même. Et tout à l'heure, en entendant notre camarade parler de Pascal, je pensais à l'autre Pascal, à celui qui avait les idées nettes et un esprit très clair.

Boyet. — Les deux ont cet esprit.

Gaston Lévy. — Je ne dis pas que celui-ci n'a pas l'esprit clair, mais il n'a pas donné de définitions aussi précises que l'autre.

Il est pour moi incontestable que ce qu'il faut que nous établissions tout de suite, dès maintenant, c'est la définition exacte de ce mot de « crise économique ».

Est-ce qu'il s'agissait de traiter devant ce Congrès la situation économique générale du monde ?

UN DÉLÉGUÉ. — Tout le monde la connaît.

GASTON LÉVY. — Non, ce n'était pas la question. Et pourquoi? Mais parce que cela n'intéresse pas du tout le Congrès, parce que la Coopération, dans ses Congrès nationaux, a surtout une préoccupation, celle de rechercher positivement des solutions aux problèmes au fur et à mesure qu'ils se posent, et que. pendant toute la durée de la guerre comme depuis la fin de la guerre, il n'y a pas eu un Congrès de la Coopération française où cette question de la situation économique générale, sous ses aspects divers, au fur et à mesure que les années se déroulaient et que se présentaient les problèmes, n'ait été examinée.

Dès lors, est-ce qu'il fallait vraiment, à propos de chaque question, recommencer l'effort de plusieurs années, en opérant une espèce de vaste mélange et en parlant à la fois de la guerre et de ses origines, du manque et de la nécessité des produits, des tarifs douaniers et des répercussions de la crise sur les coopératives, pour aboutir à quoi? A une résolution qui, dans ses parties positives et pratiques, ne se distingue pas énormément de la résolution que nous vous présentons nous-mêmes.

Vous avez fait, Boyet, un exposé de la situation économique mondiale, et vous pensez bien que nous pourrions le faire aussi. Vous avez commencé par me reprocher, — et je veux tout de suite vous répondre, — d'avoir fait un rapport trop étriqué, trop court. A la vérité, ce rapport dit tout l'essentiel de la question qu'il s'agissait de discuter. Vous avez ajouté, à la fin vos explications, et seulement à la fin, que si j'avais agi ainsi, par omission, par silence, cette omission et ce silence étaient déterminés, selon vous, par une collaboration trop longue d'union sacrée avec le gouvernement, et par conséquent avec les gouvernants.

Un premier mot : à qui s'adresse ce reproche ? A la Coopération française, ou au citoyen Gaston Lévy ? S'il s'agit du citoyen Gaston Lévy, il ne répondra pas. Ses actes politiques ne dépendent pas du mouvement coopératif, et il se refuse à les faire juger par vous.

S'il s'agit du mouvement coopératif, ce n'est pas davantage moi qui suis en cause; ce sont les résolutions de nos Congrès. Et si vous avez des reproches à faire à la Fédération Nationale, faisant aujourd'hui de l'opposition à la partie économique de l'action de la Fédération, comme hier on semblait faire de l'opposition à la partie politique de cette action, il faudrait apporter des précisions et des preuves au sujet des conditions dans lesquelles il y a eu collaboration néfaste.

Notre camarade Boyet est bien gentil ici. Il est venu nous dire que ses amis et lui désiraient collaborer avec nous à une action qui leur paraissait importante et utile, et qu'ils n'y venaient pas avec un esprit de discussion et d'opposition systématique.

Ici, d'accord. Mais, quand vous avez rédigé et fait voter votre résolution à « La Bellevilloise », est-ce que c'est dans le même esprit que vous avez agi? N'oubliez pas que vous y avez inséré des phrases comme celle-ci:

Aussi longtemps que les pouvoirs publics ont dû avoir recours à l'organisation coopérative, notamment pour le ravitaillement des populations, c'est une aide qu'ils ont apportée à certaines coopératives en échange de services rendus et dont certains d'ailleurs n'ont pas contribué à rehausser le prestige de la Coopération dans l'esprit des masses laborieuses.

Cela, c'est une gentillesse ?

Un Délégué. — C'est une vérité.

Gaston Lévy. — En quoi? Où, quand, des services ont-ils été rendus? Et quels sont les services qui n'ont pas contribué à rehausser le prestige de la Coopération dans l'esprit des masses laborieuses ?

J'attendais, moi, que Boyet apporte ici la condamnation de cette colalboration avec des précisions.

Boyet. — Voulez-vous me permettre un mot ?

Gaston Lévy. — Je vais vous permettre un mot, mais pas avant de vous avoir dit qu'il est curieux qu'il faille que je vous rappelle ce que vous avez écrit pour que vous soyez obligé de préciser, après un discours d'une heure et quart, dans lequel vous n'avez pas trouvé le temps de parler de cela.

Boyet. — D'abord le rapport que nous avons rédigé a huit pages; je n'en ai lu qu'une petite partie, mais je n'ai pas manqué notamment de lire la phrase que vous venez de relever. Vous ne pouvez donc dire que j'aie voulu la passer sous silence.

Lorsque nous disons que nous sommes en face du résultat logique d'une collaboration avec les pouvoirs publics qui a été trop longue et trop étroite, il me semble que nous ne disons rien de nouveau et que nous nous référons à une situation que tout le monde reconnaît et pour laquelle les responsabilités du plus grand nombre sont nettement engagées.

Nous n'y revenons d'ailleurs, non pas, comme vous pourriez le penser, pour trouver une arme contre vous, mais surtout pour signaler un danger et éviter qu'à l'avenir on ne retombe dans les mêmes lourdes et terribles erreurs.

Il pouvait, à mon avis, y avoir collaboration pendant la guerre, alors qu'il s'agissait de faire un gros, un immense effort pour le ravitaillement des populations laborieuses qui restaient à l'arrière. Mais cela devenait une véritable collaboration de classe, collaboration dirigée nettement contre la classe ouvrière, sacrifiée, lorsque les dirigeants de la Fédération se faisaient les auxiliaires du gouvernement pour propager, soutenir et défendre un jusqu'auboutisme forcené.

Je le répète, les dirigeants de la Coopération n'ont pas été seuls coupables. Nous l'avons été aussi. Je dis nous, bien que, personnellement, j'ai eu cette chance de ne jamais croire à l'union sacrée et surtout de n'y jamais pénétrer.

Gaston Lévy. — Je me permets, camarades, après avoir laissé Boyet s'expliquer, de relire la phrase de gentillesses que j'ai déjà lue tout à l'heure.

C'est une aide que les pouvoirs publics ont apportée à certaines coopératives en échange de services rendus, et dont certains d'ailleurs n'ont pas contribué à rehausser le prestige de la Coopération dans l'esprit des masses laborieuses.

J'ai écouté notre camarade Boyet, et j'attends encore qu'il nous dise quels sont les services rendus par les coopératives aux Pouvoirs publics, et qui n'ont pas rehaussé dans l'esprit des masses laborieuses le prestige de la Coopération. Je constate donc la carence de sa réponse. Et quand je constate la carence de sa réponse, je le fais pour rappeler à Boyet que ce n'est pas ici qu'il faut venir, avec des mines de gentil petit garçon, nous reprocher d'avoir peut-être ailleurs critiqué ce rapport, quand, dans ce rapport, à l'appui de son exposé, mais sans l'appuyer d'une argumentation, on a placé cette phrase où, incontestablement, ne se trouvaient ni marques de gentillesse, ni désir de collaboration.

Vous m'avez fait tout à l'heure le reproche d'avoir été ironique dans une réunion de la Fédération de la Région parisienne. D'abord, je ne crois pas que, même quand il s'agit de choses très sérieuses, on ait besoin de prendre toujours une mine lugubre et d'être toujours triste. Mais ce que j'ai dit à la réunion de la Fédération de la Région parisienne, c'est que je considérais comme assez curieux, quand on avait l'intention de collaborer avec nous pour un travail déterminé, qu'on ne nous fasse pas connaître les résultats du travail auquel on s'était livré. Il a fallu que ce soit par hasard, grâce à un de mes camarades qui fait partie du Cercle de « La Bellevilloise », que j'ai eu entre les mains le rapport et la résolution que vous opposez aux nôtres. Et le plus grand reproche que je vous ai fait à la Fédération de la Région parisienne, c'est justement de ne pas nous avoir permis de voir ensemble dans quelle mesure une collaboration, — si collaboration il devait y avoir, et si cela n'avait pas dû être pour vous une collaboration de classe trop désagréable, — aurait pu s'établir entre nous.

Mais maintenant, définissons la crise.

Qu'est-ce que c'est que la crise? Est-ce la situation économique ? Non. Ce que l'on appelle la crise économique doit être défini d'une façon qui tienne compte des conditions dans lesquelles les crises se sont déjà produites dans le passé. Ce n'est pas la première fois qu'il y a ce qu'on appelle une crise. Mais ce que tout le monde appelle la crise, ce n'est pas le dérèglement économique qui crée la situation extrêmement difficile de l'heure actuelle. La crise, c'est le moment où ce dérèglement se manifeste, par la chute brusque et rapide des cours.

Boyet. — Nous ne sommes pas d'accord.

Gaston Lévy. — Je savais bien qu'il y avait un malentendu entre nous.

Boyet. — Comment combattrez-vous la crise ?

Gaston Lévy. — Cela, c'est autre chose. Il s'agissait de la crise économique et de ses répercussions sur le mouvement coopératif; il ne s'agit pas de rechercher les origines de toutes les crises qui se sont produites, il faut d'abord savoir si, sur le mot même de crise économique, nous sommes bien d'accord. C'est comme cela que j'ai traité la question, et c'est comme cela que le Conseil central a demandé qu'elle soit mise à l'ordre du jour.

Les coopératives, en effet, n'ont pas souffert de la période de dérèglement économique qui a eu pour conséquence inévitable la hausse rapide et progressive des prix. La souffrance des sociétés coopératives, les difficultés qu'elles ont ressenties, les difficultés générales que le monde du travail a ressenties se sont produites au moment précis où la crise a éclaté par la baisse brusque des prix, entraînant une dépréciation des stocks et des difficultés très considérables pour l'écoulement de ces stocks.

C'est à ce point là que nous prenons la crise. Et alors vous ne vous étonnerez plus que ce ne soit pas uniquement par esprit de collaboration de classe forcené, que j'ai agi, comme vous le disiez tout à l'heure, par silence ou par omission. Je prends le moment où les prix se sont mis à baisser.

Mais pourquoi est-ce que je n'ai pas besoin de reprendre tout le passé? Reprenons, si vous le voulez, les résolutions de nos Congrès; reprenons-les en 1917, en 1918, en 1919, en 1920 à Strasbourg. Vous y trouverez toujours, soit sur le ravitaillement, soit sur la question de la vie chère, soit sur la question de la production, vous trouverez toujours dans les résolutions des Congrès de la Fédération Nationale les points que vous avez signalés. Et notre action, même lorsque nous avons été en rapports avec les pouvoirs publics, s'est toujours exercée avec le souci de l'indépendance du mouvement coopératif et, par conséquent, sans crainte de critiquer constamment ce qui nous paraissait mauvais. Et ce qui était mauvais, c'était presque toujours la totalité de la politique économique de nos gouvernants successifs.

Je ne pense pas qu'il soit nécessaire de vous relire ces motions. D'ailleurs, si vous voulez les revoir, cela fera plaisir à la librairie de la Fédération de vendre les quelques exemplaires qui en restent encore.

Les camarades qui ont suivi nos débats doivent se souvenir des conditions dans lesquelles ces questions se sont posées.

Boyet. — Je veux bien que vous lisiez ces motions.

Gaston Lévy. — Je ne voudrais pas fatiguer le Congrès. Mais remarquez, camarades, que je n'avais pas peur de les lire, car je les avais apportées, et je les avais annotées. Mais il est inutile de les relire, car tous peuvent facilement s'y reporter pour voir quelle a été notre attitude.

Notre position, au point de vue de la situation économique générale, elle a toujours été d'indiquer aux gouvernements que si nous étions pour une augmentation rationnelle de la production, nous étions aussi pour une organisation rationnelle de la répartition, et qu'il fallait agir dans ce sens.

Toujours aussi, nous nous sommes placés sur le terrain mondial et international, car nous savions que ce n'est pas sur le terrain strictement national que la situation pouvait se résoudre.

Dans le rapport que je vous présente aujourd'hui, c'est encore sur le même terrain que je me place, montrant, que ce soit au sujet de la politique du ravitaillement, de la vie chère; de la politique de la production, il y incontestablement, dans la situation de la crise actuelle, et quelles que soient les barrières douanières, quelles que soient les frontières naturelles, quelles que soient les frontières militaires, quelles que soient les conditions dans lesquelles les peuples se combattent ou vivent les uns auprès des autres, il y a, dis-je, entre les peuples, une solidarité économique tellement grande et tellement puissante que toutes les circonstances d'une crise économique passent incontestablement et inévitablement d'un pays dans l'autre, dans n'importe quelles conditions, à travers toutes les barrières douanières, malgré tous les moyens que l'on veut essayer d'employer pour constituer ou pour essayer de revenir à une espèce d'économie nationale qui est dépassée par le progrès et qui ne doit plus revenir. Telle est l'opinion de la Coopération, et c'est cela aussi que nous avons toujours dit, quand nous en avons eu l'occasion, dans des réunions internationales, à nos camarades des autres pays.

Nous, à qui on reproche souvent d'être d'un nationalisme outré, nous sommes, dans le mouvement coopératif tout au moins, ceux qui essayons de promouvoir l'action internationale, non pas par des mots, non pas par des discours, non pas par des affirmations gratuites, mais par des réalisations positives. Et malheureusement, j'ai le droit de dire ici que ce n'est pas de notre côté qu'on rencontre les résistances à la réalisation de ces actes positifs. Peut-être d'autres pays coopératifs, plus prudents, parce que plus grands, plus timorés parce que plus forts, sont-ils les seuls obstacles à la réalisation d'organismes internationaux véritables qui, en raison de leur constitution même, seraient capables de déplacer le terrain d'action du mouvement coopératif, en remplaçant son champ d'action purement nationale par un terrain d'action internationale.

Et quand nous essayons de faire cet effort, quand nous essayons, par tous les moyens qui sont en notre pouvoir, de jeter les bases de cette action internationale, qu'est-ce que cela veut dire? Cela veut dire que nous ne croyons pas qu'il soit possible de résoudre un problème comme celui de la crise actuelle, — et nous ne pensions pas autrement hier au sujet du problème de la production ou de celui du ravitaillement — autrement que par une entente générale entre les peuples et par des organisations internationales.

Cela, nous n'avons pas réussi à l'obtenir. Mais si nous n'avons pas réussi à l'obtenir, est-ce que cela doit nous empêcher de continuer notre action dans ce sens? Non; nous devons, au contraire, continuer et persévérer dans la même voie jusqu'à ce que nous réussissions.

Mais je reviens à la crise elle-même et aux conditions dans lesquelles elle s'est produite. Et elle s'est produite comme je l'ai indiqué.

Si nous prenons la crise comme baisse brusque et rapide des prix, elle s'est produite au Japon, et du Japon — c'est tout ce que j'ai voulu montrer dans un rapport que vous trouvez trop raccourci — passant à l'Amérique, puis à l'Europe, avec une rapidité prodigieuse, elle aboutit, trois ou quatre mois après, à une baisse importante dans notre pays.

Est-ce que cette crise a des caractères très différents de ceux des crises antérieures?

Effectivement, il y a des caractères spéciaux à cette crise. Mais l'ensemble du processus de la crise est exactement semblable à celui des crises antérieures. Toutes les crises — et c'est toujours cela que l'on a appelé crises, et ce n'a jamais été autre chose que cela — toutes les crises qui se sont produites pendant tout le cours du XIXe siècle, ont eu exactement le même processus, après la crise précédente, il y a un lent relèvement de la production. Alors la confiance revient, les affaires reprennent, et cela se détermine immédiatement par la création d'affaires nouvelles, et par une période où les capitaux viennent se placer de préférence dans les valeurs industrielles, dans les valeurs à revenu variable, parce qu'elles offrent alors plus de profit et surtout de perspectives de profit que les valeurs à revenu fixe, qui offrent peut-être plus de sécurité, mais dont le profit est moindre. Il se produit à ce moment de la crise une hausse des valeurs industrielles dans toutes les branches, et une baisse des fonds d'Etat. Généralement aussi à ce moment-là, et à n'importe quelle époque, on essaie de trouver une excuse politique à ce fait.

Par exemple, une fois, on dira que la baisse de la rente est due à la mauvaise politique du gouvernement; une autre fois, on dira que ce sont les congrégations qui font une campagne à propos des Caisses d'épargne et qui font vendre les rentes françaises. Une autre fois, on emploiera un autre système; ce sera la peur du premier mai ou d'une révolution socialiste en 1906. Et puis, quand on a bien cherché toutes ces causes politiques, il arrive, au bout d'un certain temps, que les affaires industrielles, se développant, appellent encore des capitaux nouveaux. Comme il est nécessaire que ces capitaux nouveaux soient rémunérés, la recherche du profit devient de plus en plus grande, et on produit, on travaille à la production sans se préoccuper des conditions de prix de revient, parce qu'on sait qu'on pourra vendre très cher.

Puis il arrive un moment où les prix sont tellement élevés, où les stocks sont tellement accumulés, que la consommation est incapable de répondre à l'appel de toute cette masse de production jetée sur le marché. Tout d'un coup, les capitaux se retirent, les marchandises baissent, le prix des valeurs à revenu fixe remonte, et c'est ce qui se produit à l'heure actuelle. Vous avez vu, dans notre pays comme dans tous les pays d'Europe, une hausse des valeurs de fonds d'Etat. C'est en se servant de la crise économique et industrielle que le gouvernement français a fait introduire à la Bourse de Paris sur le marché libre les rentes françaises 5 et 6 0/0 que l'on n'avait pas pu y introduire tant que la crise économique ne s'était pas produite.

Puis, immédiatement, au moment de cette baisse de prix, que se produit-il ? Les producteurs, les industriels, cessent ou diminuent leur production, le chômage s'étend, se développe; on entre dans une période de sous-consommation, et il faut qu'il y ait des liquidations et des faillites pour diminuer l'importance des capitaux à rémunérer.

Et quand Boyet vient nous rappeler qu'il y a eu cette année-ci plus de faillites que l'année dernière, il me semble que cela est bien naturel, et que c'est la conséquence logique de la crise. Il faut que ces surcapitalisations qui se produisent pendant la période d'incubation capitaliste disparaissent, puisque la production n'est plus capable de fournir un intérêt suffisamment rémunérateur aux capitaux qui ont été accumulés dans les valeurs industrielles. Alors interviennent les faillites et les liquidations judiciaires; c'est le lessivage, comme on dit vulgairement. Et puis, quand ce lessivage est terminé, le même processus recommence; on reprend confiance, et cela remarche jusqu'à la prochaine crise.

Eh bien, ces crises, depuis le début du XIXe siècle, se sont produites par périodes de plus en plus rapprochées, et ce qui a été constaté par des économistes aussi distingués certainement que le rédacteur du Larousse dont on nous parlait tout à l'heure, c'est qu'il est incontestable que toutes ces crises se sont produites exactement dans les mêmes conditions. Nous avons assisté dans la crise actuelle à des phénomènes absolument semblables.

Mais, dans le cas présent, il y a des circonstances spéciales qui sont venues aggraver encore la crise. C'est d'abord la question du change, et les répercussions, qui sont évidemment inévitables, de la guerre, ou plutôt des mauvaises conditions dans lesquelles s'est traitée la paix, ce qui n'est pas tout à fait la même chose.

Quand la guerre s'est terminée, il y avait en présence deux formes d'action; d'abord une forme d'action de politique internationale et mondiale à la fois, la politique Wilson; puis il y avait l'autre forme d'action, celle qui se plaçait sur le terrain national égoïste. On a fait la paix en appliquant la deuxième formule, et cela a déterminé incontestablement toutes les répercussions que nous voyons à l'heure actuelle en ce qui concerne les changes, et cette sorte de dérèglement qui existe dans le mouvement général des échanges de certains pays par rapport à d'autres, situation que je rappelle dans le rapport. J'ai fait remarquer que, la confiance réciproque des pays les uns dans les autres n'existant plus, les changes ne sont plus à l'heure actuelle déterminés par la balance entre les importations et les exportations. Et justement Boyet, par les chiffres qu'il vous a cités tout à l'heure, vous en a donné un exemple frappant.

En effet, au moment précis où, d'après les chiffres que vous nous avez donnés — et que je ne conteste pas, puisque je m'en sers — notre balance des importations sur les exportations devient une balance créditrice, c'est-à-dire quand nos exportations sont plus importantes que nos importations, alors que dans les quatre premiers mois de 1921 notre situation n'était pas tout à fait pareille, puisque notre balance était légèrement débitrice, alors qu'en 1921, pour toutes sortes de raisons que je vous ai indiquées et que s'il le fallait je vous indiquerais encore davantage, notre change sur l'Angleterre s'améliorait, nous avons au contraire, dans les quatre premiers mois de 1922, eu plutôt une tendance à la diminution de la valeur de notre change par rapport à celui de l'Angleterre. Et cependant notre balance d'importations et d'exportations était alors créditrice.

J'ai donc indiqué que la balance des importations et des exportations ne jouait plus un rôle important dans le rétablissement de la valeur des changes, et que ce rétablissement est surtout déterminé par une question de confiance dans les possibilités de relèvement économique ou par la confiance politique que l'on peut avoir en certains pays.

Boyet. — Et notre dette?

Gaston Lévy. — Il s'agit du change pour le moment.

Boyet. — Je suis persuadé que notre dette, par son chiffre formidable, a entraîné la chute de notre change.

Gaston Lévy. — Cela revient au même. Quand je parle de la confiance que l'on peut avoir dans un pays, cette confiance se détermine pour un pays par les mêmes moyens qu'elle se détermine pour n'importe quelle entreprise. Quand nous voulons déterminer la valeur du crédit qu'on peut accorder à une société, quand nous désirons nous rendre compte de la confiance qui peut lui être faite, nous examinons sa situation financière et son bilan. Il est évident que pour un pays on fait de même et qu'on tient compte de sa dette.

Henriet. — Ce qui prouve que le bilan de la France est bon... à connaître.

Gaston Lévy. — Cela, nous le discuterons quand on voudra. Peut-être n'est-il pas bon au point de vue financier, et au point de vue des disponibilités de trésorerie, est-il inférieur à celui de l'Angleterre, mais au point de vue du développement possible et de la renaissance économique, quelle que soit la valeur du change anglais, la situation économique est en France supérieure à ce qu'elle est en Angleterre.

Henriet. — Peut-être.

Gaston Lévy. — Tout ne se résume pas par conséquent en une question de dette et une question de crédit. Tout à l'heure, notre camarade Boyet, reprenant un exposé datant de 1880, vous montrait qu'il était indispensable d'arriver à une diminution de la dette. Mais cela n'est pas toujours exact, loin de là. J'étais partisan, moi, au moment où la paix a été conclue, d'une augmentation de la dette de la France, à la condition que les sommes recueillies par l'Emprunt servent à l'effort de production et à la création de richesses nouvelles.

Henriet. — Au lieu de cèla, on entretient l'armée.

Gaston Lévy. — Ce n'est pas toujours avec des paroles simplistes, en montrant seulement le gouffre énorme d'une dette qui vient s'augmenter constamment, que l'on peut résoudre le problème. L'élévation des impôts et l'augmentation de la dette sont un des facteurs, mais non pas le facteur déterminant des conditions dans lesquelles se déroule la crise économique. La vérité, c'est que ces questions-là, comme les autres, doivent être examinées selon l'angle sous lequel on doit les voir et l'époque où elles se présentent.

Boyet. — J'ai dit qu'il était indispensable que la dette diminue. Mais je suis persuadé d'ailleurs que c'est impossible.

Gaston Lévy. — Vous avez dit que les conditions générales créées par l'augmentation de la dette étaient effrayantes, et effroyables pour le prolétariat.

Henriet. — Assurément.

GASTON LÉVY. — Et vous avez soutenu cette thèse, vous basant sur une phrase d'un économiste dont vous n'avez pas cité le nom, mais dont vous avez indiqué l'origine en disant qu'il avait collaboré à la rédaction du dictionnaire Larousse, qu'il fallait qu'à l'avenir les gouvernements soient plus sages, et qu'ils n'augmentent pas la dette.

Eh bien, je dis, moi, que c'est là souvent une politique de paresse économique. La dette qui augmente n'est pas dangereuse quand le revenu de cette dette peut être facilement payé et au delà, par les revenus de la production de richesses nouvelles qu'on créera avec les capitaux empruntés.

HENRIET. — Il reste à le savoir.

GASTON LÉVY. — J'ajoute que même le point particulier signalé par Boyet n'est pas ici juste et exact. Les impôts, et de cela nous sommes d'accord, pèsent très lourdement sur la classe ouvrière. Mais, camarades, quand est-ce que ces impôts pèsent le plus lourdement sur vous ? Est-ce que c'est dans les périodes comme celle de 1919-1920, où, en raison d'une prospérité économique formidable, vos salaires vous permettaient de payer ces impôts sans difficulté ? Ou bien est-ce avec la diminution des prix de la vie amenant une diminution des salaires alors que les impôts restent toujours les mêmes ? C'est bien dans le deuxième cas que les impôts sont les plus lourds. Les impôts sont lourds pour le prolétariat dans la mesure où il n'y a pas possibilité pour lui de récupérer ce qui lui est nécessaire pour le paiement des impôts et en même temps de vivre sa vie le plus largement possible, possibilité qui lui est donnée par les salaires plus élevés dus uniquement à la prospérité économique du pays.

Et moi je prétends que cette prospérité économique du pays, quelles que soient les conditions dans lesquelles vous la recherchez, vous ne pouvez pas la trouver autrement que sur le terrain international. Vous commettez, vous, exactement la même faute et la même erreur que nos gouvernants lorsque vous envisagez uniquement le point de vue national, et que c'est uniquement la critique de votre politique nationale que vous faites, alors que c'est la critique de l'action de tous les pays qu'il faudrait faire maintenant.

BOYET. — C'est mon avis.

GASTON LÉVY. — Il faudrait faire la critique de tous les pays, car tous, quelles que soient les conditions économiques dans lesquelles ils travaillent, ils ont la même mentalité économique étroite. Que ce soit la France, que ce soit l'Allemagne, que ce soit l'Angleterre — qui apparaît évidemment aux yeux de cet homme très averti qu'est le Pascal numéro deux dont on nous parlait comme beaucoup plus près de l'idée de pacification générale que la France — que ce soit le Japon, ou que ce soit la Russie, tous ces pays sont malheureusement mus uniquement par des questions d'intérêt personnel ou plutôt national.

C'est cela qui crée le grand malaise économique actuel, et c'est peut-être notre tâche, à nous, coopérateurs, par l'action de l'Alliance Coopérative Internationale et par notre propre action, que d'essayer de fixer les conditions dans lesquelles se pose le problème, et de substituer aux préoccupations purement nationales les préoccupations internationales qui sont les nôtres.

Mais il faut être précis dans nos résolutions, quand nous parlons ainsi.

C'est tout juste si vous n'essayez pas de reprendre imprudemment la parole qui d'ailleurs n'a pas été prononcée par un de nos camarades anglais, au sujet de la constitution d'une Banque coopérative internationale, quand vous indiquez dans un article qu'un Anglais a dit que cette Banque Coopérative Internationale, c'était de la foutaise, ou quelque chose comme cela.

Poisson. — C'est dans le « Coopérateur Communiste ».

Gaston Lévy. — C'est une chose précise, et cela veut dire que lorsqu'il s'agit d'une chose positive et qui peut être réalisable, vous la considérez comme de la foutaise !

Boyet. — J'ai dit au contraire que c'était un initiative très heureuse.

Gaston Lévy. — Ce n'est pas à vous seul, Boyet, que je réponds. Aussi bien vous avez dit tout à l'heure, et Henriet l'a dit hier, que vous vous solidarisez tous ensemble pour présenter une résolution commune. J'ai par conséquent bien le droit de rappeler vos formules ou vos articles.

Quand, dans la résolution que je présente au Congrès, je parle de la constitution d'organisations de statistique internationale, évidemment vous n'êtes pas contre, mais vous trouvez, vous aussi, qu'il vaut mieux passer sous silence ces sortes de choses. Cela a si peu d'importance ! Pour vous, peut-être, cela n'a pas d'importance, mais croyez-vous que cela n'a pas d'importance pour les consommateurs que de connaître exactement l'importance des stocks de sucre qu'il y a dans un pays à la veille du jour où le sucre baisse de trente ou quarante francs aux cent kilos ? Cela a peu d'importance, les statistiques internationales ? Mais si, cela en a une grande, et les producteurs le savent bien, car ils en ont, eux, des statistiques. Seulement ils les gardent précieusement pour eux.

Isidore Lévy. — Et ils gagnent de l'argent avec.

Gaston Lévy. — Lorsque nous réclamons la constitution d'un organisme de statistique internationale, qui rendrait cependant les plus grands services, vous dites que cela n'a vraiment pas d'importance; lorsque nous demandons la constitution d'un office international de répartition des produits et des denrées, cela encore vous le passez sous silence, et vous trouvez que cela n'a pas d'importance.

Cependant, tout cela n'est que la suite logique de certaines actions qui ont été faites pendant la guerre, que nous avons soutenues pendant la guerre et que nous aurions voulu, dès 1919, voir se développer davantage. Evidemment, tout cela n'a pas grande importance. Mais, dans la résolution que vous présentez, qu'est-ce que vous apportez de positif ?

Evidemment, il y a des phrases : des phrases sur le capitalisme; des phrases sur la Coopération, qui doit toujours faire entendre sa voix en toute occasion, sur quoi nous sommes tout à fait d'accord. Nous sommes d'accord aussi pour dire que la Coopération est un instrument merveilleux et un moyen puissant de lutte de classes, et cela je suis heureux de le reconnaître chez vous. Nous avons toujours dit la même chose, mais sous une forme peut-être un peu différente.

BOYET. — Il est peut-être bon parfois de répéter les vérités élémentaires.

HENRIET. — Ou de les faire dire.

GASTON LÉVY. — Il est très bon de répéter les vérités élémentaires pour ceux qui en sont encore à l'étude des questions élémentaires.

HENRIET. — Je t'ai vu arriver à la coopération.

GASTON LÉVY. — Chacun fait ce qu'il peut, mais chacun envie ce qu'il n'a pas.

Je reviens à la résolution que vous présentez. A la fin de cette résolution, il y a cette phrase :

> Le Congrès signale au monde la folie de ses maîtres, qui se sont jetés d'un nationalisme militaire dans un nationalisme économique plus stupide encore, générateur de ruines, dans tous les domaines de l'activité humaine.

J'accepte cela volontiers, mais si cela s'applique à tout le monde, à tous les gouvernements quels qu'ils soient.

BOYET. — A tous, mais particulièrement au gouvernement français. Vous ne pouvez pas ne pas reconnaître, quoi que vous en disiez, que la politique du gouvernement français a été la pire et la plus sotte. Je pourrais vous en donner des exemples et des exemples prouvés.

GASTON LÉVY. — Il s'agit des maîtres du monde.

Lorsque vous dites, dans une interruption, que c'est la politique du gouvernement français qui, au point de vue économique, est foncièrement la plus mauvaise, je dis que là encore vous commettez une exagération. Car, examinons, si vous voulez, la politique économique française, et comparons-la à la politique économique de l'Angleterre, de la Suisse, de la Hollande, de l'Espagne, de l'Allemagne; vous verrez que la politique économique de tous les pays se place uniquement sur le terrain national. Il n'est pas un pays au monde qui ait tenté de sortir de ce terrain national, sauf lorsque ces pays ont cherché à coloniser à leur profit d'autres pays ou d'autres portions de continent.

Si c'est sur ce terrain-là qu'on se place, ce ne sera pas la politique du gouvernement français qui sera la plus mauvaise, non pas que les idées du gouvernement français ne soient pas aussi mauvaises que les autres, mais parce que sa capacité d'action dans cet ordre d'idées est moindre que celle de certains autres pays.

Par conséquent, n'essayons pas de nous tromper, et de faire croire; ce qui serait une erreur, que c'est la politique spécifiquement nationale, de notre gouvernement par exemple, qui est mauvaise, alors que c'est la politique économique de tous les pays qui est en cause, que cette politique est déterminée par ce fait incontestable que, malgré tout, le capitalisme est encore le plus puissant dans le monde, et que c'est sous la pression de ce capitalisme encore le plus puissant que les Etats sont partout obligés de suivre les mêmes formules et d'avoir la même action.

Le capitalisme est incontestablement le plus fort; cela est évident. Mais notre effort, à nous, doit consister justement à essayer de réduire peu à peu, le plus rapidement possible, mais avec persévérance, le capitalisme lui-même. Notre organisation coopérative peut le faire, mais à la condition de pénétrer partout où elle le peut dans les organismes internationaux que l'on réunit, soi-disant pour reconstituer le monde. A la Conférence de Gênes, réunie pour reconstruire le monde économiquement, on a exclu, à l'unanimité de la Commission Economique, les représentants de l'Alliance Coopérative Internationale, qui demandaient à y faire entendre leur voix. Cette Conférence de Gênes, nous avions demandé à y aller. Peut-être Henriet considérera-t-il qu'il est heureux pour nous que nous ayons eu là une désillusion de plus.

HENRIET. — Oui.

GASTON LÉVY. — Peut-être pense-t-il que cela vaut mieux ainsi.

HENRIET. — Parfaitement.

GASTON LÉVY. — Eh bien, nous avons eu une désillusion, qui nous est commune avec ceux qui avaient rédigé et signé avec nous la résolution, aussi bien avec nos camarades d'Autriche et nos camarades d'Angleterre qu'avec nos camarades de Russie.

Nous avons eu cette désillusion, mais je garde ma confiance. Je n'ai pas confiance dans la bonne volonté des dirigeants, mais j'ai confiance dans les possibilités d'action d'un organisme qui grandit et qui se renforce chaque jour, et qui pénétrera, malgré toutes les oppositions, au sein des organismes économiques quand il sera devenu une force tellement importante que même la mauvaise volonté des dirigeants ne pourra plus l'empêcher d'y entrer.

Voilà pourquoi, au lieu de porter ici des paroles de désillusion ou de découragement, nous apportons un programme précis et positif. Oh ! évidemment, il est beaucoup moins vaste que le vôtre, mais précisément parce que, malgré tout, je n'ai pas une confiance illimitée, je me contente de commencer une action et de la mener ou d'essayer de la mener à bien jusqu'au bout, au lieu d'entreprendre en paroles toutes sortes d'actions qui n'aboutissent à rien.

Et c'est aussi la raison pour laquelle, lorsque vous voulez apporter dans votre résolution quelque chose de positif, malgré tout, après avoir cherché la collaboration du tarif des Douanes, de M. Caillaux et du Larousse illustré, c'est encore dans la résolution du citoyen Gaston Lévy que vous le trouvez.

POISSON. — Il s'agit maintenant de passer au vote sur cette

question. Le Congrès est-il d'avis de voter à mains levées ou par mandats ?

VOIX NOMBREUSES. — A mains levées.

HENRIET. — Pourquoi à mains levées ?

POISSON. — Si vous le voulez, nous pourrons reprendre ici la formule que nous avons adoptée à la Fédération de la Seine. Ce serait, et malgré tout cela éviterait un vote, de demander aux camarades qui veulent voter contre le rapport de Gaston Lévy de se manifester.

HENRIET. — Je me refuse à cette formule.

POISSON. — Camarades, on peut toujours, lorsque l'on est d'accord, décider de voter à mains levées. Mais il suffit d'un seul délégué qui exige le vote par mandats pour que, conformément à nos statuts, ce vote ait lieu.
Ce vote est réclamé. C'est du temps de perdu pour le Congrès. Que ceux de nos camarades qui veulent prendre cette responsabilité la prennent.

LE PRÉSIDENT. — Il va être procédé au vote par mandats.

POISSON.— Nous pouvons encore examiner ce matin quelques questions qui peuvent être liquidées rapidement. Je demanderai par exemple que la question des colonies de vacances vienne immédiatement.
Comme d'ordinaire, la parole sera donnée d'abord aux camarades qui la demanderont, puis les rapporteurs répondront.

ORGANISATION ET EXTENSION DES COLONIES DE VACANCES AU PROFIT DES COOPÉRATEURS

LE PRÉSIDENT. — La parole est au camarade Lavielle, de Bordeaux.

Discours de LAVIELLE

LAVIELLE. — Je m'excuse, camarades, d'intervenir à une heure aussi tardive et de ne pas continuer peut-être une certaine tradition qui veut que vous entendiez des congressistes opposés aux rapports présentés.
Je voudrais simplement, pour ma part, soumettre au Congrès une suggestion qui s'ajoute au rapport de nos camarades Berland et Isidore Lévy, sans examiner à fond leur propre rapport, et je vous demande seulement quelques minutes d'attention, en faveur d'une action positive qui intéresse ou qui doit intéresser toutes les Sociétés. Il s'agit de l'autorité morale que le mouvement coopératif peut gagner à s'occuper sérieusement des colonies de vacances. Il s'agit même, et pour un avenir que je crois prochain, de savoir comment le mouvement coopératif va intervenir, par l'organisation de colonies de vacances, dans l'aplication de la loi sur les assurances sociales.
En effet, camarades, le rapport de nos camarades Berland et Lévy n'a pas envisagé la question sous cet angle. Il faut ce-

pendant que les sociétés coopératives se rendent compte que si certaines œuvres sociales créées aujourd'hui peuvent donner au mouvement coopératif un certain prestige, un certain nombre de ces œuvres vont disparaître du fait même de l'application de la loi sur les assurances sociales. Ainsi les avantages moraux que le mouvement coopératif peut trouver aujourd'hui en créant des choses que la société n'a pas encore mises à l'ordre du jour ou a mal organisées, ces avantages moraux pourraient dès demain être compromis si, dès aujourd'hui, nous n'orientons pas notre action, si nous ne faisons pas porter nos efforts dans un sens qui pourra nous servir demain, au moment même où la loi sur les assurances sociales pourra intervenir.

A mon sens, je crois que le mouvement coopératif devra se présenter, pour ces questions, comme le fourrier, le gestionnaire, l'économe de toutes les œuvres qui pourront être créées par les assurances sociales. Au moment de l'aplication de cette loi, les colonies scolaires de vacances deviendront, que vous le vouliez ou non, la base des colonies sanitaires préventives. Vous devez, pour les enfants surtout, vous attacher à développer très rapidement ces colonies scolaires de vacances. Et il y a une possibilité que je me permets de signaler aux sociétés qui ont déjà fait un gros effort dans ce sens, c'est celle d'utiliser, dans des stations favorables, les locaux scolaires pendant le mois d'août ou le mois de septembre.

Les Parisiens connaissent les Caisses des Ecoles, la fameuse Caisse des Ecoles du 18e Arrondissement entre autres. D'autres, dans les grandes viles, connaissent les colonies scolaires de vacances. Il est évident que le mouvement coopératif n'a pas encore fait un effort de ce côté. Or nous avons pour notre part la possibilité, et sans un très grand effort, de pénétrer les patronages et colonies scolaires de vacances. Je crois que le Conseil Central, et je me permets de faire cette suggestion à nos amis, pourrait faire une démarche utile auprès du Ministère de l'Instruction Publique, et s'attacher à obtenir les locaux scolaires pour les colonies d'enfants créées par les sociétés coopératives. Ainsi vous auriez résolu la question du logement pour toutes les colonies. N'oubliez pas en effet que ce qui vous gêne, quand vous créez un établissement à la campagne, c'est son utilisation tout le long de l'année, qui occasionne des frais généraux considérables. Or les locaux scolaires situés dans une station balnéaire, les locaux scolaires situés à la campagne...

Un Délégué.— Est-ce que vous ne craignez pas que l'hygiène ait à en souffrir, et que les bâtiments ne puissent, pendant le temps où ils seront ainsi occupés, recevoir les réparations nécessaires ?

Lavielle. — Un camarade me signale qu'en effet certains bâtiments scolaires ne sont pas outillés pour recevoir les colonies de vacances organisées par le mouvement coopératif. Cela, nous le savons bien. Mais je connais des Sociétés, que je ne peux pas vous citer, parce que nous n'avons pas ici à faire valoir une société plutôt qu'une autre, qui ont utilisé des bâtiments scolaires neufs, construits avec des baies vitrées, bien éclairés et bien aménagés, et pouvant très convenablement recevoir les enfants. Je connais une société coopérative qui, à l'heure actuelle, en accord avec une colonie de vacances, a utilisé, tant dans les Pyrénées que sur les bords de l'Océan environ sept ou huit bâtiments scolaires de ce genre.

Un Délégué. — Dans le Var aussi, cela existe.

Lavielle. — Je conclurai, camarades, en disant que si le Conseil Central le veut bien, et si nos camarades Berland et Lévy veulent bien accepter l'amendement que je leur propose, je crois que nous pourrons orienter utilement les efforts du mouvement coopératif vers l'utilisation des bâtiments scolaires, vers, en somme, le commencement d'une œuvre nouvelle, qui servira, qu'on le veuille ou non, au moment où interviendra la loi sur les asurances sociales.

Pour le reste, je vous demanderai aussi de ne pas le négliger, et je demanderai tout à l'heure à nos amis d'insister auprès du Congrès pour qu'il soit fait, autour des assurances sociales, une certaine manifestation. Je crois que la classe ouvrière n'a pas toujours compris notre action, puisqu'on a pu se plaindre ici du divorce qui semble exister entre la classe ouvrière et le mouvement coopératif. Aujourd'hui, vous avez, je le crois, l'occasion de démontrer que les buts du mouvement coopératif s'identifient avec les intérêts des ouvriers, en dirigeant l'effort de votre mouvement vers une loi qui ne peut que servir les intérêts ouvriers.

Ma proposition, camarades, consiste à ajouter à la résolution proposée par nos camarades Berland et Lévy un dernier paragraphe qui serait ainsi conçu :

d) De s'employer à favoriser la constitution et le développement de colonies scolaires de vacances, en faisant que la Coopération prenne une place dans leur organisation qui doit — au moment de l'application de la loi sur les assurances sociales — servir de base à la colonie sanitaire préventive pour les enfants.

Discours d'Isidore LÉVY

Isidore Lévy. — Camarades, la question qui vous est soumise à ce Congrès est extrêmement importante, puisqu'il s'agit de permettre à toutes les sociétés coopératives, sans aucune exception, de pouvoir profiter dès demain de toutes les colonies de vacances déjà existantes.

Il y a à l'heure actuelle une Société, l'Union des Coopérateurs de Paris qui a cinq colonies de vacances et qui, par une décision de sa Commission des œuvres sociales, a décidé de mettre ses colonies de vacances à la disposition de tous les Coopérateurs de France.

Un certain nombre de sociétés ignorent certainement qu'elles peuvent à l'heure actuelle faire profiter leurs sociétaires d'un séjour agréable dans une de ces colonies de vacances, qui existent aussi bien au bord de la mer qu'à la montagne, et cela dans les meilleures conditions, puisque le prix n'en est que de dix francs par jour.

Au Conseil Central, nos camarades ont eu la pensée de faire profiter tous les Coopérateurs des colonies de vacances existantes, aussi bien celles de plaisir que celles pour enfants convalescents et vieillards, et de coordonner les efforts de tous de manière à créer un organisme permettant à toutes les sociétés coopératives de se documenter et de profiter des colonies déjà existantes.

Tout d'abord, si l'on examine les colonies dans lesquelles les sociétaires peuvent prendre quelques jours de vacances pour se reposer ou pour leur plaisir, il est certain que cela crée de gros frais, parce qu'on n'a pas l'occasion d'occuper toute l'année non seulement les locaux, mais surtout le personnel dont on a besoin, ces colonies n'étant exploitées que trois mois environ.

Mais si au lieu d'avoir des colonies de vacances uniquement utilisées pendant la saison d'été, nous pouvions créer dans des régions comme celle-ci, dans des endroits tempérés, dans le Midi, des colonies de vacances pour l'hiver, il est certain qu'on pourrait utiliser le personnel presque du commencement à la fin de l'année. Nous aurions ainsi l'avantage qu'au lieu de prendre des vacances seulement pendant la belle saison, nous aurions toute l'année des camarades qui pourraient profiter des vacances.

La vérité est que, dans les grandes villes, l'ouvrier a plus besoin de vacances l'hiver que l'été. C'est à mon avis un mauvais système que d'avoir habitué ceux qui peuvent prendre quelques vacances à les prendre pendant la belle saison. C'est surtout pendant la mauvaise saison qu'il faudrait éloigner des villes ceux dont la santé n'est pas florissante.

Mais il y a un autre point intéressant : c'est que nos sociétés coopératives se développent de plus en plus, et que dans les sociétés importantes, tout le personnel prend pour ainsi dire des vacances. Or vous savez qu'il y a de graves inconvénients à laisser partir en vacances au même moment une trop forte partie du personnel; il y a de ce fait perturbation dans les services, augmentation considérable des frais et d'énormes difficultés. Si au lieu de cela on pouvait habituer le personnel à prendre ses vacances du commencement de l'année à la fin, non seulement on aurait une diminution sensible des frais généraux, mais encore on aurait un travail beaucoup plus régulier, et enfin on aurait beaucoup moins de frais du fait que le personnel des colonies de vacances pourrait être utilisé à plein d'un bout de l'année à l'autre.

Voilà donc pour ce qui concerne les colonies de vacances qui ne peuvent être utilisées que comme colonies de repos ou de plaisir.

Il est certain qu'il ne faut pas compter que ces colonies de vacances puissent être utilisées à certains moments pour y mettre des malades ou même des convalescents. En le faisant, on éloignerait d'elles un certain nombre de nos camarades. Il faut donc qu'elles soient utilisées uniquement pour s'y amuser ou pour se reposer.

Mais il y a aussi nécessité, pour toutes les sociétés coopératives, au fur et à mesure qu'elles se développent, de penser à leurs vieillards. Il y a pour elles nécessité d'envisager qu'à un certain moment elles ne pourront pas laisser leurs employés sans leur apporter un peu de bien-être. Pour leur donner ce bien-être, il faudra créer des maisons de vieillards, où ceux qui auront travaillé un certain temps pourront venir se reposer. Il faut que les sociétés coopératives pensent à ces choses; il faut aussi qu'elles pensent qu'elles peuvent avoir besoin de

BIBLIOTHÈQUE NATIONALE R.F.

maisons de convalescence. Nos sociétés coopératives étant appelées à se développer de plus en plus, il y aura des moments où nous aurons besoin pour certains membres de notre personnel de maisons de convalescence. Mais il faut en prévoir, non seulement pour le personnel, mais aussi pour nos sociétaires. Enfin, il faut penser aux colonies de vacances enfantines. Déjà, dans un grand nombre de sociétés coopératives et de Fédérations, on a créé des colonies de vacances enfantines. Ne pensez-vous pas à l'intérêt qu'il pourrait y avoir, en ce qui concerne ces colonies, de pouvoir permettre aux enfants de ne pas aller toujours au même endroit, de pouvoir leur permettre d'aller du Midi à l'Est, à l'Ouest et au Nord? Ne pensez-vous pas qu'il y aurait intérêt à organiser quelque chose d'ensemble, d'abord une organisation centrale permettant à toutes les sociétés de se rendre compte de ce qui existe déjà et d'en profiter, puis, enfin, par un effort coordonné, de créer des choses nouvelles.

Je veux ajouter encore quelques mots. Beaucoup de sociétés n'ont pas organisé de colonies de vacances parce qu'elles pensent que cela leur coûterait trop cher. Il faut que vous sachiez que ces colonies ne coûtent absolument rien aux sociétés coopératives.

Ainsi, à l'Union des Coopérateurs, nous avons organisé à l'heure actuelle, vous le savez, cinq colonies de vacances. Cela ne nous a pas coûté un centime. Il a été versé par la société une somme à titre d'avance, mais vous pouvez être assurés que cette somme sera récupérée.

L'avantage, pour les sociétés coopératives, c'est de pouvoir créer des œuvres qui sont en quelque sorte des œuvres sociales, puisqu'elles intéressent les sociétaires eux-mêmes, en leur permettant de passer des vacances intéressantes à bon marché. Et, je le répète, cela peut ne rien coûter aux sociétés coopératives. Et créer quelque chose procurant des avantages aux sociétaires, sans avoir pour cela besoin de dépenser un centime, c'est on ne peut plus intéressant.

Il est bien certain qu'il faudra faire des avances pour obtenir des résultats pratiques. Mais ne pensez-vous pas que cette organisation sera plus intéressante encore si on l'établit pour toute la France que si elle est établie par des sociétés coopétives isolément ? C'est pourquoi nous avons pensé qu'il y aurait intérêt, non pas à créer des organes multiples de colonies de vacances, mais à ce que, sur différents points de la France, un certain nombre de sociétés ou de groupes de sociétés puissent faire fonctionner, au point de vue commercial, un groupe de colonies de vacances.

Ce qu'il faut surtout, c'est que l'effort soit coordonné.

Je crois que mon ami Berland est d'accord avec moi pour accepter la suggestion de notre camarade Lavielle. Mais nous ne pensons pas qu'il soit utile de l'incorporer à notre texte pour qu'il soit entendu que, quand sera votée la loi en question, nous devrons en tirer tous les avantages possibles.

Lavielle nous a dit dans son exposé que nous pourrions profiter de certains locaux scolaires. Mais un autre camarade, qui paraît au courant de la question, nous dit que cela créera des difficultés, parce qu'on ne pourra pas désinfecter les locaux. Mais ce que notre camarade Lavielle a oublié, c'est qu'il y a aujourd'hui d'immenses bâtiments, qui ont été construits en prévision de la guerre et qui, à l'heure actuelle, sont libres, et bien aménagés. Je ne dis pas qu'ils sont luxueusement installés, mais ils le sont certainement d'une façon suffisante pour que nos enfants puissent y passer quelques mois de vacances, et quelques mois certainement agréables. C'est cela qu'il faut obtenir du gouvernement.

Une fois de plus, notre camarade Henriet nous dira peut-être que nous faisons de la collaboration. Mais ce sont ces locaux-là qu'il faut demander. Et nous sommes d'autant plus persuadés que nous les obtiendrons que nous en avons déjà obtenu.

Je vous demande donc, camarade Lavielle, de ne pas insister au sujet de votre amendement. Nous sommes entièrement d'accord avec vous. Soyez convaincu que, dès que la loi sera votée, nous en profiterons dans la plus large mesure possible

Lavielle. — Pour ma part, je le regrette vivement, mais je me vois mis en situation de ne pouvoir dans ces conditions accepter le rapport de nos camarades Berland et Isidore Lévy.

Un Délégué. — Le camarade Lavielle refuse de voter le rapport, parce qu'on n'accepte pas une partie des modalités qu'il désire. J'aurais pu, moi aussi, apporter un certain nombre de formules spéciales. Mais je ne proteste pas, parce que demain, je les apporterai à la Commission comme des matériaux intéressants.

Lavielle. — Il est entendu que nous apporterons nos suggestions à la Commission comme des matériaux.

J'indiquerai cependant à Isidore Lévy que je connais des gens qui, cette année, vont envoyer en vacances 200 enfants. Or il y a à ma proposition une raison d'économie que le Congrès va tout de suite comprendre. Nous trouvons tout préparé dans les locaux scolaires et nous n'avons à nous occuper que de la nourriture et du couchage. Or en payant les couchettes, les lits, à l'autorité militaire, au prix de la location militaire, les enfants ne nous coûtent que 125 francs par mois. Vous me direz si vous avez un moyen plus simple et plus rapide d'organiser des colonies de vacances.

Ne refusez donc pas qu'on apporte quelques documents venant s'ajouter à l'ordre du jour que vous proposez vous-mêmes.

Isidore Lévy. — Voulez-vous me permettre de vous citer seulement la fin de notre proposition de résolution:

> De diriger l'action des coopératives, et surtout des sociétés de développement, dans la voie de la création de colonies de vacances avec un but de plus en plus élargi.

C'est parce que nous pensons être d'accord avec l'esprit de votre résolution que nous ne croyons pas utile de l'insérer dans notre texte. Si cependant vous le jugez utile et si vous insistez, je n'y verrai pas d'inconvénient. Mais pourquoi ajouter quelque chose, puisque nous sommes absolument d'accord ?

Un Délégué. — Au nom du Cercle des Coopérateurs de « La Bellevilloise », je déclare que nous trouvons surprenant que, dans cette question de la création de colonies enfantines, on n'essaie pas de s'entendre avec les syndicats partout où ce sera possible.

DAUDÉ-BANCEL. — On vient de vous dire que l'on emploiera tous les moyens.

LE MÊME DÉLÉGUÉ. — On aurait pu au moins indiquer dans la résolution que les syndicats ouvriers seront invités à agir d'accord avec la Fédération des Coopératives.

ISIDORE LÉVY. — Là aussi nous sommes d'accord.

POISSON. — Y a-t-il opposition au vote de la résolution ?

HENRIET. — Non.

LE PRÉSIDENT. — La résolution est adoptée à l'unanimité.

D'autre part voici les résultats du vote sur le rapport Gaston Lévy :

Pour	4.791 voix.
Contre	236 voix.
Abstentions et absents	70 voix.

La séance est levée à midi.

DEUXIÈME SÉANCE DU VENDREDI 26 MAI 1922

La séance est ouverte à 14 h. 10.

POISSON. — Nous vous proposons, comme président de la séance de cet après-midi, notre camarade Cozette et, comme assesseurs, Blondelu, de Château-Thierry et Hoyau, de Sotteville-lès-Rouen.

LE PRÉSIDENT. — La parole est à Poisson.

Nomination du Conseil Central

POISSON. — La Commission des résolutions a décidé hier de présenter à vos suffrages, comme candidats au Conseil central:

A titre de représentants des Fédérations régionales, nos camarades Berland, Chiousse, Svob, Cayol, Terrien, Gaillard, Fauconnet et Daudé-Bancel.

Comme représentants de l'organisation centrale: Cleuet, Lebon, Henri Sellier.

LE PRÉSIDENT. — Quelqu'un demande-t-il la parole sur cette proposition ?

GUILLON. — En ce qui concerne les candidats présentés par les régions, nous n'avons pas à intervenir. Mais, en ce qui concerne la désignation des camarades à nommer par le Congrès, nous présentons la candidature du camarade Henriet.

Hier soir, j'ai présenté cette candidature à la Commission des résolutions. Mandat nous en avait été donné par plusieurs sociétés. D'un autre côté, nous n'avions mission de voter, parmi les camarades sortants, que pour Lebon et Cleuet, ayant la conviction que le camarade Marty était démissionnaire.

C'est ce qui fait que nous avons mis en avant la candidature du camarade Henriet, que nous présentons pour plusieurs raisons.

Tout d'abord, si nous nous en tenions au discours d'ouverture de ce Congrès, dans lequel on a fait appel à l'unité et à l'union de tous ceux qui ont le désir de collaborer ensemble, ce serait déjà une première raison qui nous conduirait à vous présenter cette candidature. Cela ne nous empêcherait pas, d'ailleurs, de maintenir notre point de vue sur la situation.

D'un autre côté, il y a un fait qui nous paraît anormal. Les candidats qui sont présentés par la Fédération parisienne, et celle-ci a droit cette année à un délégué de plus, font partie, non seulement comme sociétaires, mais comme membres du Conseil d'administration, de la même société. Or le nouveau candidat que la Fédération parisienne présente au Congrès pour que sa nomination soit ratifiée par vous est, lui aussi, membre du Conseil d'administration de cette même société. Nous pensons qu'il y a là quelque chose d'anormal. Comme le Conseil d'administration du Magasin de Gros est composé, administrativement, par les membres du Conseil central, nous avions pensé, et nous pensons encore qu'on devrait un peu tenir compte des sociétés qui ne sont pas fusionnées dans la région parisienne. C'est pour ces motifs que nous présentons un candidat autre que le camarade Sellier.

Des objections nous ont été faites hier soir. On nous a dit tout d'abord que cette candidature était maladroite, parce que nous opposions deux camarades qui se prétendent communistes. Mais cela est précisément une raison qui nous fait poser la candidature d'Henriet vis-à-vis de celle d'Henri Sellier. Ensuite, on nous a dit que cette candidature venait trop tard, que la Fédération avait ratifié la candidature Sellier et qu'il fallait d'ailleurs que la Fédération connaisse les candidats quinze jours avant l'ouverture du Congrès. Hier soir, j'avais demandé la parole pour faire observer à ce sujet qu'il était matériellement impossible que les Fédérations régionales aient pu connaître en temps voulu la candidature d'Henri Sellier, puisque le Congrès régional de la Fédération parisienne a eu lieu dimanche dernier et que c'est dimanche dernier que la candidature d'Henri Sellier a été ratifiée. Dans ces conditions, j'estime pour ma part que la candidature d'Henriet ne vient pas plus tardivement que celle d'Henri Sellier, mais qu'elle vient à la même heure.

Pour tous ces motifs, au nom d'un certain nombre de sociétés de la région parisienne, nous vous présentons la candidature du camarade Henriet.

Je voudrais maintenant demander au Congrès qu'on ne procède pas ici comme on a procédé hier à la Commission des résolutions en ce qui concerne le vote. Je n'ai pas voulu prendre part au vote dans les conditions où il a été fait, et j'ai déclaré que nous avons mandat de voter pour Clouet, Lebon et Henriet. Mais nous ne voudrions pas qu'on ne fasse que deux listes, c'est-à-dire une liste des trois candidats présentés par la région parisienne et, à côté, une liste portant un seul nom. Je demande que l'on vote par noms, de façon qu'il soit possible à nos sociétés de voter comme elles nous en ont donné le mandat. Si nous n'avons pas fait une liste de trois noms, c'est en raison de difficultés matérielles, mais nous maintenons quand même la candidature du camarade Henriet. Ce n'est pas dans un but de protestation, mais c'est pour définir le point de vue que lui-même a défendu à la tribune du Congrès.

Poisson. — La question ne se présente pas comme le dit notre camarade. Nos statuts font qu'une seule liste est présentée, et qu'elle est la même au Congrès national et à l'Assemblée du Magasin de Gros. Ils font aussi que le seul vote important et intéressant est celui qui a lieu à la Commission des résolutions, commission qui, d'ailleurs, est constituée proportionnellement aux voix qui ont pu s'exprimer sur les différentes questions à l'ordre du jour.

Il ne s'agit donc maintenant que d'une ratification, car, je vous le signale d'un seul mot, nous ne pourrions pas émettre ici un vote et en émettre un autre à l'Assemblée générale du Magasin de Gros, puisque, d'après nos statuts, c'est le même Conseil qui doit administrer nos deux organisations.

Encore une fois, ce n'est pas sur tels ou tels noms que vous avez à vous prononcer. C'est sur la liste entière qui vous est soumise que vous devez le faire. Vous avez le droit de la repousser, mais alors il faudrait renvoyer la question à la Commission des résolutions, et je vous signale qu'hier celle-ci s'est décidée à l'unanimité.

J'ajoute, en ce qui concerne Sellier, qu'il n'est pas ici le candidat de la Fédération de la région parisienne. Il a été présenté également par la Fédération du Rhône. Mais demain il ne sera ni le candidat de la Fédération de la région parisienne, ni le candidat de la Fédération du Rhône; il sera l'élu de l'ensemble du mouvement et du Congrès. Il ne s'agit que d'une proposition, qui est faite par une Fédération, comme elle pourrait être faite par une Société. La question se présente donc d'une façon toute différente de celle où nous la présente Guillon. Il est possible que le Congrès de la Fédération parisienne n'ait pu se tenir que dimanche dernier, mais il n'en reste pas moins qu'au point de vue national, les candidats doivent être présentés quinze jours à l'avance. Il est tout à fait différent d'être le candidat d'une région — et le Congrès n'a alors qu'à ratifier — ou d'être candidat devant représenter demain l'ensemble du Congrès. C'est dans ces conditions que la Commission des résolutions, à l'unanimité de ses membres, vous a présenté sa liste. Cette liste est établie conformément aux statuts, et c'est sur elle que le Congrès doit avoir à se prononcer.

GASTON LÉVY. — J'aurais un mot à dire pour répondre à un point qui a été soulevé par Guillon, et qui d'ailleurs n'était pas de mise ici.

D'après Guillon, il s'agirait, en effet, de savoir si les camarades qui ont été présentés appartiennent à une société plutôt qu'à une autre. Or ce n'est pas de notre faute si, à l' « Union des Coopérateurs » de Paris, nous avons un grand nombre d'actionnaires. — Quand je dis que ce n'est pas de notre faute, nous avons évidemment fait de notre mieux pour en avoir beaucoup. — Ce n'est pas non plus de notre faute si un certain nombre de camarades militants qui seraient disposés à être membres du Conseil d'administration ne le peuvent pas, parce qu'ils appartiennent à des sociétés dont les statuts le leur interdisent.

FAUCONNET. — J'ajouterai un simple mot en ce qui concerne la candidature de notre camarade Henri Sellier : c'est à l'unanimité que la Fédération de la région parisienne a tenu à présenter cette candidature.

La phobie de certains de nos camarades à l'égard de « l'Union des Coopérateurs » les a poussés à toutes sortes d'excès, et c'est ainsi qu'ils tentent de faire croire que les administrateurs du Magasin de Gros et les membres du Conseil central se recrutent particulièrement au sein de « l'Union des Coopérateurs ». Je suis même surpris que notre camarade Guillon ne nous ait pas reproché que les rapporteurs des cinq questions qui sont à l'ordre du jour du Congrès appartiennent à « l'Union des Coopérateurs ». J'ajouterai que lorsque notre camarade Guillon nous propose la candidature d'Henriet, il nous propose encore la candidature d'un camarade qui appartient aussi à « l'Union des Coopérateurs ». La vérité est que l'on considère que tout ce qui peut être fait en dehors de Guillon et de ses amis est critiquable. En dehors d'eux, et Poisson vous le disait déjà hier, on ne peut rien faire qui ne soit critiqué.

Je vous affirme que, à l'unanimité de la Fédération de la

région parisienne, Sellier a été désigné pour représenter le mouvement coopératif, mais non pas « l'Union des Coopérateurs » ni la Fédération de la région parisienne.

Guillon. — Je tiens tout de même à faire remarquer que sur les trente membres du Conseil central, il y en a sept qui appartiennent comme administrateurs à « l'Union des Coopérateurs ».
Or, d'autres sociétés, bien qu'elles soient grandes et fortes, ne peuvent avoir la même autorité.

Buguet. — Cela tient à ce que tout le monde adhère à « l'Union des Coopérateurs », alors que n'adhère pas qui veut à la « Famille Nouvelle ».

Poisson. — Je présenterai demain officiellement ma candidature à la « Famille Nouvelle », prenez-vous l'engagement que vous m'y recevrez ?

Guillon. — Il faut être affilié à la C. G. T. unitaire.

Le Président. — Il faut revenir, camarades, à la question actuellement en discussion. Il y a comme orateurs inscrits Brot et Martin.

Plusieurs Délégués. — La clôture.

Un Délégué. — J'estime que nous nous sommes expliqués suffisamment, et que nous pouvons prononcer la clôture après les orateurs inscrits.

Henriet. — Je demande la parole.

Buguet. — Camarades, notre camarade Henriet avait hier au soir toutes facilités pour venir à la Commission des résolutions. Il n'y est pas venu. Nous avons délibéré hier à la Commission, pensant qu'il serait possible d'éviter qu'il s'institue ici un débat faisant perdre le temps du Congrès. Notre camarade Guillon, qui n'avait nulle qualité pour appartenir à la Commission des résolutions, y a pris la parole. Je pensais déjà hier au soir que notre indulgence était trop grande, et que nous n'éviterions pas le débat. Les faits démontrent que ma prévision était juste. Pour en finir, je demande que la proposition de la Commission des résolutions soit mise aux voix immédiatement et sans autre discussion.

Le Président. — Je suis saisi d'une proposition et je demande au Congrès s'il entend clore la discussion et passer de suite au vote...
Nous allons donc passer immédiatement au vote.

Guillon. — C'est absolument comme hier soir. Nous ne prenons pas part à un vote qui se fait dans de telles conditions.

Le Président. — La liste présentée par la Commission est acceptée.
Nous avons le plaisir d'avoir parmi nous un délégué du mouvement coopératif anglais, le camarade Davis. Je lui donne la parole.

Discours de Joseph J. DAVIS, délégué de « l'Union Coopérative de Grande-Bretagne »

Joseph J. Davis. — Je suis très heureux d'apporter à cette importante conférence les salutations cordiales de l'Union Coopérative de la Grande-Bretagne et de l'Irlande.

Le rapport de votre Conseil Central — dont il m'a été remis un exemplaire — révèle combien vos idées sont communes avec celles de vos camarades coopérateurs que j'ai l'honneur de représenter.

De même que nous, vous ressentez les inévitables conséquences de la perturbation économique internationale et de la stagnation du commerce et la résolution très claire qui suit l'excellent rapport de M. Gaston Lévy sur la crise économique résume très exactement la situation du mouvement coopératif dans mon propre pays. L'importance que vous attachez à l'organisation et au développement des colonies de vacances au bénéfice des coopérateurs, à l'éducation coopérative et à l'éducation en général, à la publicité des affaires coopératives, aux assurances sociales, à l'état et l'estimation des stocks et du fonds de réserve de vos sociétés adhérentes, est un ample témoignage de la force effective et des progrès de votre mouvement national.

S'il m'est permis d'adresser un message à mes camarades coopérateurs français, il sera le même que celui qui a inspiré les pionniers de la Coopération quand ils se sont trouvés en face de l'opposition des intérêts du commerce privé, qui comprenait que la marche en avant de la coopération signifiait l'élimination ultime de l'exploiteur et du profiteur, et le développement du bien-être, de la paix et de la vie parmi les fils des hommes.

Ce message est : « Continuons la lutte. »

Heureusement que votre peuple ne manque pas de ces grandes qualités de courage et d'endurance. Mais, je voudrais vous rappeler que, souvent, la simple expression d'un message, qui est le témoignage d'une amitié durable, née de la confiance mutuelle, encourage ceux à qui il est adressé et qui cherchent dans la lutte à faire de nouveaux efforts et à prendre des résolutions plus vigoureuses.

Par conséquent, c'est dans cet esprit que je reprends et que je vous apporte le message : « Continuons la lutte. »

Cette réunion représentative de coopérateurs, considérant le champ de l'activité du mouvement, sera certainement fortifiée car elle se rend compte du grand caractère national de ses sérieuses déterminations d'aller vers le succès final; car le temps de la dépression commerciale se terminera un jour et la loyauté des principes du mouvement trouvera tôt ou tard sa récompense.

Comme ceux qui ont eu la vision de la République Coopérative, la vision d'une « Union qui existera » quand l'évangile glorieux de la Coopération aura son pouvoir incontesté, travaillons pour la grande cause commune en nous encourageant les uns les autres par notre présence et par notre exemple, jusqu'à ce que cette vision soit devenue une réalité.

En conclusion, je puis vous assurer que les bons sentiments, montrés de temps en temps par le mouvement coopératif français envers l'Union dont j'ai l'honneur d'être l'ambassadeur aujourd'hui, sont réciproques. Que ces sentiments aient une longue durée ! Nous pouvons bien dire dans des paroles qui deviendront historiques : « Toujours bons amis, n'est-ce pas ? Toujours pour les mêmes causes et pour les mêmes raisons. »

LE PRÉSIDENT. — Je crois être l'interprète unanime des congressistes en remerciant notre camarade représentant la Coopération anglaise de ses paroles. Nous avons comme lui la conviction que le développement du mouvement coopératif contribuera puissamment à réaliser notre idéal.

CRÉATION D'UN OFFICE DE PUBLICITÉ A LA F. N. C. C.

LE PRÉSIDENT. — Nous arrivons à la question de la création d'un office de publicité. Je donne la parole au camarade Maisonneuve.

MAISONNEUVE. — J'ai lu avec le plus grand intérêt le rapport de notre camarade Camin sur la publicité.

On peut dire que la publicité est aujourd'hui à l'ordre du jour, et qu'il est bon de faire connaître au public les marchandises à vendre. Ce procédé qui nous vient d'Amérique, s'est rapidement acclimaté en France et je dirai presque que son acclimatation a été trop rapide. J'aurais même quelque regret de voir la Copération employer certaines formes de publicité quand je vois les excès et les inconvénients qui en résultent tous les jours.

La publicité se paie, et elle se paie parfois très cher. La presse sait les jolis bénéfices que cela lui procure. Mais qui fait en définitive les frais de cette publicité ? C'est le consommateur.

Je ne parlerai pas de la publicité concernant les produits pharmaceutiques, grâce à laquelle on arrive à vendre ces produits cinq et dix fois leur valeur. Mais pour prendre une publicité plus raisonnable et plus restreinte, et je ne veux pas citer spécialement ici telle ou telle maison, vous avez tous remarqué que certaines maisons de construction prennent toute la quatrième page des journaux pour annoncer la mise en vente d'une nouvelle marque d'automobile. Il en est de même pour d'autres produits. Je suis bien persuadé que cette publicité augmente le prix de l'automobile de 5, 10 ou 15%; cela dépend évidemment du nombre d'automobiles qui seront vendues. Mais ce qui est certain, c'est que la publicité majore d'une façon considérable le prix de revient de l'objet consommé. Or, quel est le but que nous poursuivons, nous coopérateurs? Est-ce d'augmenter le prix de revient des objets consommés? Je croyais au contraire que toutes nos organisations avaient précisément pour but de réduire ce prix de revient à son minimum.

J'estime donc que la publicité doit prendre chez nous un autre caractère et qu'elle doit se préoccuper surtout et toujours de faire l'éducation du consommateur. Il faut recommander un produit au consommateur afin que celui-ci puisse l'apprécier. Il ne faut pas perdre de vue, en effet, que trop souvent, la publicité induit le consommateur en erreur. Les exemples que l'on peut en donner sont nombreux. Ainsi, dans la ville de Marseille.

il se fait actuellement pour une marque de savon une publicité que regrettent certainement les savonniers (je parle des savonniers consciencieux). Cette publicité consiste à présenter au consommateur un savon à 72 %, mais 72 % d'huile et autres matières saponifiables. Autrefois on ne faisait que du savon renfermant 72 % d'huile, et il ne serait jamais venu à l'idée d'aucun savonnier de parler de 72% d'huile et autres matières. Je suis persuadé que les savonniers consciencieux doivent être les premiers à regretter cette publicité, qui est déloyale.

Dernièrement, j'ai été frappé par la résolution adoptée par un Congrès de fabricants de chaussures. C'étaient des commerçants, de ceux qu'on appelle les mercantis. En la circonstance, ces mercantis ont agi comme de bons coopérateurs. Pour les réparations de chaussures ils ont indiqué qu'il fallait faire connaître au public le prix de revient d'un ressemelage, lui permettre, soit par des tracts, soit par des prospectus, d'apprécier la valeur et la nature du cuir employé. Eh bien, j'ai retenu cette décision de petits commerçants, qui veulent faire de la publicité, mais une publicité qui contribue à l'éducation du consommateur. Et je crois qu'il serait bon que nous également, nous fassions de la publicité dans l'intérêt de l'éducation du consommateur, une publicité permettant à celui-ci de se rendre compte de la valeur des objets qu'il consomme. Pour ma part, je ne serais nullement opposé à ce que, en même temps que le produit, on lui remette une petite notice lui permettant de l'apprécier.

C'est dans ce sens, avec cette restriction, que je suis partisan de la publicité. Je voudrais surtout que les coopératives se servent du papier de pliage et du papier d'emballage pour répandre les maximes coopératives.

Une action dans laquelle je ne verrais pas avec plaisir s'engager le Magasin de Gros est celle de la fabrication des caisses d'emballage, qui d'ailleurs, n'a pas très bien réussi, si j'en crois le rapport. D'ailleurs le transport des caisses d'une extrémité de la France à l'autre doit être très coûteux. Mais pourquoi ne pas faire des sacs portant des maximes coopératives? Les sacs et papiers vendus aux sociétés avec leurs marques spéciales permettraient une publicité économique, éducative.

Daudé-Bancel. — Cela est justement dans le rapport.

Maisonneuve. — On pourrait ajouter dans ces petits tracts la façon dont il convient d'apprécier une marchandise. Car précisément il ne faut pas perdre de vue que toute notre action doit avoir pour but l'éducation du consommateur.

Camin. — Je n'ai qu'un mot à ajouter, simplement pour constater que les observations qui viennent d'être présentées par notre camarade confirment dans des termes presque exacts ce que je déclare dans mon rapport.

Qu'est venu nous dire notre ami ? Qu'il ne faut pas que sous le prétexte que nous avons à faire de la publicité — et il est d'accord avec nous pour reconnaître que notre mouvement en a besoin pour son développement — il ne faut pas que dans cette publicité nous fassions quoi que ce soit pour tromper les consommateurs sur la qualité et sur la nature des produits que nous leur offrons.

Si vous voulez bien relire mon rapport, vous y verrez que, précisément, j'ai fait de cette question de publicité commerciale en même temps une question de propagande et d'éducation du consommateur. Par conséquent, sur ce point, nous sommes entièrement d'accord.

Je demande au Congrès la permission de ne pas prolonger cette discussion, car je suis sûr que nous serons unanimement d'accord pour dire qu'en face des moyens qui sont employés par nos adversaires, en face de cette formidable concentration capitaliste qui fait que dans certaines régions de notre pays se trouvent un nombre considérable de sociétés capitalistes à succursales multiples, il faut que le mouvement coopératif ait à sa disposition un organisme capable de centraliser sa publicité.

Ainsi, dans les régions dont je parle, où se trouvent plusieurs sociétés capitalistes à succursales, celles-ci n'hésitent pas à employer ce truc abominable qui consiste à abaisser chacune le prix d'un produit jusqu'à le vendre même au-dessous du prix de revient, afin d'essayer de montrer aux consommateurs que sur l'ensemble des articles les sociétés à succursales multiples peuvent faire des prix moins élevés que ceux de la société coopérative de consommation.

Comme je le dis dans mon rapport, des quantités de choses peuvent être faites pour permettre aux coopératives de soutenir la lutte. Ainsi j'indique précisément qu'à Hambourg existe une imprimerie qui fournit de papiers imprimés tous les magasins coopératifs, et à des prix de revient très peu élevés.

C'est dans ces conditions que nous vous demandons d'autoriser le Conseil Central à procéder à la création de cet Office national de publicité. Il y a, bien entendu, une foule de détails techniques dans lesquels il serait trop long d'entrer ici, mais, si vous donnez ce mandat au Conseil Central, je suis convaincu que nous pourrons obtenir des résultats.

Je dirai un mot, en terminant, d'une question extrêmement importante. L'année dernière, sans mandat précis, simplement sur l'indication du Conseil Central, nous avions commencé à jeter les bases d'une organisation qui aurait permis à l'ensemble de nos sociétés coopératives d'avoir à leur disposition une série de films coopératifs, et aussi des films d'éducation générale. Nous avions commencé ce travail, mais malheureusement le principal des collaborateurs qui nous avaient apporté leur gracieux concours est aujourd'hui disparu. Nous allons, si vous nous donnez ce mandat, reprendre cette question, et nous espérons mettre debout un organisme qui vous donnera les films que vous avez les uns et les autres si souvent réclamés. Ces films seront et pour la Fédération Nationale et pour nos Fédérations un élément de propagande de premier ordre.

Je n'ai pas d'autres observations à présenter. Je crois d'ailleurs avoir, dans mon rapport et dans mes conclusions, suffisamment indiqué les raisons qui militent en faveur de la création de cet Office.

Le Président. — Je n'ai pas vu qu'il y ait de l'opposition à la proposition de résolution du camarade Camin, concernant la publicité. Je la mets donc aux voix.

La proposition est adoptée à l'unanimité.

LA REPRÉSENTATION DES CONSOMMATEURS DANS LES CONSEILS DES SERVICES PUBLICS ET DES MONOPOLES DE FAIT

LE PRÉSIDENT. — La parole est à Henriet.

Discours de HENRIET

HENRIET. — Après avoir lu attentivement le rapport de Poisson sur cette question, je tiens à dire que là surtout nous prenons sur le fait le système de collaboration de classes, et cela dans les meilleures conditions.

Notre camarade Poisson commence par constater que les monopoles de fait, c'est-à-dire les trusts, les concentrations capitalistes organisées, ainsi que les monopoles d'Etat, mettent la Coopération dans l'impossibilité de se développer. Evidemment le mot impossible n'est pas prononcé, et même, à la seconde phrase, Poisson indique bien qu'à la rigueur on pourrait quand même établir la République Coopérative tout en ayant des monopoles de fait, mais en réalité il n'y tient pas beaucoup. Il constate évidemment que plus la concentration capitaliste est grande, moins la Coopération peut se développer. Il est certain que, quoi qu'on veuille, les espérances que l'on avait sur le développement de la Coopération embrassant tous les besoins de l'individu sont aujourd'hui quelque peu évanouies et quelque peu combattues par les faits. Et pour que Poisson ait été obligé de le constater, lui, l'auteur de cette théorie que l'on a appelée la République Coopérative, il faut croire qu'il a été obligé de le constater malgré lui. Toutes les fois en effet que l'on constate que les idées que l'on a émises se trouvent en mauvaise position, c'est qu'on y est obligé.

En résumé, l'esprit individuel est tel que chacun de nous ne reconnaît ses fautes et ses défauts que lorsqu'il y est forcé.

DAUDÉ-BANCEL. — C'est une faiblesse.

HENRIET. — C'est une faiblesse, mais c'est une faiblesse sociale.

Je constatais donc que Poisson, dans son exposé, recherchait un autre mode pour donner aux consommateurs la souveraineté dont il parle toujours, et que c'est maintenant par l'entrée des consommateurs dans les conseils de gestion de tous les monopoles qu'il espère aboutir. Eh bien, ceci, camarades, n'est guère admissible.

Si nous considérons le système paritaire ou même l'introduction dans les conseils d'administration ou dans le contrôle de la gestion des ouvriers occupés dans les monopoles d'Etat ou dans les monopoles capitalistes, nous constatons presque partout une véritable faillite. Nous constatons qu'en règle générale ceux de nos camarades qui sont envoyés dans ces commissions font tout simplement l'effet d'un frein aux revendications des travailleurs.

Si on peut à la rigueur comprendre l'entrée des consommateurs dans les conseils de gestion des entreprises capitalistes, lorsqu'on la présente comme quelque chose d'analogue aux conseils d'ouvriers, on commet encore une très grande erreur. Il y aurait peut-être un contrôle possible; ce serait si la coopération pouvait avoir dans chacune des branches de l'industrie une part du capital pouvant lui permettre de contrôler l'ensemble de cette industrie; mais je ne crois pas que le régime capitaliste permette cela à la Coopération. Être l'adversaire de l'organisation de la production n'est certainement pas l'idéal que l'on peut poursuivre, mais il est nécessaire cependant de reconnaître l'impossibilité de reprendre aujourd'hui tout ce qui est déjà monopolisé par le capitalisme, tout ce qui est déjà trusté. Quant à la représentation des consommateurs, en supposant même que si les directeurs des trusts, que si les conseils d'administration des trusts acceptaient cette forme de contrôle, il est absolument certain que ce serait la déchéance complète du capitalisme. Un jour ou l'autre ce seraient ses profits qui seraient dénoncés publiquement par les consommateurs, et il y aurait par conséquent impossibilité pour le régime capitaliste de continuer ses exactions.

Donc, si vous présentez votre théorie comme un mode d'organisation en régime capitaliste, ce sera la mort du régime capitaliste, et il est certain que ce mode d'organisation ne sera jamais accepté par lui. Voilà pourquoi, vous qui vous flattez d'être des réalistes, et qui nous reprochez toujours de n'apporter que des théories, vous n'apportez assurément qu'une théorie qui ne sera jamais réalisée, car le capitalisme ne l'acceptera pas.

Quand Poisson nous disait hier, au cours de la discussion, que souffler sur les illusions, c'était empêcher les bonnes volontés et les énergies de se faire jour, j'estime, moi, qu'il commettait une erreur. Et je lui réponds que l'erreur consiste à engager les camarades dans une voie où l'on sait qu'il n'y a pas d'issue.

J'estime, dans ces conditions, que le système que vous préconisez n'aboutira à rien. D'ailleurs vous n'aurez pas la peine de commettre cette erreur, camarades, car dans le régime capitaliste, on peut mettre des projets sur le papier mais pour les réaliser pratiquement, c'est autre chose.

On a voulu, à un moment donné, et je crois que c'est le camarade Yung qui en a parlé, établir le contrôle des consommateurs sur l'affaire Maggi. Je ne pense pas que l'on oserait soutenir cette thèse ici. Mais, puisque vous parlez de contrôle, voici la sorte de contrôle dont j'admettrais l'emploi, si nous étions capables de le faire; malheureusement, nous ne le sommes pas.

Il s'est trouvé en Suisse une société de boucherie extrêmement répandue, la Société Bœll, qui s'est trouvée à un moment donné dans une situation financière gênée. Elle a fait appel à l'Union Suisse des Coopératives pour être reprise par elle, et cette question a été mise en discussion dans tous les arrondissements de coopérateurs. Vous savez que la Suisse est divisée en neuf arrondissements, où on se réunit tous les trois mois pour examiner toutes les questions coopératives.

Poisson. — En Suisse, il y a un Congrès tous les trois mois ?

Henriet. — J'ai dit qu'il se réunit tous les trois mois, dans chaque arrondissement coopératif, une conférence où toutes les questions sont examinées.

Un Délégué. — Comme le Comité Général.

Henriet. — Ce n'est pas la même chose.

Je disais que cette question avait été discutée par toutes les sociétés suisses et qu'on avait accepté ce mode d'organisation, mais en prenant la majorité des actions de la Société Bœll, et en la laissant en régie entre les mains des techniciens qui existaient déjà à la Société. Mais, je le répète, en prenant la majorité des actions, ce qui donnait en somme aux sociétés suisses de consommation le pouvoir de gestion et de contrôle.

C'est encore ce même système qui est employé aujourd'hui, non pas dans les pays capitalistes où il ne se rencontre pas en général, mais chez les Soviets, dont le gouvernement a également établi ce système de contrôle lorsqu'il s'est agi d'organiser les affermages d'entreprises soit aux capitalistes, soit aux Coopératives quand on a supprimé les réquisitions militaires, qui constituaient le fond de l'organisation économique pendant toute la guerre et dans les guerres civiles provoquées après la première guerre mondiale par les adversaires des Soviets, dont beaucoup de nos camarades ici présents ont suivi les progrès avec un peu de complaisance.

Pendant toute cette période, les réquisitions militaires avaient eu lieu. Comme dans tous les pays en guerre où la production n'existait presque plus, il avait été obligatoire, pour donner à chacun le maximum de nourriture, de réquisitionner tous les vivres.

Puis on est revenu à un autre mode d'activité. La propriété privée ayant été suprimée, c'est de cette façon qu'on a rétabli une organisation économique, non pas en rétablissant la propriété privée, comme l'a dit Poisson.

Poisson. — On l'a rétablie.

Henriet. — ...Mais en établissant un usufruit.

Un Délégué. — Pour 99 ans.

Henriet. — Mais à la condition expresse que le régime des Soviets garde la majorité dans l'organisation du point de vue capitaliste. Et alors il a été prévu des conditions de location et de gestion qui ne permettent pas, comme dans la société capitaliste, de pouvoir exploiter à sa guise. Voilà la différence que vous ne comprenez pas.

Non, vous ne le comprenez pas, et vos interruptions me le prouvent. Mais puisque vous parlez du développement de la Coopération, je vous dirai que le pays où la Coopération est le plus développée est précisément la Russie.

Parfaitement, vous m'aviez fait sortir de mon sujet, mais ceci m'y fait rentrer.

C'est qu'on peut constater que l'esprit russe n'est pas, comme l'esprit français, rebelle à l'association. Là-bas, on fait les choses, la plupart du temps, d'une façon collective, alors qu'ici il y a surtout des intérêts individuels associés.

Il en résulte, et nous pouvons le dire ici, puisque nous sommes entre coopérateurs, que la Coopération ne s'est jamais autant développée et ne prendra jamais nulle part une puissance aussi grande que dans la Russie des Soviets, non pas, comme vous le proposez, en contrôlant le régime capitaliste par des consommateurs qui peuvent être eux-mêmes capitalistes, mais par le contrôle de tous les consommateurs producteurs associés, c'est-à-dire de l'ensemble des Russes, ce qui n'est pas la même chose.

Et pourquoi faire une différence entre les consommateurs et les producteurs, alors que, à part ceux qui sont incapables de travailler, ce sont les mêmes ? Il n'y a donc pas de différence pour nous. Et il n'y aura véritablement contrôle de la production que quand l'Etat prolétarien aura le droit de voir partout ce qui se passe.

Evidemment, je vois bien ce que vous allez dire. C'est que la Société ne se transforme pas uniquement par des doctrines.

Poisson. — Ah ! très bien !

Henriet. — Personne ne pense cela. Ceux qui pensent cela, ce sont les socialistes, et ils ont été aussi nombreux parmi vous que parmi nous, et il n'y a pas si longtemps que certains des collègues que je vois ici étaient dans cet état d'esprit. Mais moi je n'y ai jamais été. J'ai toujours préféré l'administration des choses à l'administration des hommes, et j'ai toujours considéré, au contraire, qu'il était absolument impossible de passer d'un état économique à un autre sans une forme de transition.

Et c'est là ce qui fait peut-être l'originalité de la théorie que j'exprime. Mais aussi bien pour vous, qui, pour la plupart, ne comprenez rien à ces questions, que pour moi...

Plusieurs voix. — Merci !

Henriet. — Il est en effet fort probable que vous n'y comprenez rien. Rien que vos interruptions me le prouvent.

Gaston Lévy. — Ce n'est pas gentil de nous dire que nous ne comprenons rien, juste au moment où on t'applaudit.

Henriet. — Ne t'avise pas de rire de moi. On sait bien qu'ici tu es malin. Mais là-bas, tu ne le seras pas autant.

Poisson. — Où est-ce, « là-bas » ?

Plusieurs délégués. — Nous le dirons....

Henriet. — Nous constatons ce fait, que ce soit à un endroit ou à l'autre, quand on est minorité, on est continuellement pris à partie. On fait appel continuellement à l'union et à la collaboration de tous. Mais cette collaboration se traduit par l'observation exacte de toutes les idées de la majorité. Aussitôt que l'on reflète une pensée un peu différente, les interruptions se font jour.

Un Délégué. — Les paysans ont reçu le mot d'ordre du maître.

Le Président. — La parole est à Henriet et je le prie de revenir à la question.

Un Délégué. — A Moscou !

Henriet. — Camarades, j'en étais arrivé à dire qu'on ne pouvait pas passer d'un état économique à un autre sans une période de transition, et qu'il est impossible de modifier l'ensemble des choses uniquement par des doctrines.

C'est que, en effet, l'organisation économique se compose de la production, de l'échange, de la distribution et de la consommation, et il ne peut y avoir, sans que de graves crises se produisent, d'interruptions dans ces diverses formes de la vie économique. Les expériences que l'on peut tenter ne peuvent pas toujours réussir; elles ne peuvent même réussir si elles ne sont pas déjà préparées à l'avance, et si les organismes qui doivent succéder à la société qui ne remplit pas son devoir ne sont pas déjà formés.

Or actuellement nous n'avons rien de positif dans les mains et personne ne peut nous dire ce que demain nous réserve. Or les révolutions n'éclatent pas à date fixe et vous savez que la Révolution russe a éclaté alors que, même au point de vue des socialistes marxistes, la Russie était peut-être le pays le moins préparé à organiser le socialisme.

Un Délégué. — La preuve en est faite, et le fait se vérifie tous les jours.

Henriet. — Et cependant la Révolution a éclaté. C'est pour cela, camarades, qu'il faut que le problème se pose à notre esprit. Et il se pose exactement dans le sens où Poisson l'a posé, c'est-à-dire qu'il s'agit de savoir dans les conjonctures qui peuvent se présenter, comment doit être organisée la Société.

Eh bien je dis que la proposition faite par le camarade Poisson n'est pas du tout dans le sens de l'organisation, dans le sens de l'évolution qui se prépare et qui se fait tous les jours. De jour en jour le capitalisme se développe et se truste. Tout ce qui est trusté est interdit à la Coopération, que le trust soit effectué par des capitalistes ou par des régies d'Etat, ou par des municipalités. Et cela nous fait dire, loin de vouloir faire rentrer les consommateurs comme des sortes de gestionnaires, dans les organisations capitalistes, que la seule solution possible, quelles que soient les modalités que doive prendre l'administration de ces monopoles de fait, est la socialisation.

Nous allons donc vers le capitalisme d'Etat. Mais je ne veux pas dire, comme peut-être certains de mes amis et des vôtres, que ce capitalisme d'Etat nous apportera la solution que nous poursuivons. Je disais, dès l'origine, que j'étais partisan de l'administration des choses, et non pas de l'administration des hommes. Je pense qu'à un jour donné, l'Etat disparaîtra, du jour où les conditions de vie seront modifiées, du jour où les oppositions de classes n'existeront plus. Mais nous allons pour l'instant vers le capitalisme d'Etat, car il constitue une forme de transition par laquelle il nous faudra passer.

Et quand on me dit qu'en faisant ces constatations j'empêche les initiatives, j'entends prouver au contraire que la Coopération a encore devant elle un long chemin à parcourir, comme on le constate en Russie, où en raison de la non concentration du capitalisme, de l'immense paysannerie, du petit commerce et aussi de la petite artisanerie, c'est avec une très grande intelligence des choses que nos camarades russes, tout en rétablissant dans des formes de contrôle données une partie du capitalisme, qu'ils ne pouvaient pas empêcher, ont surtout donné à la Coopération son maximum d'intensité. Et contrairement à ce que disait Poisson, ce n'est pas uniquement de l'initiative des consommateurs qu'est née l'organisation coopérative, mais sous la poussée, sous les suggestions des Soviets.

UN DÉLÉGUÉ. — Malgré eux.

POISSON. — Et en raison de la résistance passive des paysans.

UN DÉLÉGUÉ. — A propos de l'intervention des consommateurs dans l'administration des services publics en France, nous voici de nouveau revenus en Russie. Je suis surpris que le Congrès fasse preuve d'une telle tolérance.

HENRIET. — Je crois que si vous ne profitez pas de cet enseignement, vous ne connaîtrez jamais rien.

Je dis, camarades, que si la forme coopérative a été adoptée en Russie dans tout ce qui n'était pas déjà monopole d'État, c'est qu'elle constitue la forme de transition entre le régime autrefois familial et paysan de Russie et la forme socialiste, ou tout au moins centralisée qui existera dans l'avenir. C'était une forme obligatoire pour la Russie, mais il est certain qu'elle l'est autant pour nos pays, pour tous les organismes économiques qui ne sont pas centralisés. Pour toute l'organisation économique qui est encore entre les mains des individus, c'est encore à la Coopération qu'il faudra avoir recours.

Mais la Coopération n'aura son plein effet qu'autant qu'elle ne sera pas combattue par des forces contraires, comme elle est combattue aujourd'hui par le capitalisme, qui est son adversaire le plus absolu, et par les gouvernements, qui sont les domestiques du capitalisme. Vous n'aurez donc la possibilité de développer la Coopération qu'en abandonnant tout ce système de collaboration de classes avec le régime capitaliste et qu'autant que vous aurez fait une révolution suffisamment profonde pour mettre entre les mains des travailleurs la puissance publique. Ce sera dans la République prolétarienne que vous pourrez donner à la Coopération le maximum de puissance, et par conséquent, il faudra employer la Coopération partout où celle-ci sera nécessaire comme régime transitoire obligatoire entre le régime individualiste à profit personnel et le régime de la collectivité

Et plus vous transformez ce régime individualiste dans notre société, plus vous le rendez collectif, plus vous vous rapprocherez du régime de l'avenir, c'est-à-dire du régime socialiste. C'est à cela que nous voulons arriver, car nous sentons que c'est à nous de préparer cette forme du capitalisme d'Etat en donnant à la Coopération son maximum de puissance. Et c'est en cela que je montre que je suis peut-être plus coopérateur que vous, car toutes mes convictions se résument en ceci que la Coopération est la forme obligatoire dont il est impossible de se passer si on veut transformer ce qui n'est pas socialisable aujourd'hui.

Voilà pourquoi je suis contre l'entrée des consommateurs, d'autant plus qu'ils peuvent être aussi des actionnaires et des capitalistes, dans l'administration des services publics d'aujourd'hui, surtout dans un régime de trusts capitalistes, car ils ne pourraient être que les dupes ou les complices de ce régime.

C'est pourquoi je dépose l'ordre du jour suivant :

Le Congrès,

Constate, comme le Rapporteur, que l'existence des monopoles publics, d'Etat, de communes, etc., ou des trusts ou monopoles de fait, gérés par les capitalistes à leur profit, s'opposent d'une façon presque absolue à l'extension indéfinie du mouvement coopératif ;

Que, par conséquent, la théorie du Coopératisme, pouvant embrasser la réalisaton de la totalité des besoins de l'homme, est erronée et doit être abandonnée ;

Que, de ces constatations, il résulte que la Coopération ne peut englober que les organismes de production, d'échange et de distribution, non encore concentrés par le capitalisme en monopoles publics ou de fait, c'est-à-dire ceux qui sont encore sous la forme individualiste, comme le commerce de gros et de détail, la petite production artisane et agricole ;

Que la Coopération ne peut donc être considérée que comme une forme d'organisation économique transitoire, entre les organismes capitalistes non évolués et le capitalisme d'Etat, qui est la phase d'organisation vers laquelle tend actuellement l'évolution économique.

Que ce n'est pas diminuer son rôle que de le déterminer dans cette évolution des choses, et qu'au contraire, c'est en démontrer la nécessité ;

Qu'il résulte de ces appréciations que l'idéal d'organisation ne réside pas dans une représentation des consommateurs dans l'administration des monopoles publics ou capitalistes, mais bien dans une socialisation complète de ces monopoles ;

Que la forme d'administration de ces monopoles ne peut être établie que par l'entente des producteurs et des consommateurs, qui ne sont en fait, dans une société socialisée, que la différenciation des mêmes éléments, chacun étant en même temps et producteur et consommateur ;

Que la situation expérimentale de la Russie des Soviets démontre nettement que la socialisation des monopoles publics ou privés et la coopération ne peuvent se développer et embrasser toute l'action économique, qu'avec l'appui et les ressources financières que seul peut procurer un gouvernement prolétarien ;

Qu'en conséquence, tout essai d'organisation de monopoles étant illusoire en régime capitaliste, une révolution seule mettant entre les mains de la classe prolétarienne toute la puissance qui est actuellement dans celle des capitalistes, permettra de gérer les monopoles dans l'intérêt de la collectivité.

G. Gérard. — Puisque tu n'admets pas, Henriet, en régime capitaliste, la participation des consommateurs à la gestion des services publics, considères-tu qu'un maire communiste qui entre dans une régie comme celle du gaz ou de l'électricité, comme certains de nos amis, fait de la bonne ou de la mauvaise besogne? Je considère, moi, qu'il fait de la bonne besogne, et je m'étonne que tu dises, le cas échéant, que tu ne serais pas disposé à agir de même.

Henriet. — Je suis convaincu que non seulement vous ne feriez rien dans les monopoles, mais qu'on ne vous y accepterait même pas.

G. Gérard. — Le maire dont je parle y est entré.

Henriet. — Je parle pas de l'affaire qui est personnelle à Gérard. Il s'agit là de tout autre chose.

D'abord, vous procédez par contrat, et par conséquent vous avez des droits. A l'heure actuelle, il n'en est pas de même pour la Coopération.

Certes, je suis partisan des contrats intervenant entre les

collectivités, Etat ou communes, et les organisations capitalistes qui les fournissent pour limiter les pouvoirs de ces dernières, et il est alors tout naturel que j'accepte l'entrée des représentants des consommateurs, qui sont en la circonstance les délégués des municipalités et agissent à ce titre. Mais quand il s'agit de l'ensemble des consommateurs, alors qu'il y a parmi eux des hommes de toutes classes, dont certains peuvent être actionnaires, quelles garanties avez-vous?

D'ailleurs, Gérard, tout n'est pas non plus parfait dans votre cas, car vous croyez faire quelque chose d'utile, mais vous aboutissez purement et simplement à une société qui exploite la collectivité, et qui l'exploite d'autant mieux qu'elle l'exploite en votre nom.

G. Gérard. — Je suis obligé de constater que le camarade Henriet considère que lorsque le camarade Henri Sellier et moi nous nous trouvons au sein du Comité directeur du Gaz de banlieue, nous y faisons de la bonne besogne, comme membres d'une municipalité, alors que si nous y étions directement au nom des consommateurs, nous y ferions une besogne néfaste!

Henriet. — Si j'avais attendu du camarade Gérard quelque chose qui corrobore ma thèse, je ne serais pas ici. Mais je savais qu'il n'en serait pas ainsi. D'ailleurs Gérard n'a jamais été beaucoup convaincu de la Révolution.

Chacun a ses idées. Il a suivi le Parti communiste par discipline, mais il avait exactement votre propre mentalité.

Le Président. — La parole est au camarade Chiousse.

Discours de CHIOUSSE

Chiousse. — Camarades, je vous demande de me faciliter ma tâche par votre silence, car quarante années de prédication de la doctrine coopérative m'ont légèrement cassé la voix.

Je veux tout d'abord apporter à l'orateur précédent mes remerciements sincères. A l'heure actuelle, on nous attaque de façon violente, au Parlement et ailleurs, et on nous attaque surtout parce qu'on accuse la Coopération de professer et de mettre en pratique des opinions subversives. Pour répondre à une brochure qui s'appelle « Le Rôle social des Associations coopératives », j'espère que les déclarations du camarade Gérard nous mettront peut-être en un peu meilleure posture dans l'opinion du fisc, qui cherche à nous étrangler par des impôts successifs.

Mais je voulais aussi vous apporter un renseignement, en réponse à ce que disait tout à l'heure le camarade Henriet. Il a protesté avec indignation contre l'accusation qui lui a été adressée par Poisson d'apporter ici le découragement et de provoquer la désaffection. Et il a dit: Quoi que vous fassiez, quoi que vous disiez, vous ne collaborerez pas dans les services publics; on ne vous veut pas. Et il a protesté contre ce qu'il appelle la collaboration de classes. Vous me permettrez d'avoir une opinion contraire, car, en attendant que nous ayons la brioche des temps futurs, pourquoi voudriez-vous nous empêcher de mettre un peu de beurre sur le pain que nous avons aujourd'hui ?

Je suis, moi, pour la collaboration, qui est d'ailleurs une chose faite aujourd'hui, puisque, dans les chemins de fer, auxquels j'appartiens, la collaboration des travailleurs est assurée; le Conseil supérieur est nommé et il comprend douze membres qui ont pour mission d'y défendre les intérêts de ceux qui travaillent.

..J'attendrai que vous ayez fini de faire du bruit. Ma voix de bientôt septuagénaire ne peut plus dominer le tumulte d'un Congrès, et je ne peux plus crier comme il y a quarante ans. Mais je songe que vous arriverez un jour aussi à avoir 65 ans, et que vous serez alors heureux qu'on vous accorde un peu de silence, comme je vous demande de le faire pour moi aujourd'hui.

Dans ce Conseil supérieur, les consommateurs, qui sont représentés aujourd'hui par des délégués des corps élus du commerce, seront certainement représentés dans l'avenir par des délégués des corps élus de la Coopération, puisqu'il faudra bien que le commerce partage avec nous. Par conséquent, on aurait tort de soutenir que nous serons toujours repoussés. Puisqu'on a accepté la collaboration des travailleurs, on acceptera certainement celle des consommateurs. N'apportez donc pas le découragement, et, au contraire, au lieu de décourager ceux qui portent le drapeau de la Coopération, poussez-les en avant et donnez-leur toute la force morale nécessaire pour parler en votre nom avec autorité.

Le Président. — La parole est à Blondelu.

Discours de BLONDELU

Blondelu. — Chers camarades, si j'ai demandé la parole, ce n'est pas pour placer un discours, mais tout simplement pour essayer de lancer une idée. Je serai donc aussi bref que possible. Mais comme, et je m'en suis aperçu à la dernière réunion de la Fédération de la région parisienne, en voulant être trop bref, on risque quelquefois d'être incomplet, je vous demande cependant la permission de développer quelque peu mon idée.

Le rapport de notre camarade Poisson indique que la Coopération, qui s'était jusqu'à présent cantonnée presque exclusivement dans la coopération d'alimentation, à part quelques rares incursions dans le domaine de la production, a l'intention de sortir de ce cadre étroit pour essayer d'aborder d'autres problèmes. J'en suis, pour ma part, très heureux.

Je suis, et je le déclare, de ceux qui voteront très volontiers la proposition de résolution de notre camarade Poisson, parce qu'enfin, si faible et si incertain que puisse paraître à ceux qui le discutent le pas fait en avant, je considère que c'est tout de même un pas en avant, et qu'il faut toujours, suivant un mot de notre vieux camarade Chiousse, tâcher de gagner tout ce qu'on peut sur la société capitaliste.

Je veux simplement attirer l'attention du Congrès sur ce point que tout n'est pas encore trusté dans le régime capitaliste, que les monopoles de fait ne sont pas encore constitués sur tous les points, et qu'il existe encore quelques terrains, relativement petits et où, je le sais, la tâche sera peut-être très ingrate, mais où il est encore très possible de tenter quelque chose par l'organisation coopérative. Je parlerai notamment du domaine des concessions d'eau, de gaz ou d'électricité, où on peut encore faire quelque chose.

Notre camarade Nast parlait hier de ces questions avec une compétence que je regrette de ne pas avoir. Si nous avons envisagé jusqu'à présent la coopération sur ce terrain comme étant surtout d'essence agricole, c'est qu'il est plus facile actuellement de faire de la copération sur le terrain agricole, parce que l'Etat, si mauvais qu'il puisse être pour la coopération en général, a pris l'habitude de subventionner les coopératives agricoles, non point parce que coopératives, mais parce qu'agricoles.

Je demanderai donc à notre camarade Poisson de me permettre de lui demander une petite addition à son projet de résolution, de sorte que dès à présent on prenne l'engagement de tâcher de faire quelque chose sur le terrain que j'indique.

Vous allez me dire que je suis pressé. C'est tout d'abord que, tout comme notre camarade Chiousse, je commence à être un peu âgé. Mais il est une autre raison. Je crois que si on ne se dépêche pas de faire sous la forme coopérative quelque chose sur le terrain que j'indique, les sociétés qui cherchent à monopoliser la production et la vente du courant électrique finiront par avoir rendu l'action que je demande complètement impossible. Pour le moment, elles recherchent les points qui sont les plus intéressants pour elles, négligeant complètement les petits secteurs, où la distribution ne leur procurerait pas de gros profits. La question est tellement urgente que les pouvoirs publics eux-mêmes, qui se meuvent difficilement, ont daigné s'émouvoir, et que tout récemment il est sorti un décret constituant une commission interministérielle pour l'étude de ces questions. Si nous attendons les résultats de cette commission interministérielle, je crains que nous attendions longtemps et que nous arrivions trop tard.

La Fédération assumera peut-être, comme on me le disait l'autre jour à la réunion de la Fédération Parisienne, une tâche très ingrate en essayant de faire quelque chose dans le domaine que j'indique, mais, quelle que soit l'ingratitude de la tâche, j'estime qu'il est du devoir de la Coopération de la tenter, et que cela l'honorera grandement.

Voulez-vous me permettre, camarade Poisson, de proposer une addition à votre projet de résolution, que du reste j'approuve entièrement. Il serait dès lors rédigé ainsi :

Il donne mandat à la Fédération Nationale des Coopératives de Consommation :

a) de prendre l'initiative de la constitution, sous son égide, d'un Conseil National des associations ou ligues de consommateurs, afin que, par un appui mutuel, les revendications de tous les consommateurs puissent s'affirmer utilement et qu'une action soit entreprise pour la défense du principe de leur participation à la gestion des services publics et monopoles économiques.

b) de provoquer partout où ce sera possible la création des sociétés coopératives pour l'exploitation de services publics de gaz, énergie électrique, eau, etc.

c) de faire à cet effet une active propagande dans les milieux coopératifs, par le journal *l'Action Coopérative*, et notamment par la distribution de tracts, des statuts et des bilans des sociétés déjà constituées.

Le Président. — La parole est au camarade Poisson.

Discours de POISSON

POISSON. — J'aurais voulu être court et je le serai autant que possible, mais tout de même je suis obligé de répondre à un certain nombre de questions. J'indique tout de suite qu'en ce qui concerne la proposition faite par notre camarade Blondelu, je l'accepte entièrement. Par conséquent, si le Congrès est de cet avis, nous l'ajouterons à notre résolution.

La question qui vous est posée est en effet extrêmement importante au point de vue coopératif. Nous pensons — et c'est là, je crois, une opinion répandue dans notre mouvement — que la poursuite des buts coopératifs tend à la réalisation d'un idéal Nous lui avons donné le nom de République Coopérative, et Nast a eu bien raison de rappeler que le premier qui lui a donné ce nom est notre camarade Gide.

Nous avons en effet à poursuivre un idéal. Nous ne nous arrêterons pas à des discussions de juristes et de doctrinaires. Nous sommes surtout ici des hommes d'action, préoccupés plutôt des nécessités de la vie que des concepts théoriques, et nous essaierons donc, non pas de chercher en soi quelle sera la construction d'une république coopérative, mais quels sont les moyens d'action pour y parvenir. La question qui est à l'ordre du jour de vos discussions n'aboutit pas du tout, comme le croit Henriet, à une diminution quelconque de notre idéal. Nous croyons que les lois naturelles, organiques, du mouvement coopératif, font surgir l'idéal complet d'une organisation sociale et économique entièrement nouvelle. Mais si nous pensons que parmi ces lois il en est une plus importante que toutes les autres, qui est la loi d'extensibilité indéfinie du mouvement coopératif, nous pensons aussi que peut-être, par la force même de son propre mouvement, la Coopération ne réaliserait pas intégralement et aussi rapidement son idéal si elle ne tenait pas compte des faits. Or l'évolution économique fait qu'à l'heure actuelle il y a dans le monde entier, et en particulier chez nous, des monopoles de fait. Ce ne sont pas seulement, citoyen Henriet, des monopoles capitalistes; ce sont des monopoles d'Etat, de département ou des communes; ce sont des monopoles concédés par des lois. Et alors le véritable problème que nous posons est celui-ci : un idéal coopératif, une république coopérative de souveraineté des consommateurs et d'administration par eux d'un monde nouveau doit surgir de notre pratique quotidienne. Mais cet idéal, comment le réaliserons-nous? Par le jeu simple et naturel de nos sociétés? Oui, dans une large mesure. Mais là où ce n'est pas par l'action même de notre organisation qu'on peut réaliser cet idéal, est-ce que nous devons cependant considérer qu'il est irréalisable, alors que nous l'avons formulé comme un principe et comme un but. Et comme il y a des monopoles de fait, comme il y a des monopoles publics, si notre idéal est bon, il est bon également pour les monopoles d'Etat, pour les monopoles des départements et des communes, comme pour les monopoles privés ou capitalistes.

Or la Coopération affirme qu'une société nouvelle sera dans son ensemble une société des consommateurs associés, organisant la répartition des richesses, organisant également la production. Ce principe idéal, nous devons par l'action pratique essayer de le préparer, et si nous ne pouvons pas, par nos organismes propres, substituer à la Société d'aujourd'hui une société nouvelle, dans la mesure et là où nous ne pouvons pas opérer cette substitution, pénétrons les organismes de la Société d'aujourd'hui pour y faire triompher nos principes.

La Coopération, à ce point de vue, présente un véritable idéal nouveau, très différent des concepts économiques sociaux ou même politiques connus, car je ne sais pas au monde, pas plus en France qu'en Russie, une organisation qui ait émis cette idée nouvelle d'une société où les profits auront disparu avec tous les revenus sans travail, où les instruments de production et d'échange seront devenus la propriété commune, et où ce sont les consommateurs — tous producteurs, s'entend, dans une société bien organisée, mais pris en tant que consommateurs — qui représentent l'intérêt général. Il n'y a pas un parti qui ait exprimé nettement cette pensée qui, à mon avis, est à la fois neuve et plus avancée que toutes celles que nous avons connues.

Je respecte le travail, je respecte la production; mais le travail, ce n'est pas le but de la vie. Le travail, c'est l'instrument de la vie. Tout le monde doit travailler, mais on ne travaille pas pour travailler; ce n'est pas de l'art pour l'art. Demandez-le donc aux prolétaires, non seulement de la ville, mais des champs. Le travail est fait pour permettre de vivre, et le but de la vie, ce n'est pas de travailler, c'est d'abord de vivre. Une société nouvelle doit donc s'organiser pour satisfaire les besoins, et ce n'est pas en tant que producteur, mais en tant que consommateur que l'homme doit organiser une société rationnelle et une société nouvelle.

Les intérêts des producteurs ? Oh ! respectables. Aussi bien du reste les intérêts du producteur industriel que ceux du producteur agricole, aussi bien les intérêts des prolétaires de la ville que ceux des travailleurs des champs. Tous sont des travailleurs, mais, en tant que producteurs, leurs intérêts sont fort souvent antagonistes. Il ne suffit pas, camarade Nast, il ne suffit pas, mon vieil ami Fauquet, de venir à une tribune de Congrès proclamer la nécessité de l'entente entre les intérêts des consommateurs et des producteurs. Ce qu'il y a du reste d'assez curieux, c'est que très souvent, quand on parle de concilier les intérêts des consommateurs et des producteurs, on entend les intérêts des consommateurs des villes et des producteurs des campagnes.

Nast. — Pas seulement ceux-là.

Poisson. — Et je dis qu'en vérité il faut songer à concilier l'intérêt du consommateur en général, non seulement avec l'intérêt trop souvent égoïste et corporatif du travailleur des champs, mais avec l'intérêt souvent égoïste et corporatif de l'ouvrier industriel. J'ajoute, camarades, que c'est la Coopération qui peut, non pas seulement dans l'avenir, mais dès maintenant, réaliser la synthèse de tous ces intérêts des consommateurs et des travailleurs des villes et des champs. Et quand on a situé l'idéal coopératif sur ce plan, idéal auquel, je le répète, aucun parti politique n'a osé se hausser jusqu'à maintenant, quand on a situé ainsi cet idéal social nouveau, il s'en suit logiquement que pratiquement, dans le monde actuel, le consommateur doit essayer de pénétrer partout où il le peut pour défendre ses intérêts.

En ce qui concerne les monopoles, là où la Coopération ne peut pas encore agir, et même — je vais plus loin, bien que ceci ne soit pas dans mon rapport — partout où dès maintenant le consommateur n'est pas en mesure, par ses propres forces, de dresser ses organisations, il ne doit pas réclamer son droit de souveraineté, son droit de gestion ? Et quand on parle, comme Gérard le faisait tout à l'heure, de la représentation des Municipalités, des Départements et de l'Etat dans des régies économiques, c'est une chose dont je suis tout à fait partisan. Mais quelle que soit mon estime pour les élus politiques, je dirai que, déjà, ils représentent les intérêts des consommateurs à un degré moindre. Ils représentent le citoyen, confondant ses intérêts ou ses droits avec l'intérêt public, mais la plupart du temps, ils ne représentent pas réellement l'intérêt des consommateurs. Quand ils représentent une municipalité ou un département, la chose peut encore se défendre, mais quand ils deprésentent l'Etat, ils représentent surtout, non pas une organisation d'administration des choses, mais l'Etat, c'est-à-dire le pouvoir de coercition des hommes sur d'autres hommes, le gouvernement des hommes, ce qui est tout à fait différent.

Et vous ne voudriez pas qu'en vertu de nos principes coopératifs, nous désirions que le consommateur soit appelé à participer à la gestion des monopoles ? Nous voudrions que ce soit totalement, mais nous ne nous illusionnons pas. Ce qui fait le fond de notre rapport, c'est que les consommateurs doivent réclamer constamment leur droit d'être représentés partout où ils le pourront, dans toutes les institutions économiques. Ajoutez à cela des moyens pratiques pour essayer d'intéresser les consommateurs encore ignorants pour qu'ils fassent un effort d'association. Nous essayerons de les amener à coordonner leurs efforts, mais en fait, le rapport consiste surtout à affirmer le droit souverain du consommateur et la nécessité de sa pénétration partout où il le peut.

Une fois de plus, nous avons entendu ici quelqu'un qui est venu dire : « Mais vous n'y arriverez pas; il y a le régime capitaliste qui vous en empêchera. » Certes, si nous n'avons pas confiance en nous-mêmes, nous n'arriverons à rien du tout. A ces paroles de doute notre camarade Chiousse, avec le bon sens d'un vieux militant qui n'est peut-être pas très avancé, mais qui a de l'expérience, a déjà répondu. Cependant, à mon sens, il n'a pas suffisamment fait ressortir la force de son argument.

Or, que vous a dit Chiousse? Que déjà pour une faible part les travailleurs sont déjà représentés au Conseil supérieur des Chemins de fer. C'est exact; ils n'y ont peut-être pas autant de représentants que Chiousse le croit, mais ils en ont. Ainsi ces producteurs ont, de leur côté, obtenu leur représentation au Conseil supérieur des chemins de fer, les consommateurs non. Mais si les producteurs ont obtenu cette représentation, si faible qu'elle soit, alors que nous ne l'avons pas encore, il y a une conclusion logique, c'est que nous pouvons l'obtenir. Et si nous pouvons l'obtenir, si faible qu'elle soit, il dépend de notre effort qu'elle devienne de plus en plus forte et de plus en plus importante.

Ce qui est vrai des chemins de fer est vrai aussi pour toutes les autres organisations. Mais si au contraire on dit d'avance qu'il n'y a rien à faire, et que les maîtres du jour sont les maîtres à tout jamais, alors on n'aboutira absolument à rien. Ce qu'il faut, c'est la lutte, c'est le combat au jour le jour. Il y a des partisans de la « lutte de classes » qui en attendent tranquillement l'issue au coin de leur feu. Pour moi la lutte ne saurait se confondre avec l'inertie; si j'ai beaucoup de défauts, du moins on ne peut pas me reprocher de ne pas vouloir la lutte. Je la recherche au contraire. Et d'abord contre les mercantis, ensuite pour une plus grande diffusion de notre mouvement. Mais cette action, cette lutte ne consiste pas seulement à affirmer des théories et à voter des résolutions; elle consiste surtout à agir. Or, la résolution qui vous est présentée est une résolution d'action. Réussira-t-on ? Je n'en sais rien. Mais je me rappelle l'opinion d'un homme qui est pour moi un modèle, et qui m'a dit souvent : « Quand on fait une chose, il faut croire pour croire, si on veut la réaliser. » Eh bien, je crois, moi, pour croire, et je crois qu'il faut essayer d'agir pour défendre les droits des consommateurs, pour essayer de pénétrer dans les monopoles d'Etat, dans les monopoles privés, dans les services publics. Mais pour aller quoi faire? Pour aller y défendre nos intérêts. Pour aller défendre en face de l'intérêt des catégories de producteurs, intérêts égoïstes et corporatifs, l'intérêt des consommateurs, et en même temps que l'intérêt des consommateurs l'intérêt général. Cet intérêt général, c'est que les produits livrés à la consommation soient débarrassés de toutes les dîmes ; de tous les profits sans travail. Lorsqu'on représente l'idée d'une organisation constituée en vue de l'intérêt des consommateurs, contrôlée et dirigée par eux, il s'agit en réalité d'une forme nouvelle d'organisation sociale, et si minime que soit l'action entreprise, elle est tout de même agissante.

La vie n'est pas faite de formules simples. Vous dites que le capitalisme peut faire tout ce qu'il veut. Mais s'il pouvait faire tout ce qu'il veut, vous ne seriez pas là; il détruirait immédiatement la Coopération, ou il l'aurait déjà détruite hier. La vérité, c'est que, en matière économique comme ailleurs, il y a un équilibre des forces; il y a des forces qui montent et il y a des forces qui descendent. Eh bien, nous avons confiance, car l'organisation des consommateurs est aujourd'hui une force montante. Et c'est au nom de cette force montante de progrès, d'intérêt général et de transformation sociale que nous vous disons, par notre rapport, que tous nos efforts doivent tendre à la faire pénétrer partout, pour constituer un monde nouveau et plus de justice sociale.

Le Président. — Il n'y a plus d'orateurs inscrits sur cette question. La discussion est donc close.

J'ai reçu une motion de « La Bellevilloise » :

La Bellevilloise, considérant l'importance de la question de la représentation des consommateurs dans les conseils de gestion des services publics et monopoles de fait, propose l'ajournement de cette question pour une étude approfondie, afin de revenir en 1923, au prochain Congrès National Coopératif.

Poisson. — Je dirai à nos camarades de « La Bellevilloise » que s'il s'agit, dans leur esprit, des moyens pratiques de réalisation, ils peuvent s'en remettre au Conseil Central. Je n'ai pas la prétention de vous avoir apporté des solutions toutes faites; j'ai défendu un principe : celui du droit du consommateur à la souveraineté. Quant à l'action pratique, nous vous avons donné quelques formules d'action, mais il peut y en avoir beaucoup d'autres, et nous ne prétendons pas, dans une discussion comme celle-ci, les avoir toutes passées en revue. Mais sur le principe même, le débat a été véritablement assez large pour que l'on puisse se prononcer sur un rapport qui n'a pas la prétention d'envisager tous les détails pratiques, mais seulement une question d'ordre général.

Intervention de DESCHAMPS, de « La Bellevilloise »

DESCHAMPS. — Nous sommes liés par un mandat, et nous ne pourrons pas voter la proposition, parce que nous n'avons pas eu le temps matériel de l'examiner. D'autre part, il y a dans la résolution quelque chose qui ne nous a pas plu, ou du moins nous trouvons qu'elle ne contient pas quelque chose qui devrait y être.

Si nous arrivons à faire pénétrer les consommateurs dans les conseils de gestion, il serait intéressant — et en réalité ce n'est qu'à cette condition qu'on pourra faire du bon travail — qu'ils prennent la plus grande partie de leur enseignement dans les syndicats intéressant les divers services publics. En ce qui me concerne personnellement, par exemple, je suis particulièrement bien placé pour vous dire que nous sommes dans l'impossibilité, au Syndicat central des travailleurs municipaux de Paris, auquel j'appartiens, de faire connaître la gabegie qui existe dans les administrations de la Préfecture de la Seine. Si les consommateurs se mettaient en relations avec nous, nous pourrions leur donner toutes les indications nécessaires. En même temps, ce serait pour nous une force, car un grand obstacle à l'action que nous pourrions faire, c'est que ceux-là mêmes qui pourraient témoigner de cette gabegie risqueraient leur situation.

Je termine en répétant que nous ne pouvons voter votre proposition. Personnellement, j'en serais partisan, mais dans l'ensemble, nos camarades n'ont pas eu le temps de l'examiner d'assez près.

POISSON. — La question est trop importante pour être ajournée. Je dirai même que l'ajournement, qui a été défendu par vous, l'a été avec des arguments qui justifient d'une façon admirable ma propre proposition sur laquelle par conséquent je demande au Congrès de se prononcer.

BLONDELU. — J'appuie les paroles du camarade Poisson, et je demande aussi l'adoption de sa proposition. L'année prochaine, il sera beaucoup trop tard, car il est déjà tard maintenant. Si nous remettons l'étude de cette question d'année en année, nous finirons par arriver trop tard, et quand nous serons prêts, il n'y aura plus aucun service à prendre.

Moi aussi, je connais de nombreux exemples de gabegie, car j'appartiens à un service public, et si je voulais parler de tous, pour la première fois de ma vie je ferais un long discours. Mais je me rappelle le proverbe persan : « L'oiseau qui salit son nid est un sale oiseau. »

Dans ces conditions, je demande qu'on passe au vote sur la proposition de résolution.

Le Président. — Il y a une proposition d'ajournement; je suis tenu de la mettre aux voix d'abord.

Je demande donc au Congrès de se prononcer sur la proposition de renvoi de la question au Congrès de 1923.

La proposition d'ajournement est repoussée.

Le Président. — Nous en arrivons maintenant au vote sur la proposition de résolution du rapporteur, avec l'amendement du camarade Blondelu, qui est accepté par Poisson.

Henriet. — J'ai présenté aussi une résolution.

Le Président. — Il y a donc deux résolutions en présence, celle du rapporteur, le camarade Poisson, et celle du camarade Henriet.

Je mettrai d'abord aux voix la proposition du rapporteur.

La motion est approuvée à mains levées.

Un Délégué. — Nous demandons le vote par mandats.

Le Président. — Je crois avoir été suffisamment clair. Quand je vous ai demandé de voter, personne n'avait demandé le vote par mandats. Je considère qu'à présent la résolution est votée et que la question est liquidée.

Lamothe. — Je demande la parole pour une motion d'ordre.

Le Président. — Il est entendu que la question est liquidée, mais les protestations de « La Bellevilloise » seront consignées au procès-verbal. Et maintenant, le camarade Lamothe ayant demandé la parole pour une motion d'ordre, je la lui donne immédiatement.

Lamothe. — Je regrette qu'il se soit produit un malentendu. Alors que depuis de longues années nous nous connaissons et nous collaborons ensemble, ce malentendu pourra donner une fausse idée des relations très amicales qui existent entre nous tous. Vous voudrez bien remarquer qu'il a été procédé au vote aussitôt la motion déposée et si rapidement qu'on n'a même pas eu le temps de demander le vote par mandats. Si ce vote par mandats avait été demandé, vous auriez été obligés de l'accorder, et c'est par suite d'une confusion qu'il ne l'a pas été. Ce qui en résulte, c'est que nous ne connaissons pas le nombre des voix, comme nous le connaissons pour les autres motions.

D'un autre côté, j'aurais cru que Poisson lui-même aurait été partisan du vote par mandats.

Poisson. — Le Président n'a pas voulu me donner la parole.

Lamothe. — J'enregistre que vous êtes de mon avis. Nous ne pouvons plus que regretter cette confusion, mais je tenais, par une motion d'ordre, à préciser que nous regrettons qu'il n'y ait pas eu de vote par mandats.

Le Président. — Cela figurera au compte rendu et, dans ces conditions, vous aurez satisfaction.

La parole est au rapporteur de la Commission des résolutions.

Les rapports de la Commission de résolutions

Brot, rapporteur. — Camarades, la Commission des résolutions a été saisie de diverses motions sur lesquelles elle a eu à se prononcer, et qu'elle a rédigées de façon définitive :

En ce qui qui concerne l'impôt sur le chiffre d'affaires :

Le Congrès de la Fédération Nationale se déclare solidaire des Sociétés qui résistent aux exigences de l'Administration des Finances, contraires au texte formel de l'article 15 de la loi du 31 juillet 1917, et plus particulièrement des Sociétés qui, ne vendant pas au public, distribuent à leurs sociétaires l'intérêt limité autorisé par la loi du 7 mai 1917 et affectent le reste de leur boni à des réserves impartageables ou à des œuvres d'intérêt général.

Le Congrès invite ces Sociétés à entrer immédiatement en rapport avec la Fédération Nationale pour que la résistance à l'interprétation abusive du fisc soit organisée dans les cas où la question se posera le plus nettement.

Le Congrès proteste contre les variations de l'Administration qui ont pour conséquence de donner un effet rétroactif à des thèses qui n'avaient pas été antérieurement formulées et qu'aucune disposition législative n'a provoquées.

Le Président. — Personne ne demandant la parole, la résolution est adoptée à l'unanimité.

Brot, rapporteur. — La Commission vous demande de voter la résolution suivante relative aux fonctionnaires :

Le Congrès, attendu que quelques fonctionnaires ont été inquiétés par certaines décisions ou circulaires émanant de différents départements ministériels, et qui semblent leur interdire de faire partie des conseils d'administration des Sociétés coopératives de consommation;

Attendu que de nombreux fonctionnaires, encouragés maintes fois par leurs administrations mêmes, se sont depuis des années associés au mouvement coopératif, dans un esprit de devoir civique, de progrès social et d'éducation démocratique, et ce sans arrière-pensée de profit personnel, se voient maintenant inquiétés à raison de leurs fonctions d'administrateurs;

Donne mandat au Conseil de la Fédération Nationale de signaler aux pouvoirs publics la portée de cette intervention gouvernementale, qui se traduit déjà de la part de certains chefs hiérarchiques par des avertissements ou même des mises en demeure aux intéressés.

Blondelu. — Je crois que nous allons donner beaucoup d'importance à quelques fausses interprétations de certains chefs qui peuvent avoir l'esprit un peu étroit. Je fais partie de l'administration des Finances et je dois déclarer que jusqu'à présent, nous n'avons absolument rien reçu qui soit de nature à nous interdire de faire partie du conseil d'administration de sociétés coopératives.

Poisson. — Il y a d'autres cas.

Blondelu. — En ce qui me concerne personnellement, mes chefs savent très bien quelle somme de temps je consacre à l'œuvre coopérative, et ils ne m'ont jamais dit quoi que ce soit à cet égard.

Ce qui a été dit par une circulaire interministérielle, c'est qu'il ne faut pas qu'un fonctionnaire faisant partie du conseil d'administration d'une coopérative, fasse suivre son nom, quand il fait de l'action coopérative, de sa qualité de fonctionnaire. C'est à cela seulement que se borne quant à présent l'intervention de l'Administration, et je crains, si nous généralisons quelques cas de fausse interprétation, que nous allions à un résultat tout à fait contraire à celui que nous désirons.

Je crois donc qu'il serait bon d'étudier les cas d'espèce avant de se lancer dans une action et de prendre d'autres décisions.

Un Délégué. — « L'Action Coopérative » a reproduit des circulaires émanant de différents ministères.

Le Rapporteur. — En ce qui me concerne, je vous répondrai que, dans notre région, des fonctionnaires des finances nous ont déclaré qu'ils avaient reçu des mises en demeure de ne pas même faire partie de nos comités de section de nos sociétés de développement. D'autre part, il ne s'agit pas d'une protestation ni d'une action quelconque. Nous demandons simplement à la Fédération Nationale d'intervenir pour montrer les conséquences de l'interprétation de certaines circulaires. Vous n'avez donc pas à craindre qu'on se cabre vis-à-vis d'une résolution que nous prenons, puisque nous y mettons des formes, et que nous montrerons simplement qu'il y a de bonne foi une mauvaise interprétation.

Je crois que dans ces conditions on peut voter la proposition.

Le Président. — La proposition de résolution est adoptée.

Le Rapporteur. — Il y a une résolution sur l'Enseignement coopératif, peut-être serait-il bon de la réserver pour la Conférence spéciale.

Nous étions saisis d'une autre résolution concernant l'incompatibilité entre les fonctions de chef de service du M. D. G. et de membre du Conseil central. Cette question a été en principe ajournée hier à propos du cas Marty, et nous vous demandons le renvoi au Conseil central. C'est d'ailleurs la solution qui a été préconisée hier par les intéressés.

Lavielle. — Il ne s'agit pas en l'espèce du cas Marty. Deux congrès régionaux se sont prononcés sur la question, et le second congrès qui s'est prononcé, en l'esp[illegible] de la Fédération Garonne et Pyrénées, ne s'est [illegible]ncé que parce que la question était posée officiellement par la Fédération de la Région parisienne. Pour ma part, je suis assez surpris de constater que la question qui devait être posée ait pu fausser l'état d'esprit de certains au moment du vote sur le renouvellement partiel du Conseil central. Nous ne voudrions pas qu'il en soit encore ainsi, parce que dans notre région, nous avons pris une attitude qui pourrait se retourner contre un de nos camarades, ce que nous ne voulons en aucune façon.

D'ailleurs, à ce congrès, où nos camarades Poisson et Garbado représentaient, l'un la Fédération Nationale, et l'autre le Magasin de Gros, nous avons déposé une résolution sur cette question d'incompatibilité, en face de laquelle nous devions nous trouver à ce Congrès. Il est bien entendu que, par suite de la démission de Marty, aucun candidat ne pouvait être mis en cause à ce propos.

A la Commission des résolutions, il avait été entendu qu'une sous-commission examinerait le texte, et que nous reviendrions devant la Commission pour l'examiner à nouveau, mais que la question serait surtout examinée en vue du prochain Congrès. Comme votre texte, qui est très court, quatre lignes à peine, signale que la question n'est pas résolue par le présent Congrès, mais est posée en vue du Congrès prochain, je demande au Congrès d'adopter la proposition, puisqu'aussi bien les camarades de la région parisienne se sont déjà prononcés.

Le Rapporteur. — La question ne pouvait être tranchée à ce Congrès puisque les Fédérations n'avaient pas été saisies en temps utile. Nous proposons donc le renvoi au Conseil central, qui la mettra à l'ordre du jour de toutes les Fédérations pour le prochain congrès.

C'est d'ailleurs ce que Lavielle a demandé hier.

Lavielle. — J'enregistre votre déclaration en ce qui concerne le prochain congrès. Mais je déclare que nos camarades étaient prêts à prendre ici leur responsabilité. On est venu nous dire au Congrès de Tarbes que la Fédération parisienne s'était prononcée sur la question, mais ce n'est pas parce que la Fédération parisienne avait pris une décision que nous nous sommes prononcés dans le même sens. C'est parce que nous pensions que le Congrès devrait être saisi que nous avons examiné l'attitude que, éventuellement, nous devrions avoir.

Mais ne dites pas que la question a besoin d'être examinée par les Fédérations avant d'être traitée en Congrès National, car si vous déclariez cela, si vous invoquiez la nécessité de revenir devant vos Congrès régionaux, vous diriez par là même que la délibération prise par la Fédération parisienne était inexistante et qu'au moment où vous présentiez le camarade Sellier, vous n'aviez pas le droit de prévoir que la question pourrait être posée au Congrès.

Poisson. — Je comprends très bien la situation, et il faut aussi que le Congrès comprenne pourquoi notre camarade Lavielle intervient.

Son intervention s'explique par le fait que notre camarade Marty, qui nous a remis hier sa démission d'administrateur, avait été désigné par l'ensemble de la Fédération Garonne et Pyrénées pour être son candidat au cas où il y aurait eu compatibilité. Vous comprenez leur situation. Ils ne voudraient pas que, de retour chez eux, on puisse leur reprocher d'avoir renoncé à une candidature, en raison d'une incompatibilité qui n'existerait pas, puisque le Congrès ne l'aurait pas admise.

Mais si nous comprenons très bien leur scrupule, qui est très légitime, il n'en reste pas moins que pour le Congrès la question se pose autrement. Si elle s'était posée aujourd'hui à propos d'un nom, on aurait pu considérer qu'on se trouvait en face d'une circonstance exceptionnelle, et qu'il fallait résoudre le problème dès aujourd'hui. Mais je me rappelle précisément que notre camarade Marty nous avait dit, dans sa lettre de démission, qu'il nous remettait celle-ci justement pour qu'on ne pose pas le problème. C'est donc en donnant satisfaction à Marty que je vous demande, d'accord avec le rapporteur, de renvoyer la question au Conseil central.

LE PRÉSIDENT. — La proposition de la Commission est adoptée.

LE RAPPORTEUR. — Nous étions aussi en présence d'une résolution d'ordre général de notre camarade Poitrenaud.

Le Congrès, considerant l'iniquité qui est à la base de l'impôt sur le chiffre d'affaires, comme de tous les impôts indirects sur la consommation

Considérant que ces impôts sont antidémocratiques puisque si, apparemment, ils semblent faire contribuer le pauvre comme le riche dans une même mesure aux charges de l'Etat, en fait, ils ne frappent pas tous les individus en raison de leur pouvoir d'achat,

Considérant que dans une société mieux organisée, l'impôt devrait être payé proportionnellement aux facultés plus ou moins grandes d'achat,

Demande au Conseil central de mener une campagne énergique contre les impôts sur la consommation en général et contre l'impôt sur le chiffre d'affaires en particulier.

LE PRÉSIDENT. — Il n'y a pas d'opposition? Cette résolution est acceptée.

LE RAPPORTEUR. — J'ai encore une mission délicate à remplir. Vous savez que nos camarades de Lyon ont décidé d'ériger un monument à la mémoire d'un des fondateurs de la Coopération française. Ils ont fait appel à toutes les sociétés, et ont consenti eux-mêmes un certain sacrifice. Ils me demandent de vous adresser un appel grâce aux résultats duquel ils espèrent pouvoir finir de payer ce monument, qui est du reste déjà érigé, mais dont les frais ne sont pas encore entièrement acquittés. J'espère que vous viendrez à l'aide de la Fédération régionale lyonnaise, qui vous a si aimablement reçus l'année dernière.

LE PRÉSIDENT. — Camarades, nous avons épuisé l'ordre du jour du Congrès. Avant de le déclarer clos, il me semble nécessaire de remarquer quelle a été la tenue correcte du Congrès de la Fédération Nationale des Coopératives.

Nous avons éprouvé une vive satisfaction à constater que la presque unanimité des congressistes a approuvé la ligne politique de la Fédération Nationale. Dans ces conditions, je pense que notre Fédération pourra poursuivre sa propagande et qu'au prochain congrès il nous sera permis de constater un développement de plus en plus important de l'action coopérative de notre pays.

Je ne voudrais pas voir se terminer ce Congrès sans remercier nos camarades de Marseille pour la façon dont ce Congrès a été organisé et pour les fêtes préparées pour les congressistes en dehors de nos réunions. Je crois être l'interprète de tous les délégués en les remerciant sincèrement de tout ce qu'ils ont fait pour que notre passage à Marseille soit aussi agréable que possible.

Les Conférences spéciales

Ainsi que le programme le comportait, dès que l'ordre du jour fut épuisé, le Congrès se sépara en deux conférences spéciales, l'une faite par M. Charles Gide sur l'Enseignement de la Coopération, l'autre faite par Georges Yung, sur les Assurances sociales. Toutes deux furent suivies par des auditoires nombreux et attentifs. Les discussions y furent particulièrement intéressantes.

L'ENSEIGNEMENT DE LA COOPÉRATION

Comme conclusion à la conférence spéciale sur l'Enseignement de la Coopération, la motion ti-après fut votée :

Le Congrès national des Coopératives de France réuni à Marseille, le 26 mai 1922, considérant que la coopération est devenue en France et dans le monde entier l'une des formes les plus importantes de l'organisation économique, et qu'il est désirable qu'elle soit enseignée par l'Université de France,

Emet le vœu que des notions sur la Coopération soient introduites dans les programmes de tous les ordres d'enseignement, notamment dans les programmes des cours post-scolaires et des cours de formation professionnelle,

Et donne mandat au Conseil de la Fédération Nationale de présenter ce vœu au Ministre de l'Instruction publique, ainsi qu'au groupe parlementaire de la coopération, avant le vote des lois en délibération sur la réforme de l'enseignement secondaire et les programmes de l'enseignement post-scolaire obligatoire.

Le Congrès National renouvelle le vœu que l'Ecole Coopérative technique existant actuellement à Paris puisse étendre ses services à toutes les fédérations régionales. Il engage celles-ci à se mettre en relation avec la Direction de l'Ecole, pour créer des cours au siège de chaque Fédération aau siège de chaque société de développement, et pour assurer le placement éventuel des élèves.

Le Congrès National, considérant que les efforts déjà faits pour l'enseignement de la Coopération manquent de coordination, donne mandat au Conseil de la Fédération Nationale, de créer une Commission permanente de l'Enseignement de la Coopération, chargée de fournir à la presse pédagogique, à la librairie scolaire, aux œuvres post-scolaires, aux cours professionnels et aux œuvres coopératives d'éducation, toutes communications utiles, ainsi que de rassembler toute la documentation nécessaire (journaux, livres, films, initiatives diverses, etc.) sur les meilleures méthodes d'enseigner la coopération et de pénétrer l'enseignement public.

LA QUESTION DES ASSURANCES SOCIALES

La question des Assurances sociales a donné lieu à une très intéressante discussion. Tout d'abord, Yung a fait un exposé très complet de cette question. Pendant plus d'une heure, notre ami retint l'attention des délégués en fournissant toutes les indications utiles. Son exposé reçut le meilleur accueil de l'auditoire, et Yung fut très vivement remercié.

Quelques délégués apportèrent ou des observations ou des explications complémentaires.

Lavielle, de Bordeaux, proposa aux sociétés, après avoir approuvé les paroles de Yung, de constituer toutes les fois qu'elles le pourront des caisses autonomes, et il montra tous les avantages que la coopération et les assujettis pourraient en retirer. Thomas proposa de laisser à chaque société sa liberté d'action, mais il dit penser qu'il vaudrait mieux que la loi ne contienne pas cette possibilité de dispersion des efforts, faisant valoir les avantages d'une gestion unique mais décentralisée, et au contraire les inconvénients de la multiplicité des caisses syndicales, coopératives agricoles, mutualistes, patronales, etc.

Cleuet expliqua que des groupements ayant intérêt à retarder le vote de la loi multiplient les amendements ; il dénonça les manœuvres de groupements qui, déjà, essaient d'échapper à l'emprise de la loi.

Mera, de Nancy, demanda aux délégués de la coopération d'exiger une modification au système de cotisation et des classes en faisant que la cotisation de 5 pour 100 joue sur les salaires à peu près exactement, alors que si l'assujetti gagne 4.001 francs par an, il paie 5 pour 100 sur 5.000 francs, et s'il gagne 6.000 francs, il paie encore 5 pour 100 sur 5.000 francs.

Après que Yung eut indiqué que toutes les suggestions faites seront étudiées par les délégués de l'Office technique de la Fédération nationale, il demanda que le rapport et les résolutions soient adoptées unanimement pour donner plus de force aux divers délégués de la coopération, étant bien entendu qu'on adopterait le projet gouvernemental dans sa teneur actuelle si cela était nécessaire, pour déjouer les manœuvres de ceux qui veulent ou retarder le vote de la loi ou la détruire dans ses œuvres vives.

Le rapport et les résolutions, de même que les conclusions du rapporteur, ont été adoptées à l'unanimité.

ANNEXES

RAPPORTS ET DOCUMENTS

RAPPORT DU CONSEIL CENTRAL

Au Congrès de Marseille

Comme les années précédentes, le Conseil central présente aux Sociétés coopératives adhérentes son rapport annuel sur le fonctionnement de la F. N. C. C. et de ses différents services. Les Sociétés trouveront dans ce rapport une analyse de l'action faite au cours de l'année écoulée et un rapide examen de la vie intérieure et extérieure de la Fédération nationale. De plus, le rapport rend compte de la part prise par le Conseil central à la vie de l'Alliance Coopérative Internationale.

Enfin, en annexe, le Conseil central donne les textes des rapports présentés sur les questions figurant à l'ordre du jour du Congrès et sur celles qui doivent faire l'objet des conférences spéciales dont la tenue est prévue à Marseille.

Les Sociétés trouveront d'ailleurs page 2, l'ordre du jour du Congrès. Ultérieurement, par circulaire, sera porté à la connaissance des Sociétés, le programme des réceptions et des fêtes organisées en l'honneur des congressistes par les coopérateurs de la Fédération régionale du Midi.

Bureau permanent de la F. N. C. C.

A l'issue du Congrès de Lyon, le 7 mai 1921, le Conseil central s'est réuni pour la désignation des Secrétaires généraux de la F. N. C. C., Poisson, Daudé-Bancel et Camin ont été désignés par le Conseil pour remplir ces fonctions.

Le Bureau permanent chargé d'assurer la marche des services fédéraux dans l'intervalle des réunions mensuelles du Conseil a été maintenu. Il est composé de: M. Charles Gide et des trois secrétaires généraux.

Une Commission du budget, composée de trois membres, est également nommée chaque année après le Congrès. Le Conseil central a désigné les camarades Gaillard, Gaston Lévy et Peckstadt. Gaillard et Lévy ont oété, par la suite, remplacés par nos camarades Gaumont et Lebon.

En ce qui concerne l'examen des questions qui intéressent à la fois le M. D. G. et la F. N. C. C., conformément à une décision précédente, elles sont soumises à une réunion commune du Bureau permanent de la F. N. C. C. et du Comité administratif du M. D. G.

Conseil Central

Depuis le Congrès de Lyon, le Conseil central a tenu ses réunions mensuelles aux dates ci-après : 7 mai, 22 mai, 26 juin, 24 juillet, 28 août, 25 septembre, 23 octobre, 27 novembre, 25 décembre 1921, 22 janvier et 26 février 1922.

Conformément aux décisions du Congrès national de 1917, voici les absences des membres du Conseil central aux séances qui ont eu lieu de mai 1921 à février 1922 :

Berland, 5; Bugnon, 1; Camin, 1; Cayol; 8; Chègne, 1; Chiousse, 7; Cozette, 1; Cuminal, 1; Destombes (démissionnaire en octobre 1921), 1; Gaillard, 2; Gaumont, 1; Gide, 2; Lamothe, 3; Lebon, 3; Lévy, 1; Lucas, 4; Marty, 4; Passebosc, 3; Poisson, 1; Ponard, 1; Poulette, 4; Rebeyrol (démissionnaire en février 1922), 2; Rielh 6; Svob, 5,

Renouvellement du tiers du Conseil Central

Conformément à l'article 9 des statuts de la F. N. C. C., le Conseil central est renouvelable par tiers chaque année.

Les membres sortants cette année sont les suivants :

1° Administrateurs présentés par les Fédérations régionales: Daudé-Bancel (Afrique du Nord); Gaillard (région de Paris); Berland (région de Limoges); Chiousse (région de Grenoble); Svob (région de Nantes); Cayol (région de Marseille); Rebeyrol (région de Bordeaux).

2° Administrateurs désignés par le Congrès : Marty, Cleuet, Lebon.

En dehors de ce renouvellement statutaire, il y a lieu de tenir compte qu'en vertu de l'article 9 précité la Fédération de la Région parisienne a droit cette année à un délégué de plus. En effet, suivant cet article, le Conseil central est ainsi composé :

1° Des délégués présentés par chacune des Fédérations régionales à raison de un délégué pour les Fédérations dont le chiffre d'affaires est inférieur à 50 millions. Au-dessus de ce chiffre, un délégué supplémentaire par tranches complètes de 50 millions. La valeur de la tranche supplémentaire pourra être élevée par décision du Congrès national.

2° D'un nombre de membres égal à la moitié de ceux de la première catégorie et désignés par le Congrès dans des conditions indiquées aux articles 12 et 17 ci-après.

Or, le chiffre d'affaires de la Fédération de la Région parisienne a dépassé, au cours de 1920, les deux cents millions prévus par les statuts (deux cent sept millions).

D'autre part, la Fédération régionale du Nord et du Pas-de-Calais n'est plus représentée au Conseil depuis novembre dernier, son délégué, notre camarade Destombes ayant donné sa démission à cette époque. Il en est de même pour la Fédération régionale Garonne et Pyrénées, dont le représentant, notre camarade Rebeyrol, est démissionnaire depuis février. Il y a donc lieu de pourvoir au remplacement de Destombes et de tenir compte de la démission de Rebeyrol,

Commission de Contrôle

Il y a également lieu, pour le Congrès, de renouveler la Commission de contrôle, rééligible en entier chaque année.

Les membres sortants nommés en 1921, sont : David, Droneau, Ducrocq, Isidore Lévy, Tutin.

Service administratif

Pour répondre au vœu exprimé par le Congrès de Lyon, relativement à l'organisation de visites aux Sociétés coopératives pour leur apporter les renseignements et les conseils nécessaires, il a été fait appel au concours de Georges Thomas. Ce service a commencé à fonctionner à la fin de l'année 1921. Des tournées ont été faites dans la Sarthe, l'Ariège, la Haute-Garonne, l'Hérault, l'Aude, le Nord et d'autres sont en préparation.

Ce service est certainement appelé à donner des résultats utiles. Il est nécessaire que la F. N. C. C. ait le moyen d'entrer positivement en relations avec les Sociétés qui ont besoin de conseils pratiques et de renseignements qui répondent à toutes les questions que les administrateurs ont à solutionner et pour lesquelles ils peuvent éprouver des difficultés.

Conseil supérieur du Travail

Aux termes d'un décret du 31 janvier 1921, le Conseil Supérieur du Travail doit comprendre un membre désigné par les membres élus du Conseil Supérieur de la Coopération (section de consommation). Le Conseil Central appelé à donner son avis a désigné notre camarade Cleuet qui a, par la suite, été nommé membre du Conseil par le Ministre du Travail,

Le Mouvement des Sociétés

Le nombre des Sociétés adhérentes à la Fédération nationale au 15 février 1922 est de 2,098, Il était au 28 février 1921 de 2,198, soit une différence en moins de 100. Au cours de la même période, 131 Sociétés ont été dissoutes et 70 ont réalisé la fusion avec des Sociétés adhérentes.

Le mouvement se répartit ainsi par Fédération régionale :

	Nombre de Sociétés au 15/2/22	Sociétés fusionnées	Sociétés dissoutes ou disparues
	—	—	—
Albi	150	5	9
Algérie	17	»	2
Amiens	19	6	1
Bordeaux	140	10	12
Bourges	103	»	3
Cameroun	1	»	»
Congo	1	»	»
Constantine	13	»	1
Corse	15	»	2
Dijon-Besançon	154	1	1
Grèce	1	»	»
Grenoble	97	»	7
Lille	123	10	7
Limoges	130	1	3
Lyon	184	13	14
Madagascar	1	»	»
Maroc	8	»	1
Marseille	166	2	17
Martinique	1	»	»
Nancy	194	3	3
Nantes	91	5	4
Nouvelle-Calédonie	1	»	»
Oranie	12	»	9
Paris	142	7	22
Roanne	160	»	3
Rouen	62	4	1
Strasbourg	22	»	4
Tonkin	2	»	»
Troyes	85	2	2
Tunisie	3		3

Sociétés de développement

Ainsi que les années précédentes, nous donnons ci-après la liste des Sociétés de développement avec l'indication comparée 1920 et 1921 : 1° du nombre de magasins de vente; 2° du nombre de sociétaires; 3° du capital souscrit; 4° du capital versé :

DÉPARTEMENTS, LOCALITÉS SOCIÉTÉS	1920 (année entière)					1921 (1er semestre)			1921 (2e sem.)	1921 (année entière)				
	Magasins	Sociétaires	CAPITAL		CHIFFRES d'affaires	Magasins	Sociétaires	CHIFFRES d'affaires	CHIFFRES d'affaires	Magasins	Sociétaires	CAPITAL		CHIFFRES d'affaires
			souscrit	versé								souscrit	versé	
AISNE														
Espérance régionale, Château-Thierry	25	5.435	375.000	306.406	8.082.47[illegible]	26	5.681	4 241.663	4.900.000	27	6.226	665.125	661.904	9.141.663
Union des Coopérateurs du Laonnais, Laon	5	2.202	117.750	100.315	2.289.801	7	2.307	1.135.533	1.377.937	10	2.494	150.950	142.999	2.513.470
Union Coopérative régionale, Villers-Cotterets..	23	1.680	84.000	69.413	3.025.600	24	1.809	1.829.756	1.894.901	25	1.978	206.600	134.997	3.724.657
La Fraternelle, St-Quentin	2	3.300	82.500	56.759	1.092.308	2	3.459	681.727	676.859	3	3.638	146.750	125 567	1.358.586
ARDENNES														
Union des Coopératives des Ardennes, Charleville...	31	2.746	282.900	234.785	4.497.925	33	2.718	1.891.443	1.899.522	35	2.791	293.440	258.840	3.790.965
AUBE														
Union des Coopérateurs de l'Aube, Troyes	7	1.650	98.090	63.243	950.69[illegible]	9	1.814	597.416	1.016.755	11	2.382	238.200	170.112	1.614.171
BELFORT (Territoire de)														
Coopérative régionale de Franche-Comté et du Territoire de Belfort, Belfort	»	»	»	»	»	»	»	»	2.242.712	12	2.475	280.400	162.552	2.242.712
BOUCHES-DU-RHÔNE														
La Butineuse, Marseille...	12	3.141	314.100	187.162	5.042.88[illegible]	15	3.277	2.386.650	2.102.049	15	3.491	349.100	163.524	4.488.699
CHARENTE-INFÉRIEURE														
Union des Coopérateurs, La Rochelle	8	2.470	247.000	102.000	1.936.75[illegible]	9	2.437	854.795	971.029	11	2.523	252.300	123 750	1.825.824
Coop. région. des Charentes et des Deux-Sèvres, Saintes	15	2.291	229.100	133.170	500.06[illegible]	»	»	»	»	27	4.900	490.000	337.143	3 098.853
CREUSE														
Union des Coopérateurs de la Creuse, Guéret.......	34	5.782	977.700	959.704	4.352.77[illegible]	35	6.092	2.154.812	2.236.573	37	6.383	1.051.700	1.026.047	4.391.385
DRÔME														
L'Universelle, Valence....	17	9.880	837.200	837.200	4.129.00[illegible]	18	9.800	1.878.034	1.880.125	18	9.914	789.750	789.750	3.758.159
GIRONDE														
Union Coopérative du Sud-Ouest, Bordeaux........	51	6.680	668.000	451.061	9.645.8[illegible]	53	6.690	3.613.596	3.734.124	53	7.243	724.300	506.250	7.347.720

DÉPARTEMENTS, LOCALITÉS SOCIÉTÉS	1920 (année entière)					1921 (1er semestre)			1921 (2e sem.)	1921 (année entière)				
	Magasins	Sociétaires	CAPITAL souscrit	CAPITAL versé	CHIFFRES d'affaires	Magasins	Sociétaires	CHIFFRES d'affaires	CHIFFRES d'affaires	Magasins	Sociétaires	CAPITAL souscrit	CAPITAL versé	CHIFFRES d'affaires
ILLE-ET-VILAINE														
L'Alliance des Travailleurs Fougerais, Fougères ...	6	1.350	135.000	109.448	1.568.055	7	1.524	754.310	1.030.331	7	1.503	156.300	135.361	1.784.641
ISÈRE														
La Ménagère, Grenoble ...	5	6.834	214.250	210.200	2.908.250	5	6.576	1.233.895	2.338.187	5	6.460	398.700	304.855	3.572.082
LANDES														
Société Coopérative Landaise, Mont-de-Marsan..	34	10.100	1.010.000	550.000	6.313.400	45	10.631	3.693.665	4.406.172	50	10.927	1.092.700	613.976	8.099.837
LOIRE														
La Solidarité, Roanne.....	27	5.554	630.706	520.724	5.499.317	30	6.643	3.131.414	3.304.005	30	7.010	689.350	589.379	6.435.419
LOIRE-INFÉRIEURE														
Union des Coopérateurs de la Loire-InFér., Nantes..	60	6.701	701.600	579.704	7.787.047	64	6.951	4.018.380	3.854.368	64	7.798	930.500	785.540	7.872.748
MAINE-ET-LOIRE														
Union des Coopérateurs de l'Anjou, Angers	11	1.270	51.600	35.083	2.035.580	11	2.900	900.000	697.224	13	2.800	159.700	135.000	1.597.224
MARNE														
Union des Coopérateurs de la Marne, Ay-Champagne	50	7.073	1.181.300	934.219	8.004.491	57	7.850	3.098.000	3.351.408	57	7.980	1.271.200	1.082.777	6.450.066
MEUSE														
Union des Coopérateurs de Lorraine, Bar-le-Duc (1)	191	24.313	3.451.400	2.838.678	45.529.845	207	26.726	19.702.124	24.228.594	248	36.017	5.219.600	4.546.388	43.931.218
MORBIHAN														
Union Coopérative Lorientaise, Lorient	49	7.500	750.000	433.520	6.581.369	49	9.350	3.916.866	4.013.831	49	9.600	960.000	564.970	7.930.697
MOSELLE														
Union des Coopérateurs de Metz et de la Région, Metz	37	4.360	436.000	132.825	4.102.421	39	4.524	2.837.585	1.426.996	40	4.345	434.500	142.449	4.204.581

(1) Ces chiffres comprennent l'ensemble de l'*Union des Coopératives de Lorraine*, la *Coopérative départementale de la Meuse*, la *Ruche Nancéienne*, fusionnées sous le titre de *l'Union des Coopérateurs de Lorraine*.

DÉPARTEMENTS, LOCALITÉS SOCIÉTÉS	1920 (année entière)					1921 (1er semestre)			1921 (2e sem.)	1921 (année entière)				
	Magasins	Sociétaires	CAPITAL souscrit	CAPITAL versé	CHIFFRES d'affaires	Magasins	Sociétaires	CHIFFRES d'affaires	CHIFFRES d'affaires	Magasins	Sociétaires	CAPITAL souscrit	CAPITAL versé	CHIFFRES d'affaires
NORD														
Union des Coopérateurs du Cambrésis, Caudry	18	5.906	598.900	445 881	3.310.105	24	7.013	2,790.547	4.941,073	28	9.013	1.007.500	960.172	7.734.620
Union des Coopérateurs des arrondissements de Denain et Valenciennes, Denain	14	2.884	288.400	238.685	2.605.789	15	2.815	1.584.978	1.663.100	16	2.754	303.700	249 858	3.248.087
Union des Coopérateurs de l'arrondissement de Douai, Sin-le-Noble....	40	10.807	1.077.700	778.420	11.000.190	43	12.287	6.286.155	6.450.000	45	13.236	1.323.600	989.537	12.736.155
Union des Coopérateurs de la Selle et de la Sambre, Solesmes	16	1.921	435.300	198.872	2.084.461	18	2.390	1.812.714	2.068.814	19	2.801	800.000	799,767	3.881,528
OISE														
Coopérative du Beauvaisis, Beauvais	12	5.202	370.250	345.387	4.735.847	16	6.151	2.506.608	2.501.306	16	6.934	530.100	461.320	5.007:914
ORNE														
Coopérative régionale de Basse-Normandie, Alençon	23	8.472	1.000.000	930.569	4.865.149	27	9.441	3.386.828	3.807.783	31	10.229	1.397,500	1.258.214	7.194.611
PAS-DE-CALAIS														
Union des Coopératives du Pas-de-Calais. Béthune..	103	19.238	1.923.800	1.775.534	17.232.391	97	19.210	6 .311.676	3.864.758	91	19.051	1.905.100	1.370.717	10.176.434
PYRÉNÉES (Basses-)														
Union des Coopérateurs de l'Adour, Bayonne	14	4.035	124.025	124.003	2.418.280	15	4.339	1.329.112	1.452.439	17	4.703	147.667	147.667	3,141.786
RHIN (Bas-)														
Société Coopérative de Strasbourg et environs, Strasbourg	51	36.000	1.230.000	533.982	10.900.100	56	36.000	9.878.300	10,631,700	56	36.500	1.825.000	620.000	20.510 000
Soc. coop. de consommation, Illkirch-Graffenstaden...	10	1.941	143.500	114.531	3.026.834	»	»	»	»	11	2.069	151.410	127.269	4.166.766
RHIN (Haut-)														
Société Coopérative de Colmar et environs, Colmar.	11	3.000	180.000	94.000	2.301.380	12	3.500	1.178.780	1.283.127	14	3.100	186,000	97.788	2.461.907
Société Coopérative de Mulhouse et environs, Mulhouse	32	18.191	549.211	69.813	10.892.232	32	18.277	5.599.339	6.268.655	33	18.585	1.115.100	443.875	11.867.994

DÉPARTEMENTS, LOCALITÉS SOCIÉTÉS	1920 (année entière)					1921 (1er semestre)			1921 (2e sem.)	1921 (année entière)				
	Magasins	Sociétaires	CAPITAL souscrit	CAPITAL versé	CHIFFRES d'affaires	Magasins	Sociétaires	CHIFFRES d'affaires	CHIFFRES d'affaires	Magasins	Sociétaires	CAPITAL souscrit	CAPITAL versé	CHIFFRES d'affaires
RHÔNE														
L'Avenir régional, Lyon...	105	17.500	1.684.100	1.227.176	16.416.70	96	17.945	9.136.915	10.680.986	127	19.312	1.931.200	1.445.146	19.817.901
SAÔNE-ET-LOIRE														
Union des Consommateurs, Montceau-les-Mines ...	4	298	18.900	17.060	415.42	17	1.890	1.191.603	1.035.273	17	1.843	92.150	68.457	2.226.876
SAVOIE														
La Fraternelle de Chambéry	24	4.260	426.000	399.264	2.260.77	23	4.260	1.427.100	1.432.492	30	4.367	480.500	456.360	2.850.601
SEINE														
Union des Coopérateurs, Paris	344	64.277	7.408.300	3.717.108	88.581.00	349	66.441	35.668.389	36.273.883	365	70.881	7.994.600	4.191.661	71.942.272
Union des Coopérateurs de la Banlieue Nord, Saint-Denis	66	9.150	915.000	458.798	15.351.18	65	10.083	8.110.714	8.228.049	65	9.664	966.400	559.107	16.338.663
SEINE-INFÉRIEURE														
Union des Coopérateurs du Havre et de la Région, Le Havre	19	3.713	429.400	247.510	3.151.28	19	3.909	1.695.100	1.687.500	22	3.754	520.100	368.000	3.332.600
La Solidarité Sottevillaise, Sotteville-les-Rouen ...	42	18 618	625.000	625.000	10.303.56	48	19 300	4.933.006	5.037.187	51	20.230	645.000	645.000	9.970.193
SOMME														
L'Union, Amiens (1)	65	29.246	1.454.275	1.064.258	29.169.8	74	32.620	15.583.791	16.144.868	74	35.700	1.785.000	1.240.000	31.728.659
TARN														
L'Aurore Sociale, Albi.....	5	2.803	278 000	139.059	1.303.02	»	»	»	»	10	2.992	349.100	264.546	2.158.931
VAUCLUSE														
La Ruche cavaillonnaise, Cavaillon........	2	1.330	69.600	65.311	697.18	»	»	»	»	5	1.663	88.550	81.043	1.013.761
VIENNE														
Association Coopérative de Poitiers, Poitiers.......	8	4 050	101.250	93.308	2.193.0	»	»	»	»	9	4.624	158.650	103.899	2.744.308
VIENNE (Haute-)														
L'Avenir du Centre-Ouest, Limoges	52	7.500	910 000	768.015	3.100.9	58	7.500	1.728.892	1.182.000	59	8.500	1.182.000	1.013.641	2.910.892
L'Union syndicale ouvrière, Saint-Junien	12	1.982	198.200	149.283	4.415.1	13	2.200	1.470.932	1.868.288	14	2.250	225.000	186.307	3.339.220

Ces renseignements nous ont été fournis par les Sociétés intéressées, Nous croyons devoir, ainsi que nous l'avons fait l'an dernier ajouter ceux de « La Bellevilloise » qui a vu le nombre de ses magasins passer de 35 à 38, celui de ses sociétaires de 14,777 à 15.167, son capital souscrit de 1.477.700 francs à 1.516.700 francs et son chiffre d'affaires de 18.178.628 francs à 20.280.027 francs.

(1) Dans ces chiffres sont compris ceux de *La Vie pour Tous*, à Abbeville, fusionnée avec l'*Union d'Amiens*.

La famine en Russie

La F. N. C. C. a fait appel aux Sociétés coopératives pour venir en aide à la population russe victime de la famine; elle s'est inscrite pour une somme de 5.000 francs et au 15 février elle avait reçu de différentes Sociétés la somme de 59.940 fr. 10. La somme totale, soit 64.940 fr. 10 a été envoyée à l'Alliance Coopérative Internationale qui a centralisé les souscriptions de toutes les organisations nationales.

Régions libérées

Le Conseil central avait pensé qu'il serait peut-être possible de constituer une Société destinée à réaliser les dommages de guerre des Sociétés des régions libérées. Une enquête a été faite sur place auprès des Sociétés intéressées par un représentant de la F. N. C. C.; les résultats n'ont point été satisfaisants. D'une part, le montant des dommages disponibles était insuffisant, et d'autre part, les conditions de réalisation de l'emprunt projeté n'auraient pas été aussi avantageuses qu'on l'aurait tout d'abord espéré.

Dans ces conditions, sans avoir été complètement abandonnée, la réalisation du projet n'a pu être menée à bien

Bourses d'apprentissage

L'an dernier, le Comité central de secours aux Orphelins, Veuves et Ascendants de militaires a informé la Fédération nationale qu'il était chargé de répartir des bourses de 500 fr. aux orphelins de la guerre apprenant un métier manuel, industriel ou agricole et remplissant certaines conditions. La F. N. C. C. était invitée le cas échéant à présenter des candidatures.

Après avoir avisé toutes les Sociétés qui s'étaient chargées au cours de la guerre de la répartition des subventions du Secours national, nous avons reçu 30 demandes accompagnées de dossiers justifiant la transmission. Sur ces 30 demandes, 19 ont été retenues et le montant des bourses a été adressé régulièrement aux Sociétés intéressées qui nous fournissent les justifications exigées par le Comité central de secours.

Crédits du Ministère du Travail

Depuis le dernier Congrès, tant sur les crédits des régions libérées que sur le fonds de dotation de la loi du 7 mai 1917, les avances ci-dessous ont été consenties aux Sociétés coopératives de consommation :

Coopérative générale, Arras	200.000	»
Union des Coopérateurs, Le Havre	100.000	»
Union Coopérative, Laon	100.000	»
Coopérative du Beauvaisis, Beauvais	200.000	»
Coopérateurs Unis, Saint-Etienne	45.000	»
Coopérative des Fonctionnaires, Tourcoing	50.000	»
Union des Coopérateurs de la Loire-Inférieure, Nantes	350.000	»
Union des Coopérateurs des Flandres, Hondschoote	50.000	»
Association Coopérative de consommation, Poitiers	40.000	»

Union Coopérative des Fonctionnaires, Montpellier	12.000 »
Union des Coopérateurs de l'arr. de Douai, Sin-le-Noble	500.000 »
Union des Coopérateurs de Denain	100.000 »
Coopérative des P. T. T., Paris	100.000 »
Union des Coopérateurs, Paris	750.000 »

Représentation de la F. N. C. C. dans les Congrès étrangers

Depuis le Congrès de Lyon, la F. N. C. C. a été appelée à se faire représenter aux Congrès coopératifs nationaux de Belgique, d'Angleterre, de Tchéco-Slovaquie, d'Autriche, de Suède, de Finlande et d'Italie.

Action coopérative

En mai dernier, nous laissions prévoir que la diminution du papier qui allait sans doute s'accentuer, nous permettrait d'équilibrer facilement le budget de l'*Action Coopérative*. Nos prévisions ont été dépassées car la baisse du papier s'étant continuée jusqu'au début d'octobre, le budget de cette année se solde par un bénéfice de 28.063 fr. 50, représenté pour partie par le stock des bandes imprimées. Ce résultat était indispensable en raison des fluctuations du prix du papier qui peuvent causer dans l'exploitation des différences très sensibles. D'ailleurs depuis novembre, le papier subit à nouveau une hausse qui risque de continuer.

Le tirage actuel du journal est de 12.000 pour l'édition nationale et de 58.000 pour les éditions spéciales hebdomadaires. Il s'ajoute à ce tirage régulier, 3 autres éditions spéciales, une bi-mensuelle tirant à 10.000 et deux mensuelles tirant à elles deux à 16.000. De ce fait, certaines semaines notre chiffre de tirage s'élève à 96.000.

Le développement des éditions spéciales est dû, pour une part, aux conventions établies par le M. D. G. et par lesquelles celui-ci consent aux Sociétés parisiennes une ristourne pour la publicité financière qu'elles font.

Librairie

La Fédération a édité le compte rendu du Congrès de Lyon, dont le tirage semblable à celui du précédent Congrès, s'est élevé à 1.700 exemplaires; malheureusement cette année, le nombre des commandes a été très restreint et il n'en a été vendu qu'un millier, ce qui est évidemment beaucoup trop peu.

Un Guide pratique à l'usage des Sociétés coopératives de consommation a été édité à 1.000 exemplaires, mais malgré l'intérêt que peut présenter pour les Sociétés cette brochure, il n'en a été vendu au cours de l'année que 360.

La brochure de notre camarade Poisson, intitulée « Le Rôle du Conseil d'administration et des Administrateurs d'une Société coopérative de consommation » pour un même tirage de 1.000 exemplaires, a vu sa vente atteindre seulement 500.

La Fédération a fait tirer 5 affiches de propagande imprimées en deux couleurs sur papier blanc; les 5.000 premières ont été épuisées assez rapidement et des 5.000 qui ont été retirées, il ne nous reste qu'un nombre très restreint d'exemplaires.

Enfin, pour la Journée d'adhésion, une publicité particulière a été faite, dont il est question d'autre part.

L'Agenda de poche que nous éditons chaque année, a vu son succès s'accroître auprès des Sociétés. Il nous en a été commandé par 46 d'entre elles 138.000 exemplaires.

Au point de vue de la constitution de bibliothèques ou d'acquisitions de volumes, il est probable que la crise commerciale a diminué les crédits alloués aux achats de livres, car les commandes ont été rares. Nous rappelons aux Sociétés que la Librairie est à leur disposition pour leur fournir des ouvrages aux meilleures conditions et des listes pour les guider dans leur choix.

Statistique

Notre annuaire contenant la liste des Sociétés coopératives de consommation paraîtra avec un certain retard.

Nos renseignements ont été puisés à deux sources : pour nos Sociétés adhérentes, dans les questionnaires que nous avons adressés aux Sociétés, malheureusement il ne nous en a été retourné que 1.000 sur 2.000, malgré nos réclamations; pour les autres Sociétés, ainsi que pour les Sociétés ahérentes qui ne nous ont pas répondu, dans les listes fournies par les Préfets au Ministère du Travail.

Si de ce second côté les renseignements sont plus complets, ils sont par contre rassemblés très lentement et au mois de février de cette année, il nous manquait encore les listes de deux départements. Ceci indique les raisons pour lesquelles il nous a été impossible de paraître au début de l'année.

Nous profitons de cette occasion pour rappeler aux Sociétés que seule la Fédération nationale publie et a la possibilité de publier la liste de toutes les Sociétés existant en France.

Toute offre d'autre annuaire ne peut émaner que de commerçants qui agissent dans un but mercantile. Ces annuaires ne peuvent du reste contenir que des listes copiées sur nos publications.

Nous prions les Sociétés de ne pas répondre aux questionnaires n'émanant pas des organisations coopératives auxquelles elles adhèrent et au besoin de nous les signaler.

Propagande coopérative

Au cours de l'année écoulée l'effort de propagande coopérative a été poursuivi dans toute la mesure des possibilités. La F. N. C. C. s'est efforcée de répondre à toutes les demandes: de nombreuses tournées ont été effectuées, presque toutes les Fédérations régionales ont ainsi été visitées.

La crise économique particulièrement intense dans cette dernière période; les difficultés qui s'en sont suivies pour un grand nombre de sociétés, la campagne si violente et si calomnieuse des organes du commerce, l'effort de concentration des firmes et établissements privés, les augmentations importantes de capital de ces dernières entreprises; les questions fiscales et en particulier l'impôt sur le chiffre d'affaires; toutes ces questions, tous ces problèmes importants ont spécialement inspiré nos orateurs et furent traités par eux, conjointement avec les principes généraux de notre mouvement.

Les résultats obtenus par cette action, jointe à celle des militants locaux, ont pour une part facilité la résistance de nos sociétés aux difficultés nées de la crise économique. Ces résultats pouvaient-ils être plus fructueux encore? Sans nul doute, car nos réunions coopératives n'ont point toujours réuni un auditoire bien nombreux, malgré l'évidente sympathie des consommateurs pour notre mouvement. La raison de cette abstention? Très probablement l'aridité apparente de nos conférences.

Il nous faut donc de toute nécessité agrémenter nos réunions, soit par des fêtes artistiques, une partie de cinéma ou une tombola, ainsi que nous le conseillions déjà dans le rapport précédent. Chaque fois, du reste, que cette expérience fut tentée, les résultats ont été concluants. La Fédération et son Comité d'éducation se sont préoccupés de ce problème et l'on trouvera, dans la partie de ce rapport réservé à ces questions, leurs suggestions.

La journée d'adhésion

Le Congrès national de Lyon avait donné mandat au Conseil central d'organiser, « autant que possible dans la première quinzaine de novembre », une « Journée d'adhésion », dont le principal objectif était d'obtenir des adhésions nouvelles en même temps qu'un effort financier des consommateurs en faveur de la Coopération.

Le Conseil a dû fixer la date de cette manifestation au 4 décembre. Trois cent cinquante sociétés s'y sont associées et ont fait un effort de propagande. La F. N. C. C. avait édité une affiche illustrée par Steinlen dont le tirage a atteint 32.000 exemplaires (17.000 exemplaires ont été fournis gratuitement à toutes les sociétés adhérentes). De plus, des brochures, des tracts et un numéro spécial à 8 pages de l'*Action Coopérative* ont été édités. Le tirage des tracts s'est élevé à un million deux cent mille: celui des brochures à cent mille et celui de l'*Action Coopérative* à deux cent cinquante mille. D'autre part, le Conseil central avait décidé l'organisation d'un concours national dont les bons devaient être attribués à tous ceux, coopérateurs et consommateurs, qui répondaient à l'appel qui leur était adressé, soit par l'adhésion nouvelle, soit par l'apport de capitaux nouveaux. Environ soixante mille bons ont été attribués dans les conditions prévues. Ce concours était pourvu de prix pour une valeur de 15.000 francs.

Les résultats de la « Journée d'adhésion » ont, d'une manière générale, été excellents. Des renseignements qui ont été fournis par un certain nombre de sociétés, il résulte qu'environ vingt mille adhésions nouvelles ont été recueillies. Au point de vue financier, l'augmentation du capital social de ces mêmes coopératives a été de 2.036.689 francs, leurs caisses de dépôts particulières ont recueilli 1.530.962 francs. D'autre part, les caisses auxiliaires de Banque du M. D. G. ont reçu 2.162.500 francs et 97.500 d'obligations, soit un total général de près de six millions.

Mais, nous le répétons, ces renseignements restent incomplets, car toutes les sociétés n'ont pas donné les résultats qu'elles ont obtenus.

Il semble donc ainsi qu'il y ait tout lieu de se féliciter de la décision du Congrès de Lyon et de sa mise à exécution.

Cependant, cette première expérience faite a permis de se rendre compte de certaines imperfections dans quelques-unes des mesures prises: le nombre des bons envoyés aux sociétés ayant été beaucoup plus important que celui des bons utilisés, il s'en est suivi de grosses difficultés pour le tirage; d'autre part, de certaines observations parvenues à la F. N. C. C., il résulte que peut-être aurait-il été préférable de réduire le nombre des prix et de leur donner une importance plus grande, à moins que, le cas échéant, une somme plus considérable soit consacrée à l'acquisition de ces prix. Quoi qu'il en soit, il y aura lieu, si la journée d'adhésion doit avoir un renouvellement, de prendre toutes mesures que l'expérience a démontrées nécessaires.

Service juridique

Le service juridique de la F. N. C. C. continue à fournir aux Sociétés de très nombreux renseignements. Les consultations demandées depuis le dernier Congrès atteignent le chiffre de 1428. Elles sont d'importance très inégale et portent sur les sujets les plus divers. Les questions fiscales et celles qui concernent la rédaction des statuts tiennent la place la plus grande. Mais les discussions avec les gérants et les problèmes intéressant la responsabilité des administrateurs en cas de mauvaise gestion ont été l'objet assez fréquent de demandes d'avis.

Le service est assuré par le secrétariat de la Fédération qui prend l'avis du Conseil juridique.

Les questions fiscales

La question des différents impôts qui sont appliqués aux Sociétés coopératives a pris, depuis le Congrès de Lyon, une importance considérable et elle a fait l'objet de l'attention particulière du Conseil central et du Secrétariat.

Si, en réalité, les textes législatifs n'ont subi aucune modification, les différentes administrations chargées du recouvrement des impôts ont, au contraire, donné à ces textes des interprétations de plus en plus restrictives et alors, qu'en ce qui concerne certaines taxes, des coopératives pouvaient légitimement se croire exonérées, elles se sont vues l'objet de mises en demeure d'avoir à payer ces taxes sous peine de poursuites.

C'est ainsi qu'en ce qui touche l'impôt sur les bénéfices commerciaux et industriels, l'administration méconnaît totalement la volonté du législateur. Il est hors de doute que celui-ci n'a pas voulu frapper les coopératives sur des « bénéfices » alors qu'elles n'en réalisent pas. Mieux encore, on pouvait et on peut soutenir que l'amendement Lafont, qui s'ajoute au texte primitif de l'article 15 de la loi du 31 juillet 1917, signifiait que les sociétés vendant au public ne seraient pas frappées par cet impôt si elles affectent les bonis provenant de cette vente à des réserves indivisibles. Or, aujourd'hui, après avoir interprété les textes, l'Administration des Finances va jusqu'à soutenir que toutes les sociétés qui paient un intérêt à l'action sont soumises à l'impôt. On ne saurait trouver une interprétation plus abusive, puisque la loi du 7 mai 1917 prévoit précisément que les sociétés peuvent payer un intérêt de 6 % aux actions. Ce n'est que tout récemment qu'une circulaire a reconnu que le montant des ristournes faites aux sociétaires ne devait pas être taxé.

Pour l'impôt sur le chiffre d'affaires, la situation n'est pas moins détestable. L'Administration persiste à taxer toutes les sociétés soumises à l'impôt sur les bénéfices commerciaux sans aucune limitation. Mais, grâce aux interprétations de la loi concernant cet impôt cédulaire, l'Administration des Finances prétend soumettre à l'impôt sur le chiffre d'affaires toutes les coopératives de consommation; elle s'efforce d'y atteindre en attendant le vote définitif d'amendements déjà votés par la Chambre des Députés et qui sont pendants devant le Sénat. Les textes qui sont soumis aux délibérations de la Haute-Assemblée, aussi bien celui du Gouvernement que celui de M. René Lefebvre, sont extrêmement nets: ils ne prévoient d'exonérations que pour des sociétés qui n'existent pas : celles n'ayant pas de stocks et pas de magasins; la différence entre ces deux textes réside dans le fait que celui de M. René Lefebvre classe comme intermédiaire le Magasin de Gros des Coopératives et frappe celui-ci comme tel, alors que le projet gouvernemental l'ignore.

Naturellement, cette situation est particulièrement grave. A plusieurs reprises, le Conseil central a demandé aux sociétés de protester auprès des parlementaires contre les prétentions de l'Administration, il a lui-même, également à diverses reprises, envoyé à tous les députés et sénateurs des circulaires pour les mettre en garde contre des mesures qu'on pourrait qualifier d'extra-légales frappant les sociétés. A l'occasion de la journée du 4 décembre, toutes les coopératives ont été invitées à transmettre aux députés et sénateurs un ordre du jour contenant les desiderata de notre mouvement. De plus, tout récemment, nous avons mis à la disposition des sociétés un tract protestant contre les impôts de consommation et mettant toutes choses au point, relativement aux prétendus « privilèges fiscaux » à propos desquels toutes les Chambres de Commerce, toute la presse commerciale, ont mené une campagne mensongère; dans une circulaire aux sociétés, le Secrétariat a demandé à celles-ci de répandre ce tract le plus possible et les a invitées à renouveler leur protestation auprès des parlementaires et aussi à saisir l'opinion par l'organisation, à chaque occasion possible, de réunions de consommateurs.

Parallèlement à cette action générale, le Secrétariat n'a négligé aucun intervention. Il a saisi, depuis un an, les différents Ministre des finances des revendications coopératives; il a demandé au Groupe de la Coopération à la Chambre d'user de son influence pour faire triompher nos légitimes réclamations. Cependant, devant la Chambre des Députés, un amendement, qui tendait à ne faire payer l'impôt sur le chiffre d'affaires que sur la part de la vente au public, a été repoussé; il sera repris devant le Sénat qui, comme nous le disons plus haut, se trouve seulement en présence de deux textes qui, tous deux, frappent toutes les sociétés de détail sans exception.

Enfin, sur l'ensemble de ces problèmes, sur les interprétations restrictives des lois données par l'Administration des Finances, une entrevue a eu lieu avec le Ministre des Finances à qui une note a été remise.

Une des conséquences graves qui découle de l'attitude actuelle du fisc à l'égard des sociétés, est l'espèce de rétroactivité qu'on donne à l'application des taxes sur les bénéfices commerciaux et sur le chiffre d'affaires. Des sociétés qui, au début de l'application des deux lois, avaient reçu des différents agents de perception, l'assurance qu'elles étaient exonérées, sont aujourd'hui dans la quasi impossibilité de payer des contributions qu'elles n'avaient pas escomptées et qui s'appliquent à plusieurs exercices. Sur ce point, l'action de la F. N. C. C. se doit d'être particulièrement vigoureuse.

Comité d'éducation

Au cours de la conférence spéciale tenue pendant le Congrès de Lyon, un ordre du jour ainsi conçu a été voté :

« La Conférence adopte le rapport du Comité d'éducation et fait siennes ses résolutions.

« Elle invite les Sociétés coopératives à organiser chacune leur Comité d'éducation.

« Elle invite les régions à rapporter sur les résultats obtenus au Comité d'éducation régional.

« Elle demande au Comité central de la F. N. C. C., — sur rapports fournis par le Comité d'éducation national, — de mettre la question de l'éducation à l'ordre du jour du prochain Congrès. »

Conformément à cet ordre du jour, le Secrétariat de la F. N. C. C. a demandé aux Fédérations régionales d'inviter les Sociétés à créer des Comités d'éducation et d'organiser elles-mêmes des Comités régionaux. D'une enquête faite récemment, il résulte qu'assez peu de comités ont été organisés. Cependant, dans quelques régions, un premier effort a été fait et toutes manifestent le désir de réaliser le vœu de la Conférence spéciale de Lyon. Il y a lieu de noter que déjà un certain nombre de Sociétés, réparties dans presque toutes les régions, font effort de propagande et d'éducation à l'aide de cinématographes qu'elles ont acquis et qui leur rendent de très grands services.

Le Comité national a voulu faciliter la tâche d'éducation dans les Sociétés et il a décidé la publication d'une brochure — qui sera vraisemblablement parue au moment du Congrès — contenant à la fois un certain nombre de plans de conférences éducatives et aussi un certain nombre de programmes tout préparés pour l'organisation des fêtes. En possession de cette brochure, les Sociétés pourront, sans difficultés, faire une œuvre de propagande et d'éducation accrue.

L'école coopérative

L'année scolaire en cours (1921-1922) a été marquée par l'organisation des enseignements du troisième degré. L'Ecole est ainsi entrée dans sa période de plein exercice.

L'enseignement de première année (ou premier degré) comporte les matières suivantes: Coopération, comptabilité générale, langue française.

En deuxième année: Histoire de la Coopération, comptabilité coopérative, géographie économique.

En troisième année: Banque, droit commercial, chimie alimentaire, organisation commerciale.

Le nombre des inscriptions d'élèves s'est élevé à 112. (Il était de 73 en 1920, et de 36 en 1919.)

Ces 112 inscrits se répartissent, suivant leur origine, de la façon suivante: 48 employés du M. D. G., 43 employés de l'U. D. C., 5 employés d'autres coopératives, 16 non employés de coopératives.

Le nombre des hommes et jeunes gens est de 98, celui des dames et jeunes filles de 14.

Cinq élèves réguliers de troisième année accomplissent, dans les divers services du M. D. G. et de l'U. D. C., les stages pratiques prévus pour le perfectionnement de leur formation professionnelle.

Conformément au vœu adopté par le Congrès de Lyon, l'Ecole coopérative a demandé aux Fédérations si elles ne pourraient pas organiser dans les grands centres coopératifs de province des écoles préparatoires, dont les élèves viendraient ensuite achever leurs études coopératives et faire leur stage pratique à Paris.

L'Ecole a reçu plusieurs réponses favorables à ce projet et la Fédération de Limoges a ouvert, dès le 15 novembre, des cours du premier degré.

Au total, l'Ecole paraît n'être plus éloignée du moment où elle commencera à rendre au Mouvement coopératif les services en vue desquels elle a été créée et pour lesquels les organisations coopératives de la région parisienne ne lui ont pas ménagé leur concours.

Office technique

L'Office technique continue à apporter un précieux concours à la F. N. C. C. C'est lui qui étudie les différents problèmes qui se posent à l'attention du Mouvement coopératif et il a eu, depuis le Congrès de Lyon, à mettre debout un certain nombre de projets particulièrement importants, tels que les projets de lois modifiant les conditions de tenue des Assemblées générales des Coopératives et modifiant la loi de juin 1920, relative à la modification des Statuts non conformes à la loi de 1917.

L'Office technique a eu à se préoccuper de la question des Assurances sociales et il a préparé un certain nombre d'observations qui doivent être soumises aux Commissions parlementaires. C'est lui qui, sur la proposition de notre ami Edgar Milhaud, a présenté au Conseil central, qui l'a fait sien, le texte de la résolution relative à la crise économique mondiale, résolution qui est d'ailleurs devenue celle de l'Alliance Coopérative Internationale.

D'autre part, l'Office technique étudie maintenant un projet qui permettrait, avec le concours des éditeurs, aux Sociétés d'avoir des rayons de librairie.

La Section d'hygiène s'est préoccupée des questions d'hygiène alimentaire et a examiné le rôle que peut jouer la Coopération à ce point de vue.

Chaire au collège de France

La chaire de la Coopération au Collège de France, qui avait été créée par un décret du 3 décembre 1920, a enfin été pourvue d'un professeur au cours de l'année 1921, mais après la clôture des cours de l'année scolaire. M. Charles Gide a inauguré la chaire le 1er décembre dernier, au milieu d'une assistance nombreuse et particulièrement sympathique; ce premier cours fut suivi d'un banquet qui donna lieu à une très belle manifestation dont l'*Action Coopérative* a rendu compte à ce moment.

Les cours ont lieu les mardi et jeudi de chaque semaine.

Des dispositions ont été prises pour en permettre la publication régulière en fascicules mis à la disposition des Sociétés aux conditions les plus modiques. Les Sociétés qui ont pris des engagements de versements annuels reçoivent gratuitement un certain nombre d'exemplaires de ces publications.

L'Association pour l'Enseignement de la Coopération, qui a dû être constituée pour la création de la chaire et qui assure les charges relatives tant à la chaire qu'aux publications des cours, a reçu des Sociétés la somme de 21.989 francs pour la première année. Un certain nombre de Sociétés ont fait un deuxième versement dont le total s'élève à 2.065 francs.

Il y a lieu de noter que M. Charles Gide a fait don à l'Association pour l'Enseignement de la Coopération d'une somme de 8.000 francs, part de son traitement perçu pendant la période de juin à novembre 1921, alors que les cours n'étaient pas ouverts. Cette somme sera exclusivement consacrée à l'Enseignement de la Coopération suivant, d'ailleurs, le désir légitime du donateur.

Conseil supérieur de la coopération

La réunion de la Section de consommation du Conseil supérieur de la Coopération a eu lieu au Ministère du Travail les 23, 24 et 25 janvier.

Le Conseil supérieur, élu pour trois ans, avait été renouvelé au cours de l'année 1921. Le Conseil central avait présenté une liste de candidats et pris toutes dispositions pour faire inscrire les Sociétés et les engager à prendre part au vote.

Sur 283 suffrages exprimés, les candidats désignés par le Conseil central ont été élus par :

Chiousse	278	voix
Daudé-Bancel	283	—
Garbado	283	—
J. Gaumont	281	—
Gaston Lévy	282	—
Alfred Nast	282	—
Ernest Poisson	283	—
Ponard	281	—
Ramadier	283	—
Riehl	280	—
Henri Sellier	282	—
Svob	280	—

Les délibérations du Conseil supérieur ont été, cette année, très importantes pour le Mouvement coopératif; l'Office technique de la Fédération nationale avait, du reste, préparé tous les rapports sur toutes les questions qui avaient été mises à l'ordre du jour sur la demande même de la Fédération nationale.

Voici le texte des vœux qu'il a émis en conclusion aux différents rapports présentés :

Le régime des Assemblées générales et la loi du 7 mai 1917. — Le Conseil supérieur de la Coopération, Section de consommation, prie M. le Ministre du Travail de bien vouloir agir auprès des Commissions compétentes du Sénat pour que la proposition concernant les modifications au régime des Assemblées générales et la loi du 7 mai 1917 sur les Sociétés coopératives de consommation soit mise à l'ordre du jour dans le plus bref délai possible.

L'application de la loi du 14 juin 1920, relative à la modification des Statuts des Sociétés coopératives. — Le Conseil supérieur de la Coopération, Section de consommation, prie M. le Ministre du Travail de bien vouloir agir auprès des Commissions compétentes pour que la proposition sur la modification à l'article 17 de la loi du 14 juin 1920 relatif à la refonte des Statuts soit mis à l'ordre du jour dans le plus bref délai possible.

L'application de l'impôt sur le chiffre d'affaires aux Sociétés coopératives de consommation. — La Section de consommation du Conseil supérieur de la Coopération,

Considérant les innombrables difficultés d'interprétation nées de la loi du 25 juin 1920;

Emet le vœu que M. le Ministre du Travail intervienne auprès de M. le Ministre des Finances pour que ces difficultés soient réduites au minimum.

Après avoir examiné la situation créée par l'adoption, à la Chambre, d'un texte concernant l'application de l'impôt sur le chiffre d'affaires aux Sociétés coopératives de consommation, la Section demande que ces Sociétés restent soumises au droit commun et qu'aucune disposition exceptionnelle ne soit édictée contre elles.

Mais, si le Sénat pensait devoir suivre la Chambre dans la voie où elle s'est engagée, la Section, reprenant le vœu déjà émis par elle le 15 décembre 1920, demande que les Sociétés coopératives de consommation, constituées dans les termes de la loi du 7 mai 1917, soient totalement exonérées de cet impôt en ce qui concerne les marchandises réparties entre leurs sociétaires.

En ce qui concerne les Unions de sociétés créées dans les termes de la même loi, le Conseil supérieur de la Coopération, d'accord avec l'interprétation donnée par M. Charles Dumont, rapporteur à la Chambre, interprétation confirmée au cours d'une intervention de M. Chéron, au Sénat;

Emet le vœu que conformément au texte voté par la Chambre, sur la proposition de M. René Lefebvre, les Unions ne soient imposées, comme intermédiaires, que sur leurs majorations, comme tous les organismes d'achats et de ventes, telles les Coopératives de Commerçants et les Syndicats agricoles.

La crise économique et les Sociétés coopératives de consommation. — Le Conseil supérieur de la Coopération émet le vœu :

1° Que le Bureau International du Travail complète, par une enquête universelle sur la consommation, les travaux de ses enquêtes en cours sur la production et le chômage et qu'une telle enquête s'attache, entre autres objets, à déterminer l'ensemble des organes aujourd'hui existants qui peuvent fournir un point d'appui pour l'organisation internationale des échanges, du crédit et de la production, le Mouvement coopératif français s'engageant, pour sa part, à apporter par ses organisations tout le concours nécessaire;

2° Qu'un Office public international de répartition des matières premières et des principaux objets de consommation soit constitué pour assurer à tous les pays du monde de savoir dans quelle mesure leurs besoins peuvent être satisfaits;

3° Qu'une Conférence économique universelle soit convoquée au plus tôt :

Pour examiner notamment la question des crédits internationaux pour celles des nations qui se trouvent atteintes par les contre-coups directs ou indirects de la guerre dans leur vitalité économique et dans leur puissance de production;

4° Qu'une place soit faite aux représentants de la Coopération, émanation de l'ensemble des consommateurs, à cette Conférence économique et à toutes celles qui pourront la préparer;

5° Que les représentants des coopérateurs soient compris dans les organismes économiques et financiers de la Société des Nations, chargée de plus en plus de frayer les voies à l'organisation mondiale de la production et des échanges;

6° Que la Commission de répartition des crédits, instituée par la loi de 1917 en faveur des Sociétés de consommation en France, tienne compte de la crise économique que les Sociétés viennent de traverser, soit pour l'examen de certains délais de remboursement demandés, soit, dans la limite des fonds disponibles et des termes de la loi, pour accorder des crédits aux Sociétés victimes de circonstances économiques indépendantes de leur volonté.

La Propagande coopérative dans les milieux ruraux. — Le Conseil supérieur de la Coopération, Section de consommation, émet le vœu qu'une Commission, nommée par lui, entre en rapports avec les services du Ministère de l'Agriculture pour examiner les possibilités de développement de la Coopération dans les milieux ruraux;

Que ces rapports soient plus particulièrement établis avec les services compétents de la Coopération agricole, en vue d'une étude sur les liens qui peuvent s'établir entre les deux mouvements et pour rechercher les institutions qui, dans cet ordre d'idées, pourraient s'instaurer.

Les Assurances sociales et la Coopération. — Le Conseil supérieur de la Coopération, Section de consommation, a examiné le projet de loi sur les Assurances sociales sous les trois aspects suivants :

1° Les conditions de travail du personnel;

2° Les œuvres sociales des Sociétés;

3° La défense des assurés comme consommateurs de soins et de produits pharmaceutiques.

Pour ces trois considérations, il émet un avis très favorable au projet qu'il estime nécessaire et urgent.

I. — En qualité d'employeur, la Coopération émet le vœu que l'assurance soit obligatoire.

II. — En raison de ses œuvres sociales nombreuses et variées, la Coopération demande à être comprise parmi les neuf organisations dont les représentants composeront le quatrième quart du Conseil d'administration de la Caisse régionale. Ces organisations seraient désignées dans la loi et nommeraient elles-mêmes leurs délégués.

Les Sociétés coopératives ayant des œuvres sociales pourraient être autorisées à constituer pour leurs membres des caisses de remplacement, qu'elles aient ou non pris la forme de Sociétés de secours mutuels. La Fédération nationale continuera les opérations pour lesquelles la Caisse fédérale des Retraites a été constituée.

Le Conseil supérieur de la Coopération, toutefois, recommande plus particulièrement l'entrée des coopérateurs dans les Caisses ouvertes à tous, appelées Caisses locales ou Caisses sociales. Il estime, en effet, selon la tradition coopérative, que les organismes uniques et publics ont une action sociale plus efficace. Il émet donc le vœu de la création immédiate de ces Caisses dans chaque canton ou commune importante.

L'action des Caisses sociales pourrait être étendue, en leur donnant les attributions que le projet prévoit pour les sections de l'Office régional. On éaliserait en même temps plus d'économie et plus d'autonomie.

Le Conseil supérieur de la Coopération émet le vœu qu'un nombre plus grand de salariés soient assujettis à la loi, par l'élévation du taux maximum de salaires à 15.000 francs, et même, en étendant l'obligation au delà de ce taux, dans la catégorie supérieure, versement entier à la charge de l'assuré.

En ce qui concerne la retraite, il désire vivement que le minimum de 500 francs puisse être également garanti aux vieux travailleurs dont la pension est déjà liquidée, ou sera liquidée avant la promulgation de la loi, et que la réversibilité d'une part raisonnable de la pension sur la tête du conjoint, quelle que soit l'époque du décès, soit introduite dans la loi.

Le paragraphe 10 de l'article 79 pourrait être modifié pour que, dès la première année de fonctionnement, les administrateurs soient désignés dans les conditions normales.

A l'article 94, paragraphe 20, le Conseil supérieur de la Coopération émet le vœu que :

1° Les placements prévus à l'alinéa *a*) soient autorisés jusqu'à 100 % ;

2° A ceux de l'alinéa *c*), soient ajoutés les prêts hypothécaires sur les immeubles appartenant à des Sociétés coopératives répondant à la définition de la loi du 7 mai 1917 ou aux Unions de ces sociétés.

A l'article 104, il demande l'assimilation des Caisses coopératives gérant les cotisations de leurs membres aux Caisses patronales gérant les cotisations de leurs employés.

III. — Enfin, le Conseil supérieur de la Coopération, du point de vue de la défense des consommateurs de soins et de produits pharmaceutiques, est très favorable à la passation de contrats avec les organisations syndicales de médecins et de pharmaciens. Il estime que ces contrats seront avantageux pour les deux parties, qu'ils permettront une véritable organisation de la médecine et dirigeront peu à peu les études médicales vers l'hygiène sociale et la prophylaxie des maladies contagieuses.

La représentation des Consommateurs dans les Groupements régionaux économiques. — La Section de consommation du Conseil supérieur de la Coopération émet le vœu que des délégués des Coopératives de consommation, désignés directement par ces organisations, soient admis à siéger au sein du Comité consultatif de leur région, suivant les intentions exprimées par M. le Ministre du Commerce.

D'autre part, après avoir été mis au courant de la suite donnée aux différents vœux exprimés et dont l'un a permis le vote de la modification de la loi de 1917, ainsi que la suite des travaux sur la statistique, sur la question des économats, le Conseil Supérieur a renouvelé les vœux précédents concernant la représentation du mouvement coopératif dans le Conseil Supérieur des Chemins de Fer et également parmi les représentants de la France au Bureau International du travail.

Les décisions et vœux du Congrès de Lyon

Plusieurs questions avaient été renvoyées à l'examen de l'Office Technique de la Fédération Nationale par le Congrès dernier pour être examinées et éventuellement revenir devant lui, particulièrement la question des relations des coopératives avec leur personnel, celle d'une société coopérative nationale et l'organisation du crédit dans les sociétés coopératives.

Question du personnel. — La Fédération Nationale a procédé à une vaste enquête sur la situation du personnel dans les sociétés coopératives du monde entier. De très importants documents et rapports lui ont été fournis et l'Office Technique en a commencé l'examen, mais les travaux ont été assez importants pour que l'Office Technique pense que cette année il lui est impossible de revenir devant le Congrès avec un rapport complet sur la question. De plus, la situation même des organisations corporatives dans le monde ne permet pas d'envisager à l'heure actuelle le problème sous le même jour et également avec la même acuité.

Société Nationale. — Le Congrès de Lyon avait décidé que les Fédérations régionales seraient appelées à examiner le problème et l'hypothèse d'une société coopérative nationale. Il ne semble pas que ce problème d'avenir puisse être résolu en un jour et l'opinion unanime a été que l'idée devait avant tout être agitée et discutée au sein des organisations coopératives régionales et locales.

Nous pouvons cependant souligner, sinon comme une réalisation totale de cette idée, au moins comme un pas vers sa mise en pratique, les efforts de concentration toujours plus puissants du mouvement coopératif français s'opérant sous plusieurs formes. Signalons particulièrement les progrès incessants des sociétés de développement à périmètre extrêmement large, telle par exemple l'Union des Coopérateurs de Lorraine, qui, aujourd'hui, s'étend sur les quatre départements de Meuse, Meurthe-et-Moselle, Vosges et Moselle, cet exemple n'étant du reste que la forme la plus accentuée et la plus typique de l'effort général de toutes nos sociétés dans toutes les régions.

Signalons également, comme une forme susceptible de faire naître l'idée d'une coopération nationale, le sens et le principe même qui consiste dans l'unité de responsabilité des sociétés de détail et de gros, l'existence et le développement de bureaux d'achats faits par le Magasin de Gros d'accord avec les sociétés coopératives d'une région, les achats de ces sociétés étant tous faits par ce Bureau d'achats appartenant au M. D. G. moyennant un prélèvement extrêmement faible; ces bureaux sont à la fois bureaux d'achats et bureaux d'approvisionnements et fonctionnent d'accord avec les services du M. D. G.

Dans le même ordre d'idées, n'y a-t-il pas lieu de marquer l'idée de ne pas doubler les entrepôts du M. D. G. avec ceux des sociétés de détail; la reprise de l'entrepôt de Lyon par l'*Avenir Régional*, la question mise à l'étude dans le même sens pour l'entrepôt de Douai sont des faits à signaler, mais plus importantes encore sont les ententes faites avec le M. D. G., soit à Paris, soit avec la coopérative du Pas-de-Calais, soit avec la Marne, pour que le M. D. G. soit chargé de l'organisation de l'approvisionnement des succursales des sociétés de développement.

Enfin il faut noter que l'important développement du service financier du M. D. G. qui, par son fonctionnement même, lie chaque jour davantage les sociétés avec le Magasin de Gros, en même temps qu'il assure entre toutes les sociétés une solidarité plus grande et plus effective, constitue une évolution qui tend, elle aussi, vers le même objectif de généralisation des efforts et des responsabilités.

En fait tout ce qui assure les liens plus étroits entre sociétés de détail et M. D. G. ne constitue-t-il pas déjà en germe et sous la forme de concentration la plus heureuse une étape vers la société coopérative nationale.

Société de crédit. — La question du crédit, si controversée au Congrès de Lyon, avait été renvoyée à l'Office technique pour examiner s'il était possible de concevoir sous une forme positive et pratique avec plus de précision que ne l'avaient été les rapports et les discussions du Congrès, l'organisation du crédit dans les sociétés coopératives.

Le projet d'organisation du crédit ménager fut établi par le Docteur Fauquet, examiné par l'Office Technique et mis au point; il a semblé que dans l'état actuel des choses, l'Office Technique devait s'en tenir là et mettre à la disposition des sociétés qui voudraient s'engager dans la voie du crédit, les propositions contenues dans le rapport du Docteur Fauquet.

Alliance Coopérative Internationale

L'année 1921-1922 a été une année de véritable résurrection et d'activité pour l'Alliance Coopérative Internationale qui a tenu à Bâle le premier Congrès International depuis la guerre.

Le Conseil Central avait désigné ceux de ses membres qui composaient la délégation française chargée de voter pour l'ensemble des organisations adhérentes, il avait, de plus, invité les principales organisations coopératives à joindre des délégués aux délégués du Conseil Central. La délégation française comprenait environ 50 représentants.

Le Congrès de Bâle avait à répondre à un certain nombre de questions importantes qui figuraient à son ordre du jour et qui furent tranchées par le vote des résolutions que nous donnons plus loin. Préalablement il eut à régler la question de la représentation de la Coopération russe au Comité Central de l'Alliance. Sur ce point le Comité Central proposait au Congrès la résolution suivante :

Le Comité central, regrettant l'absence des délégués de l'organisation actuelle de Moscou, qui l'a empêché de prendre une décision définitive sur la question de la représentation russe à l'Alliance et considérant d'autre part, qu'en présence de la division existant dans le mouvement russe, une décision définitive ne peut être prise, le Comité central propose de laisser vacante jusqu'à la prochaine réunion du Comité la place de la délégation russe, afin d'examiner la question de la représentation du mouvement coopératif au sein du Comité central.

Le Congrès appelé à se prononcer décida par 730 voix contre 474 que la Coopération russe serait appelée à désigner des représentants au Comité Central sans attendre la prochaine réunion de celui-ci.

D'autre part, le Congrès vota à l'unanimité d'importantes modifications aux statuts de l'Alliance.

Voici les résolutions votées par le Congrès sur les questions figurant à son ordre du jour :

Le commerce coopératif international

Première résolution. — *Ce Congrès prend acte avec satisfaction des premières mesures déjà prises pour mettre sur pied le Commerce coopératif international, et enregistre son opinion que l'extension d'un tel commerce dans le plus bref délai est d'une importance vitale pour permettre à l'Europe de sortir des difficultés économiques occasionnées par la grande guerre.*

Il demande au Comité international des Magasins de Gros d'user de l'occasion offerte par le bouleversement du commerce international capitaliste pour établir un commerce international par voie coopérative.

Il reconnaît, d'une part, que les changes ne peuvent devenir normaux et le commerce international être établi sur des bases solides, à moins que chaque pays ne paie pas ses impôts soit directement, soit indirectement par ses exports, et, d'autre part, que le Magasin de Gros international doit être construit sur cette base.

Il recommande donc au Comité international des Magasins de Gros de faire incessamment des démarches dans le but d'aider chaque pays à utiliser toutes ses ressources disponibles pour établir un commerce d'exportation par voie coopérative, en encourageant l'achat des marchandises par l'intermédiaire du mouvement coopératif de chaque pays et en aidant à l'organisation du marché des marchandises ainsi exportées.

Ce Congrès engage l'Alliance coopérative internationale et le Comité international des Magasins de Gros de prendre toutes les mesures possibles pour faire démissionner tout gouvernement hostile au commerce coopératif international et pour écarter tous les obstacles à son développement, enfin d'obtenir que tout projet spécial présenté soit par la Société des Nations, soit par des gouvernements, pour faciliter le commerce au moyen de crédits, ou de toute autre manière, sera conforme aux conditions du Mouvement coopératif et pour sa plus haute utilité.

Deuxième résolution. — *Ce Congrès, désirant encourager tout essai véritable tendant à rétablir la vie économique de l'Europe sur une base coopérative, charge le Comité exécutif de l'Alliance coopérative internationale d'examiner la situation économique actuelle en vue de déterminer:*

1° *S'il sera préférable d'établir un « Clearing House » international dont la tâche serait de stimuler l'échange des marchandises entre les nations surtout entre celles dont les gouvernements sont bien favorables à l'emploi du mécanisme coopératif pour le commerce et l'échange internationaux;*

2° *Les obligations initiales et jusqu'à quel point les divers mouvements natinoaux seraient disposés à y faire face;*

3° *Jusqu'à quel point les projets suggérés pour le crédit international peuvent être utilisés pour le développement du commerce international par voie coopérative.*

Organisation d'une Banque Internationale

Qu'une conférence spéciale des représentants des banques coopératives soit convoquée dans le plus bref délai possible pour aboutir à réaliser un projet positif de Banque coopérative internationale.

Le programme International de la Coopération

Le Xe Congrès de l'Alliance coopérative internationale constate que la politique commerciale a été jusqu'à ce jour une politique de guerre, que cette guerre ait revêtu la forme de guerre défensive lorsque des pays, adoptant le système protectionniste, se sont efforcés de se défendre contre ce qu'ils appelaient l'invasion ennemie, c'est-à-dire contre les importations, en élevant les barrières qui constituent les droits de douane; que ce soit, au contraire, la guerre offensive à laquelle a parfois abouti le libre échange, lorsque des pays assez forts pour n'avoir pas à redouter les importations, se sont efforcés d'envahir les autres pays du monde; que ce soit, enfin, l'impérialisme audacieux et savant de ceux qui, pratiquant le « dumping » ou le trust, cherchent à la fois à fermer le marché intérieur aux étrangers et à conquérir les marchés étrangers.

La Coopération dénonce dans toutes ses formes, la compétition et la guerre.

Elle reconnait que dans beaucoup de circonstances, le système du libre-échange a aidé les consommateurs en visant au bon marché et en tendant à abaisser les prix de la vie. Mais sa politique ne peut être ni le protectionnisme national, ni la libre concurrence internationale. La Coopération proclame que son but est l'association entre tous les peuples.

Elle proclame que les traités de commerce devront être multipliés. Mais elle demande qu'on en bannisse l'esprit de marchandage qui a toujours été la règle, et elle souhaite que ces traités soient conclus à nouveau pour une assez longue durée afin d'assurer à l'industrie la sécurité et le développement.

Le Xe Congrès de l'Alliance coopérative internationale s'associe aux propositions qui ont déjà été faites auprès de la Société des Nations, en vue d'obtenir que soient établies et réglées les conditions d'une équitable répartition des matières premières et des denrées alimentaires et que soit établi un contrôle des monopoles et trusts internationaux.

Le Congrès émet le vœu, qu'aussitôt que possible, la Commission économique et financière de la Société des Nations organise un Office international de statistique qui serait chargé de recueillir et de publier tous renseignements utiles concernant la production, les approvisionnements et les besoins des divers pays.

Le Congrès est persuadé que les relations commerciales entres les organisations coopératives de pays différents peuvent non seulement supprimer, pour l'avantage commun, les prélèvements des intermédiaires, mais aussi préparer efficacement les bases d'une économie mondiale d'où serait exclu l'esprit de lutte et de compétition. Il recommande à cet effet l'établissement de relations directes, de pays à pays, aussi bien qu'à l'intérieur de chaque pays, entre les consommateurs organisés, et les associations de productions agricoles et compte sur les organes centraux de l'Alliance coopérative internationale pour étendre son recrutement à toutes les organisations coopératives du monde entier.

Sur cette même question, l'attention du Congrès fut retenue par un rapport de Oerne (Suède), dans lequel notre camarade exposait les conditions préalables nécessaires au développement de la Coopération en vue d'une politique économique internationale. Oerne développa son point de vue sous l'attention très soutenue du Congrès.

La Coopération et la Paix

Ce Congrès coopératif international, réuni à Bâle, en reprenant le travail de l'Alliance coopérative internationale, après la plus terrible des guerres, réitère d'abord l'affirmation du Congrès de Glasgow que « la paix et la concorde entre les peuples est une condition fondamentale de la réalisation de l'idéal coopératif. »

Le Congrès exprime la conviction que, malgré la cruelle déception subie, la généralisation progressive du programme coopératif dans l'ordre économique aura pour résultat d'éliminer peu à peu les causes essentielles des guerres.

Pour atteindre ce but, les coopérateurs de tous les pays ont le devoir de travailler non seulement sans cesse au développement organique et économique de leurs associations, mais aussi de mettre en action à toute occasion propice les facteurs moraux du coopératisme contre tout conflit entre les peuples comme aussi contre toute oppression politique ou économique de n'importe quel peuple.

Le Congrès charge les Unions nationales coopératives et toutes les Sociétés coopératives:

Chacune dans la sphère de leur activité et selon les moyens qui leur sont propres, d'exercer, d'une manière permanente, cette action vigilante en vue d'écarter tout conflit politique et économique entre les peuples et notamment de s'efforcer de propager l'idée de réduire simultanément les charges militaires au strict nécessaire afin de les acheminer vers le désarmement général complet et simultané sur terre, sur mer et dans les airs.

Le Congrès recommande de faire une plus large place, dans les écoles d'enseignement coopératif et dans sa propagande, à tous les faits qui peuvent mettre en lumière les désastres de la guerre et les bienfaits de la paix.

Et au cas où la folie des hommes déchaînerait une nouvelle guerre, sans contester le droit et le devoir de tout pays de défendre son indépendance, l'A. C. I. compte que les coopérateurs de tous les pays, même de ceux qui se croiraient victimes d'une injuste agression, sans crainte de braver les préjugés patriotiques et les censures officielles, sauraient s'unir dans une action unanime pour imposer aux belligérants la cessation du conflit par le recours à l'arbitrage.

Le Magasin de Gros International

Le Congrès international des représentants de tous les pays compris dans l'Alliance coopérative internationale, d'accord avec les principes établis dans le rapport soumis par M. Kaufman pour la création d'une usine internationale des Magasins de Gros, prend note avec satisfaction des efforts réalisés pour former une telle organisation. Il s'engage de favoriser lui-même de toutes ses forces le développement et la réalisation de ces propositions, qu'il renvoie au Comité des Magasins de Gros nationaux.

Les relations entre la Coopération et le Syndicalisme

Le Congrès de l'Alliance coopérative internationale, tenu à Bâle, déclare qu'il n'est point de meilleur moyen d'amélioration de conditions économiques des peuples et de plus sûr garant de paix mondiale que de grouper tous les consommateurs sous la forme de Sociétés coopératives;

Donne mandat au Comité central:

1° De s'adresser au plus tôt aux populations pour leur faire comprendre la nécessité de se grouper contre le capitalisme, pour la défense de leurs droits de consommateurs, sous la forme de Sociétés coopératives;

2° D'inviter chaque Union nationale à lancer à son tour un manifeste aux travailleurs de son pays pour les engager d'une façon pressante à renforcer les organisations coopératives existantes et à en constituer là où il n'en existe point encore;

S'adressant plus particulièrement aux travailleurs syndiqués et aux syndicats, le Congrès estime qu'ils ont à considérer les sociétés coopératives sous leurs caractères anticapitaliste et de lutte *en faveur de la communauté, soit come consommateurs, soit comme producteurs;*

Le Congrès proclame que la Coopéraion est essentiellement une doctrine de paix et qu'elle recherche par l'entente, les relations suivies et amicales, par les conventions, les contrats collectifs, la conciliation et l'arbitrage, l'établissement d'un régime d'équité entre la distribution et la production.

Il affirme que les Sociétés coopératives, organismes de transformation sociale, s'efforcent d'accorder à leur personnel des conditions de travail les meilleures possibles, qu'elles acceptent les contrats collectifs de travail tout en mettant en garde les syndicats contre le danger d'exiger d'elles, seulement, des conditions dont l'application amoindrirait leur puissance d'amélioration et de transformation économique au profit de l'industrie capitaliste.

La Coopération et la Société des Nations

Les délégués des sociétés coopératives de tous pays, réunis en Congrès international, à Bâle, saluent avec le plus grand espoir l'idée de la Société des Nations, essai d'organisation universelle des peuples pour l'établissement de la paix et la protection des intérêts communs de l'Humanité. Le Congrès recommande aux coopérateurs de tous pays, membres de la Société des Nations, de faire pression sur le gouvernement de leur pays, pour obtenir une constitution plus démocratique de la Société des Nations actuelle, en vue d'en faire une véritable Société des Peuples. Le Congrès proclame la nécessité de développer rapidement le mouvement coopératif universel pour arriver à supprimer les rivalités économiques entre les nations et créer ainsi par la collaboration fraternelle des hommes dans le domaine économique, le complément nécessaire de l'organisation politique de la paix entre les peuples, qui est la tâche de la Société des Nations.

Représentation de la Coopération au Bureau International du Travail

Considérant que, d'après leur constitution actuelle, les Conférences internationales du Travail et le Conseil d'administration du Bureau international du Travail comprennent pour chaque nation deux délégués gouvernementaux, un délégué patronal et un délégué ouvrier, et qu'ainsi les intérêts des consommateurs organisés n'ont pas de représentation directe dans les discussions concernant les problèmes internationaux du travail;

Considérant, d'une part, que le développement des Coopératives de consommation intéresse au plus haut degré les consommateurs à faibles revenus, et particulièrement les travailleurs dont elles organisent et augmentent la puissance d'achat, et d'autre part, que ces Sociétés sont des employeurs occupant un personnel de plus en plus important, dans la mesure où se développent, sur une échelle toujours plus grande, leurs établissements de production, qu'ainsi les Coopératives de consommation occupent nécessairement à l'égard de la production une position spéciale qui n'est ni celle des employeurs privés, ni celle des travailleurs professionnellement organisés, et que, dégagées de toute proccupation particulière de groupe ou de catégorie, elles sont qualifiées par excellence pour défendre l'intérêt général des consommateurs à la satisfaction duquel doivent concourir tous les facteurs de la production;

Ce Congrès coopératif international approuve les démarches déjà entreprises, soit par les organes de l'Alliance, soit par les Organisations coopératives nationales, en vue d'assurer aux Coopératives de consommation la représentation dans l'Organisation internationale du Travail qui leur revient, en raison de leurs caractères propres; il appelle instamment l'attention des organisations coopératives des divers pays sur la nécessité de poursuivre leurs efforts, jusqu'à ce que soit assuré aux consommateurs coopérativement organisés un droit de représentation directe au sein des Conférences internationales du Travail et du Conseil d'administration du Bureau International du Travail.

Résolutions diverses

Voici d'autre part les résolutions votées sur des questions diverses :

Les persécutions politiques dirigées contre les Coopératives de Hongrie

Les délégués des Coopératives de tous les pays du monde, rassemblés au Congrès coopératif de Bâle, prennent connaissance avec surprise et en protestant du fait que *le gouvernement actuel de la Hongrie* a entrepris de priver les coopératives de consommation de ce pays et d'autres organisations servant aux intérêts du peuple travailleur, non seulement du libre exercice de leurs fonctions économiques, sans lequel les coopératives ne peuvent exister, mais même par des mesures politiques et policières, d'intervenir dans le droit privé existant dans ce pays et dans la liberté d'association reconnue chez tous les peuples civilisés, en tolérant et en encourageant les violences destinées à influencer les assemblées des sociétaires; en suspendant leurs Comités librement élus; en confiant la direction à des organes ou en les menaçant de décrets nuisibles ou en employant des mesures coercitives effectives, pour les forcer à congédier une partie de leurs employés et à les remplacer par d'autres agréables au gouvernement; enfin, en intimidant les Coopératives à un tel point qu'elles ne peuvent pas même oser exercer leurs droits de sociétaires dans l'Alliance coopérative internationale et envoyer des délégués à ce Congrès.

Le Congrès est pénétré de la conviction que l'organisation coopérative doit être libre, qu'elle ne peut être atteinte par des interventions quelconques des autorités administratives, que ces dernières soient projetées au nom d'opinions radicales et réactionnaires, au nom de la révolution ou de l'autorité. Il exprime donc le vœu que la liberté des associations économiques et leur responsabilité exclusive devant les tribunaux civils ordinaires soit, en Hongrie, rétablies et respectées à l'avenir.

Les persécutions exercées contre les Coopératives de Galicie Orientale

Le 10e Congrès internationl coopératif constatant avec regret que les forces militaires polonaises qui occupent actuellement la Galicie orientale, persécutent les coopératives de ce pays.

Proteste contre les menées du militarisme polonais et exprime l'espoir que ces persécutions cessent et que les coopératives soient libres de poursuivre leur activité et leur développement dans le dit pays.

Enfin, le Congrès, sans voter sur un texte, s'est associé à une protestation élevée contre les procédés mis en usage contre les coopératives par les fascistes italiens.

Depuis le Congrès de Bâle l'Alliance Coopérative internationale, dans son Comité Exécutif de Bruxelles en janvier, a été conduite à appliquer les décisions prises à ce Congrès.

A la suite du Congrès, le Comité Central a renouvelé son bureau et a nommé M. Gœdhart Président, Whitehead et Poisson, Vice-Présidents de l'Alliance.

La Fédération Nationale avait défendu la candidature de M. Gide à la Présidence, mais M. Gide a retiré sa candidature devant celle de M. Gœdhart, estimant que ce dernier serait appelé à rendre de grands services au mouvement coopératif international.

Un Comité Central qui se tiendra à Milan du 8 au 10 avril, marquera une étape de plus dans la reprise des relations économiques entre tous les mouvements coopératifs.

Ainsi qu'on l'a vu dans les résolutions rappelées plus haut, une proposition avait été faite à Bâle, présentée au nom de la Fédération Nationale par notre ami Gaston Lévy, et concluant à la création d'une Banque Coopérative Internationale. Une première réunion a eu lieu à Bruxelles et a nommé un Comité pour examiner les possibilités de création de cette Banque. M. Gœdhart, président de l'Alliance, a été chargé de présider ce Comité et notre ami Gaston Lévy en a été nommé secrétaire.

Lors de la réunion de Milan, les organisations coopératives s'occupant de banque désigneront un délégué titulaire et un délégué suppléant pour constituer le Comité de la Banque et il est probable que des résolutions très importantes seront prises en vue de la réalisation de cette proposition.

Le Comité exécutif de Bruxelles saisi d'une demande du nouveau Centrosoyus de Moscou pour l'envoi d'une délégation, a décidé d'accepter cette invitation et a nommé cette délégation composée de : Suter (Suisse), Lustig (Tchèque), Serœy (Belge), Poisson (Français). May, le secrétaire de l'Alliance et deux représentants du Comité International du Magasin de Gros, l'un du Magasin de Gros anglais, l'autre du Magasin de Gros suédois, ont été invités à se joindre à cette délégation.

Le but de la délégation a été d'examiner les conditions d'organisation de la Coopération russe et les possibilités d'établir des relations entre ce mouvement et les organisations nationales adhérentes à l'Alliance.

Cette délégation a eu lieu du 25 février au 20 mars.

A la réunion de Milan, sera examinée la question de la création d'un Office de renseignements entre les différentes formes de Coopération, l'application de directives à tous les mouvements coopératifs pour leur organisation intérieure et l'application des principes coopératifs contenus dans les statuts de l'Alliance, puis aussi la proposition d'organisation d'un Secrétariat de techniciens, présentée par la Fédération Nationale, de même que la question de la création d'une journée coopérative internationale.

⁂

Notons encore que, sur la proposition du Conseil Central de la F. N. C. C., le Comité exécutif de l'Alliance, dans sa réunion de janvier à Bruxelles, a fait sienne la résolution suivante :

L'Alliance coopérative internationale, considérant que la Coopération n'a jamais distingué entre les intérêts de ses adhérents et ceux des larges masses consommatrices, ni séparé les intérêts de la consommation des intérêts généraux de la nation et, en particulier, de ceux de la production;

Considérant que, quel que soit le rayon de son action pratique immédiate, la Coopération est, par son idéal, universelle et humaine;

Considérant que la division internationale du travail et l'universalisation des échanges ont solidarisé les intérêts essentiels de toutes les nations;

Considérant que, par l'effet de cette solidarité, les bouleversements économiques et financiers qui ont atteint le plus grand nombre des pays de l'Europe affectent par répercussions tous les autres pays, la crise d'appauvrissement et de déficit des premiers entraînant un resserrement extrême de leur pouvoir d'achat, et, par là même, provoquant la crise d'écoulement et d'apparente surproduction des autres;

Considérant que, pour ces motifs, à cette heure, une partie du monde ne peut plus vendre et menace de succomber à une effroyable crise de chômage parce que l'autre partie du monde ne peut plus acheter;

Considérant que ces bouleversements économiques et financiers se traduisent par les diversités et les variations perpétuelles des changes et que ces diversités et ces variations produisent l'instabilité universelle de la production et opposent des barrières le plus souvent insurmontables, à la circulation des produits;

Considérant que la crise des changes a notamment pour effet d'abaisser considérablement le prix de la main-d'œuvre dans les pays à change déprécié et, par là-même, de faire subir aux travailleurs des pays à change élevé les contre-coups de la concurrence de salaires avilis, contre-coups qui se manifestent par des réductions de salaires qui atteignent le pouvoir d'achat des masses;

Considérant qu'à ces divers facteurs de perturbation économique s'ajoute, pour jouer parmi eux un rôle de premier plan, le problème des réparations, aussi redoutable par les lenteurs qui résultent des solutions présentes dans l'œuvre de restauration économique, que par les brusqeus oscillations des changes nées des incertitudes de la situation;

Emet le vœu :

1° Que les nations, prenant enfin conscience de l'intime solidarité d'intérêts qui les relie les unes aux autres, décident de suivre en commun, conformément au programme même de l'Alliance coopérative internationale, une politique d'entr'aide économique;

2° Que cette entr'aide prenne la forme d'un octroi de crédits à celles d'entre elles qui se trouvent atteintes, par les contre-coups directs ou indirects de la guerre, dans leur vitalité économique et dans leur puissance de production;

3° Que, notamment, pour mettre fin à l'universelle insécurité politique et financière qui résulte de la solution présente du problème des réparations, un organisme représentatif de l'universalité des peuples, intervenant entre les parties et se substituant à elles, à la fois comme créancier et comme débiteur, assure la ponctualité et la continuité des prestations indispensables à la reprise de l'activité économique des uns tout en fixant les termes de paiement conformément aux possibilités effectives des autres;

4° Que, pour assurer l'exécution d'un tel programme de reconstruction économique européenne et mondiale, une conférence économique universelle soit convoquée au plus tôt, et que, parmi les éléments économiques qui doivent y être nécessairement représentés, une place soit faite à la Coopération, représentation internationale de l'ensemble des consommateurs;

Mais, d'autre part, considérant qu'il serait inadmissible qu'un tel effort de relèvement mutuel et d'entr'aide internationale fût suivi du retour aux anciennes pratiques de concurrence désordonnée et d'anarchie universelle qui condamnent le monde au renouvellement périodique des crises économiques;

Considérant que la Coopération a toujours eu pour objectif l'adaptation de la production générale aux besoins de l'ensemble de la Société préalablement déterminés;

Emet le vœu :

1° Que la Société des Nations, élargie et universalisée, qui pourra seule s'acquitter des tâches préalablement définies, prenne toutes les mesures en son pouvoir pour frayer les voies à l'organisation mondiale de la production et des échanges;

2° A cette fin, que l'Alliance coopérative internationale obtienne, soit directement, soit par l'intermédiaire de ses organisations nationales, une part de représentation dans les organismes économiques et financiers de la Société des Nations, — l'Alliance décidant de faire, à cet égard, toutes démarches nécessaires;

3° Que le Bureau International du Travail complète, par une enquête universelle sur la consommation, les travaux de ses enquêtes en cours sur la production et le chômage et qu'une telle enquête s'attache, entre autres objets, à déterminer l'ensemble des organes, aujourd'hui existants, qui peuvent fournir un point d'appui pour l'organisation internationale des échanges du crédit et de la production; — l'Alliance coopérative internationale s'engageant, pour sa part, à apporter par ses organisations nationales tout le concours nécessaire;

Et fait appel aux consommateurs de tous les pays pour que, en se groupant toujours plus nombreux dans les rangs des organisations coopératives, ils réalisent la condition première de l'organisation internationale de l'économie.

Rapport de la Commission de Contrôle

Camarades,

La Commission de surveillance nommée par le Congrès de 1921, a vérifié avec soin les chapitres de la comptabilité de la Fédération Nationale des Coopératives ; elle s'est assurée de l'existence des valeurs disponibles et réalisables.

Le Bilan a été l'objet de toute son attention et l'excellence des résultats de l'exercice (105.427 fr. 61) dispense de longs commentaires.

Elle approuve la sincérité du Bilan et conclut à son adoption tel qu'il vous est présénté.

Le Rapporteur :

DRONEAU.

La Commission de contrôle :

DAVID, DRONEAU, DUCROCQ, LÉVY, (Isidore), TUTIN.

Bilan au 31 Décembre 1921

Actif			Passif	
		VALEURS IMMOBILISÉES		
	13.703 66	Matériel et agencement.		
		Leur amortissement .	13.703 66	
	85 »	Actions de Sociétés ouvrières.		
		Leur amortissement .	85 »	
13.788 66				13.788 66
		VALEURS ENGAGÉES		
114 15		Fournitures à utiliser.		
		VALEURS DISPONIBLES		
	16.129 10	En Caisse.		
	9.843 42	Chèques postaux, en compte courant.		
	194.648 31	M. D. G., en compte courant.		
220.620 83				
		VALEURS RÉALISABLES		
	12.222 05	Stock librairie.		
	2.092 70	Stock *Action coopérative*.		
14.314 75				
		DÉBITEURS DIVERS		
	18.596 60	Dû par l'Association pour l'Enseignement de la Coopération.		
242.838 39	*A reporter*		*A reporter*	13.788 66

Actif			Passif	
242.838 39	*Report.*		*Report.*	13.788 66
	836 70	Bulletin de l'Alliance Coopérative internationale.		
	134.842 85	Débiteurs divers.		
	39 888 15	Fédérations régionales (cotisations dues).		
194.164 30				
		VALEURS EXIGIBLES		
		Comité des Régions libérées	15.798 13	
		Frais et factures à payer.	45.850 55	
		Orphelins (Pupilles de la Nation)	95.038 15	
		Russie	5.015 15	
				161.701 98
		RÉSERVES		
		Excédents des exercices précédents	162 074 44	
		Excédent de l'exercice .	105.437 61	
				267.512 05
443.002 69				443.002 69

Comptes d'exploitation

Librairie

Stock au 1er janvier 1921		12.205 05
Montant des achats de l'exercice		49.588 70
		61.793 75
A déduire : Stock au 31 décembre 1921		12.222 05
Prix d'achat des marchandises vendues		49.571 70
Total des ventes de l'exercice		55.073 67
		5.501 97
Salaires	4.215	
P.T.T. et frais d'expédition	906 40	
Frais divers	940 09	
		6.062 30
Déficit de l'exercice		560 33

Bulletin de l'Alliance Coopérative Internationale

Dépenses :

Impression	6.121 80
Frais d'expédition	83 95
Affranchissements	196 75
Pourboires	3 »
Frais de traduction	600 »
	7.005 50

Recettes :

Abonnements	6.168 80
Solde créditeur au 31 décembre 1921	836 70

Action Coopérative

Recettes :

Abonnements		270.251 60	
Abonnements F. N. C. C.		8.775	
Publicité M. D. G. et divers		6.750	
Vente de bouillons		1.289 85	
			287.066 45

Dépenses :

Frais d'impresion		75.932 50	
Papier journal		55.429 80	
Bandes		37.663 30	
Frais d'expédition		53.112 30	
Affranchissements		16.105 35	
Pointage du journal		1.200	
Clichés		395 95	
Administration et frais divers		13.543 30	
		253.382 50	
Stocks au 1er janvier 1921	7.713 15		
Stocks au 31 décembre 1921	2.092 70		
Différence de stocks		5.620 45	
			259.002 95
Bénéfice net			28.063 50

Russie

Souscription Fédération nationale	5.000 »
Souscriptions reçues de Sociétés diverses	50.015 15
Total	55.015 15
Versements F. N. C. C.: 30.000+20.000	50.000 »
Solde créditeur au 31 décembre 1921	5.015 15

Réserve pour imprévu

Monument de la Coopération, souscription et frais....	501 60
Participation à l'Exposition de Prague	500 »
Supplément cotisation Alliance coopérative internationale et frais	4.000 20
Souscription Russie	5.000 »
Divers	780 »
	10.781 80

Débiteurs divers

M. Parmentier: dû	4.000 »
Journée d'adhésion: dû par Sociétés diverses.........	12.500 55
Bulletin A. C. I.	67 »
Action Coopérative	95.048 20
Librairie: dû par clients	6.905 30
Cotisations: dû par Sociétés diverses	16.321 80
	134.842 85

Cotisations

Cotisations Sociétés de consommation	261.666 49
— — production	3.675 45
— des cercles	247 20
— du M. D. G.	78.668 »
	344.257 14

Pertes et Profits

Abonnements irrécouvrables *Action Coopérative*	197 75
Solde du compte « Fêtes et Excursions »............	66 »
Solde du compte Clients divers, Librairie	20 75
	284 50

Dépenses - Exercice 1921

Frais généraux Ch. I

Art. 1. — Loyer et frais accessoires	3.550 »
— 2. — Assurances	744 75
— 2 *bis*. — Contributions	507 65
— 3. — Entretien du matériel et agencement	482 »
	5.284 40

Frais généraux Ch. II

Art. 4. — Frais administratifs; appointements et comptabilité M. D. G.	84.087 50

Frais généraux Ch. III

Art. 5. — Frais de bureau; imprimés; circulaires; papeterie	7.341 25
— 6. — Frais de poste; télégrammes	9.230 75
— 7. — Femme de ménage	1.820 »
	18.392 »

Propagande Ch. IV

Art. 8. — Frais de délégation		41.242 70
— 9. — Congrès		8.432 50
— 10. — Subvention à la Librairie		3.000 »
— 11. — Subvention à l'Ecole coopérative		2.500 »
— 12. — Service renseignements administratifs et commerciaux		1.156 35
— 13. — Service de renseignements juridiques		12.000 »
— 14. — Service gratuit de *l'Action Coopérative* aux Sociétés adhérentes		8.775 »
— 15. — Cotisation de l'Alliance Coopérative Internationale: pour 1920	1.387 50	
pour 1921	8.940 65	
		10.328 15
— 16. — Frais de traduction		613 90
		88.048 60

Statistiques Ch. V

Art. 17. — Service Statistiques et Office technique	8.400 »

Dépenses extraordinaires Ch. VI

Art. 18. — Achat de matériel, agencement pour installation nouvelle	25.995 »

Chapitre VII

Art. 19. — Réserve pour imprévus	10.781 80
Total	240.989 30

Récapitulation

	DOIT	AVOIR
Frais généraux : Chap. I	5.284 40	
— — Chap. II	84.087 50	
— — Chap. III	18 392 »	
Propagande : Chap. IV	88.048 60	
Statistique : Chap. V	8.400 »	
Dépenses extraordinaires : Chap. VI	25.995 »	
Réserve pour imprévus : Chap. VII	10.781 80	
Pertes et profits	284 50	
Cotisations		344.257 14
Action Coopérative : Bénéfice net		28.063 50
Librairie : Déficit	560 33	
Journée d'adhésion : Excédent de dépenses	25.048 90	
Résultat de l'exercice : Excédent	105.437 51	
	372.320 64	372.320 64

Association pour l'Enseignement de la Coopération

Doit :		
Versement 2 annuités		43.000 »
Versement supplémentaire pour 2 annuités (augmentation des charges résultant d'un décret ministériel)		5.150 »
Frais du notaire		2.500 »
Frais de remboursement des sociétés		» 60
		50.650 60
Avoir :		
Souscriptions reçues de Sociétés	24.054 »	
Don Ch. Gide	8.000 »	32.054 »
Solde débiteur viré à la F. N. C. C.		18.596 60

Rapport sur la Caisse Fédérale

Les résultats du 8e Exercice de la Caisse fédérale nous permettent de constater que son développement est continu, ce qui prouve que nos coopérateurs s'intéressent de plus en plus à cette institution de prévoyance sociale.

Si nous examinons, en effet, les comptes arrêtés après vérification du Ministère du Travail, nous trouvons à tous les postes du bilan des excédents très appréciables sur les chiffres de l'an dernier.

Le nombre de nos adhérents atteint maintenant plus de 5.000, soit une augmentation de 20 %, celui de nos retraités est passé de 140 à 180.

Le total des fonds placés est de 163.980 francs, en excédent de 48.419 fr. 40, soit 30 %. Notre actif totalise 183.870 fr. 95 au lieu de 126.808 et notre passif 170.241 fr. 80 contre 108.638 fr. 70, ce qui laisse ressortir un excédent d'actif de 13.000 francs. Ce dernier compte est bien en diminution de 5.000 francs par rapport à l'exercice précédent. Cela tient à deux causes. D'abord, la baisse considérable des valeurs mobilières, qui composent notre portefeuille, provoquée par le renchérissement du loyer de l'argent et de la crise commerciale. Ensuite, parce que nous avons élevé le taux de capitalisation sur lequel nous calculons nos retraites. Devançant en cela toutes autres caisses similaires, et même la Caisse nationale des retraites, nous l'avons porté à 5 % au grand profit de nos sociétaires, dont les pensions éventuelles se trouvent majorées dans des proportions intéressantes; mais nous avons dû, par cela même, affecter à la garantie de ces rentes des sommes plus élevées. Nous n'hésiterons pas d'ailleurs, toutes les fois que notre situation le permettra, à élever encore le taux de capitalisation, afin de donner à nos assurés le maximum d'avantages pour le minimum de versements.

Notre situation est donc très satisfaisante à tous les points de vue et le contrôleur du ministère du Travail a tenu à exprimer à notre Président toute sa satisfaction pour la bonne gestion de la Caisse fédérale et de l'essor qu'elle prend.

De toutes celles qu'il est chargé de surveiller, seule notre Caisse a vu grossir en effet son nombre d'adhérents et il a été particulièrement surpris des sommes parfois très élevées portées sur les cartes et du nombre considérable de jeunes sociétaires qui se sont fait inscrire au cours de l'année.

Ces résultats sont d'autant plus encourageants qu'ils ont été acquis en pleine crise de chômage, dont nous sommes les premiers à ressentir les répercussions. Il faut donc espérer que si la vie normale reprenait son cours, notre développement s'amplifierait bien davantage. Nous faisons donc appel à tous les camarades, à toutes les coopératives pour qu'ils nous aident à propager dans nos milieux les idées de prévoyance.

Déjà nombreuses sont les organisations qui ont imité l'exemple du Magasin de Gros, de l'Union des Coopérateurs, et affectent à la constitution de retraites pour leur personnel des sommes importantes. Dans beaucoup d'autres, la question est à l'étude.

Nous ne doutons pas qu'avant peu tout le personnel de nos Coopératives sera assuré contre la vieillesse, et que la Caisse Fédérale, instituée dans ce but, verra ainsi son développement s'accroître considérablement et pourra, grâce aux capitaux dont elle disposera, accueillir favorablement les demandes de prêts qui lui sont faites de tous côtés, et concourir ainsi à la réalisation d'œuvres sociales du plus haut intérêt (habitations à bon marché, dispensaires, orphelinats, etc.).

Deuxième Partie

LA CRISE ÉCONOMIQUE

ET SES

Répercussions sur le Mouvement Coopératif

Rapporteur : Gaston LÉVY

La crise économique qui s'est abattue sur le monde n'a pas pu ne pas influencer les Sociétés coopératives françaises, comme d'ailleurs elle a influencé tout le développement économique de notre pays, dans une proportion peut-être moindre que beaucoup d'autres, mais suffisamment importante cependant pour occassionner une crise de chômage et de sous-consommation, dont les effets se font encore sentir à l'heure actuelle.

Si l'on examine avec attention les conditions dans lesquelles ce que l'on a l'habitude d'appeler la crise s'est produite, on remarquera que l'une des raisons principales qui a donné une acuité particulière à cet événement est l'absence presque totale de la connaissance des stocks de marchandises de diverses catégories. Une autre remarque que l'on pourra faire immédiatement, c'est que, quelles que soient les conditions dans lesquelles on ait tenté de ramener l'économie générale à une économie purement nationale, aucun pays n'échappe à une crise de cette importance, quel que soit le lieu d'origine où elle se produit.

Enfin, l'instabilité des changes a eu pour effet d'intensifier encore, s'il est possible, les conditions désordonnées du régime économique devant lequel on s'est trouvé au moment où la crise a éclaté.

C'est au Japon, aux antipodes par conséquent de notre pays, que la crise a pris naissance et, cependant, la France en a subi les conséquences; c'est sur le marché de la soie que l'écroulement s'est fait sentir en premier, et cependant les marchands au détail ont dû enregistrer des pertes sur le saindoux.

Si l'on examinait les choses seulement superficiellement, la corrélation entre le Japon et la France, entre la soie et le saindoux n'apparaîtrait pas très vite; mais en réalité, toutes les formes de l'activité économique sont tellement liées les unes aux autres, les opérations de crédit exercées par les banques ont une telle influence sur toutes les branches du commerce et de l'industrie, qu'une baisse anormale succédant à une hausse anormale de la soie au Japon agit avec la rapidité et le développement d'une avalanche pour soumettre tous les peuples de la terre aux conséquences d'une crise universelle.

L'effondrement du marché de la soie au Japon a entraîné les Banques qui avaient avancé des capitaux aux fabricants et aux spéculateurs de soie, à resserrer le crédit qu'elles avaient pu consentir dans tous les domaines; et, par voie de conséquences immédiates, cette restriction du crédit au Japon, amenant des demandes de crédit supérieures aux Etats-Unis a abouti, pour les banques de ce pays, au même resserrement; les détenteurs de marchandises, qui avaient dû emprunter des capitaux aux banques se trouvaient dans l'obligation de liquider leurs stocks; ces stocks affluant sur le marché de l'Europe occidentale entraînaient la baisse des stocks indigènes de ces nouveaux pays et, de pays en pays, de marchandises en marchandises, la crise est devenue générale.

Il est incontestable que si l'on avait pu connaître à l'avance l'importance exacte des stocks de marchandises existant dans le monde, par rapport aux besoins mondiaux, l'effondrement n'aurait pas pu se produire aussi brusquement, car la hausse des prix sur ces mêmes produits aurait été tempérée par la connaissance des disponibilités.

Mais, un autre élément paraissait également indispensable : la capacité de consommation des pays pour les besoins desquels ces stocks avaient été constitués.

Or, les pays qui avaient le plus perdu pendant la guerre étaient ceux qui avaient le plus consommé en vivant sur eux-mêmes et les conséquences de la guerre avaient entraîné pour ces pays des charges tellement considérables que leurs signes monétaires, basés sur la confiance politique ou économique de relèvement possible, s'étaient effondrés dans des conditions telles que, même avec des besoins importants, leur possibilité de consommation était insuffisante pour absorber les réserves constituées.

On peut affirmer sans crainte que, si les consommateurs avaient pu faire entendre leur voix et défendre leurs intérêts au moment de l'organisation de la production, ils auraient pu empêcher l'effondrement des cours, parce qu'ils auraient pu empêcher l'exagération qui a précédé cet effondrement; mais ni les producteurs, soucieux uniquement du profit à tirer de leur production, ni les Etats désabusés par les expériences faites pendant la guerre et dominés par la volonté des producteurs qui prétendaient ne pouvoir aboutir à une augmentation de la production nécessaire que dans le régime de liberté, ne se sont souciés de consulter les consommateurs qui, cependant, par le seul jeu de leur abstention volontaire ou forcée, ont aggravé les conséquences de la crise.

Dans quelles conditions cette crise économique est-elle venue frapper les Sociétés coopératives en France? En France, au moment où, après de longues années de lutte, la coopération française était parvenue à prendre sa place légitime dans le régime économique moderne, au moment où il semblait que son développement était désiré par tous, au moment où elle commençait à recevoir les premiers encouragements des Pouvoirs publics, encouragements qui se manifestaient entre autres par l'institution de crédits fixés par la loi de 1917, crédits destinés, non pas à aider ou subventionner les Sociétés coopératives pour leur permettre d'équilibrer une gestion difficile, mais destinés, au contraire, uniquement à développer le nombre des organisations coopératives et surtout, les éléments de diffusion de l'idée coopérative que sont, au premier chef, les magasins de répartition et l'outillage nécessaire à leur exploitation.

Encouragées par la facilité relative des opérations commerciales entre 1917 et la fin de l'année 1919, aidées dans leur rôle de régulateur par la hausse constante des produits qui s'est manifestée jusqu'à la fin de 1920, période pendant laquelle les organisations coopératives, en limitant le profit illicite occasionné par la hausse même des produits retardaient la hausse du prix de la vie, mais en s'interdisant de constituer les réserves que les profits illicites permettaient au commerce privé d'acquérir, elles se sont trouvées, au moment où la crise a éclaté, avec des stocks très importants qu'elles n'avaient pu démajorer avec les profits qu'elles n'avaient pas réalisés et ont subi de ce fait des pertes d'autant plus importantes qu'elles n'avaient pas eu le temps de rendre fidèles à l'idée coopérative, la très nombreuse clientèle qui était accourue vers elle, dans l'unique souci d'un avantage immédiat.

Pour accroître encore leurs difficultés, c'est à ce moment-là que les Pouvoirs publics, par l'intermédiaire soit du législateur, soit des agents d'exécution du Trésor, semblaient, non seulement renoncer à l'aide qu'ils avaient apportée à l'organisation coopérative, mais semblaient encore vouloir revenir sur des décisions qu'à bon droit, les Coopératives croyaient avoir été prises définitivement.

C'est ainsi, par exemple, que tant pour l'impôt sur le chiffre d'affaires que pour l'impôt sur les bénéfices industriels et commerciaux, la théorie du Ministère des Finances semble contrecarrer d'une façon absolue, tout au moins pour le deuxième des impôts signalés, l'intention du législateur.

Prises à la fois par la concurrence commerciale, par l'infidélité des coopérateurs nouveaux, par les exigences du Trésor, par leur absence de réserves, par leur développement en cours, les Coopératives ne pouvaient pas ne pas subir, plus que tous autres, les conséquences de la crise, si elles n'avaient pu dans la plupart des cas, par une administration rigide et un désintéressement total de leurs administrateurs et des coopérateurs fidèles, aboutir à une réduction de leurs frais généraux, à une réorganisation de leurs méthodes, ce qui leur a permis de traverser sans danger de mort la crise redoutable qui a cependant atteint avec cette gravité nombre d'organisations commerciales, industrielles et financières dont les dirigeants devaient avoir une valeur bien supérieure à celle de ceux des organisations coopératives si la valeur était toujours et pour tout, déterminée par l'argent.

Si les organisations coopératives en voie de développement n'ont pas été frappées à mort, elles n'en ont pas moins été gênées d'une façon considérable et c'est la raison pour laquelle le Congrès serait bien inspiré, en tenant compte des circonstances qui ont déterminé la crise et des répercussions qu'elle a eue sur les organisations coopératives de consommation, en adoptant les vœux suivants que nous lui soumettons.

PROPOSITION DE RÉSOLUTION

Le Congrès national, constatant que la crise économique qui a atteint les Sociétés coopératives comme les exploitations commerciales a un caractère international ;

Qu'elle a été aggravée par la méconnaissance de l'importance des stocks des différentes denrées, par suite de l'absence de statistiques précises ;

Que, seule, la prudence des administrateurs a permis, au plus grand nombre des Sociétés coopératives, de traverser sans danger mortel une crise aussi redoutable, au cours de laquelle elles n'ont eu qu'à compter sur elles-mêmes, sans appui des Pouvoirs publics, malgré les erreurs répandues à ce sujet ;

Que la crise économique frappant tous les commerçants les a amenés à déchaîner contre nos organisations leur colère intéressée ;

Du point de vue national

Recommande à toutes les Sociétés de rester fidèles à leurs organisations centrales, morale et commerciale ;

D'unir de plus en plus leurs efforts pour utiliser en commun leur force d'achat et les épargnes de leurs membres, pour opposer un front uni aux menaces des adversaires de la Coopération ;

D'exiger des administrateurs de rester extrêmement prudents dans l'évaluation de l'actif de leurs Sociétés ;

D'augmenter, si possible, leurs fonds de réserve et de ne pas proposer des distributions trop importantes de trop-perçu qui risqueraient, pour des satisfactions momentanées, de compromettre l'avenir de leurs Sociétés.

Du point de vue international

Charge le Conseil central de persévérer dans ses efforts en vue d'intensifier, au sein de l'Alliance Coopérative Internationale, la reprise des relations coopératives internationales dans tous les domaines : moraux, commerciaux et bancaires, influançant ainsi pour sa part toutes actions des organismes internationaux créés ou à créer;

En particulier, de réclamer la constitution d'organismes internationaux de statistique internationale, d'un Office international de répartition des denrées et de fixation des prix, et d'exiger pour la Coopération, au nom des millions de consommateurs groupés dans les Sociétés coopératives, et au nom de ceux qu'elles représentent, une place équitable dans tous les organismes créés et dans toutes les réunions ou conférences convoquées pour résoudre le problème de la crise économique mondiale.

La Représentation des Consommateurs dans les Conseils de Gestion des Services Publics et des Monopoles de fait

Rapporteur : Ernest POISSON

Si nous considérons les lois d'organisation et d'évolution du Mouvement coopératif, nous pouvons prétendre qu'elles conduisent elles-mêmes naturellement à une Société économique totalement nouvelle, puisque le caractère essentiel de la coopération, c'est son extensibilité indéfinie.

Si la coopération s'étendait à toutes les branches d'activité économique et sociale et pas seulement aux branches d'activité qu'aujourd'hui elle exerce, il est incontestable qu'il n'y aurait pas de problème spécial des services publics et de monopoles de fait et de la représentation des consommateurs dans leur gestion et direction. Nous devrions simplement imaginer que la coopération arriverait à résorber exactement tous les services publics et monopoles de fait.

La coopération conduit, par son auto-développement intégral, à une société économique reposant sur deux bases :

1° La souveraineté du consommateur;

2° La gestion par l'ensemble de ces consommateurs; c'est en réalité l'essence même du régime économique nouveau que l'on appelle : la République coopérative.

Cependant, si la nature de la coopération est d'aboutir à un régime économique nouveau, elle peut être entravée dans son développement indéfini par l'existence de situations de « fait ».

Or, nous constatons qu'à l'heure actuelle, il existe dans le régime social où nous vivons, dans le régime économique présent, de véritables monopoles qui ne permettent pas, ou ne peuvent plus permettre à première vue, à la coopération, de s'y substituer, monopoles qui peuvent être envisagés sous leurs différentes formes, soit monopoles d'Etat, de départements, de communes, en un mot, monopoles de services publics, soit monopoles privés qui ont été constitués par l'Etat sous la forme de régies intéressées, quelquefois sous forme de concessions, ou qui sont le résultat du régime capitaliste lui-même, de son évolution propre, évolution qui a abouti souvent à donner à certaines entreprises le caractère d'un véritable monopole de fait; dans tous les cas, quelle va être l'attitude de la Coopération en face de ces monopoles ?

La coopération grandit sous un régime de libre concurrence ; là où les monopoles existent, elle ne peut prétendre peu à peu les remplacer puisqu'ils ne lui ont pas laissé de place pour s'implanter et les résorber.

Cependant, restera-t-elle indifférente à leur égard, n'y a-t-il point lieu d'envisager, par d'autres moyens que l'élimination, la pénétration et le triomphe du principe coopératif dans la gestion et la direction des branches de l'activité économique qui sont monopolisées ? C'est le problème de la coopératisation des services publics et des monopoles économiques.

Quels sont, à ce point de vue, les différents cas qui se présentent ?

Quoi qu'on en ait dit, et qu'on le veuille ou non, quelles qu'aient été les discussions théoriques sur l'intervention de l'Etat en matière économique, le fait certain, indéniable, c'est qu'au cours du demi-siècle qui vient de s'écouler, ces interventions ont été de plus en plus fréquentes et les branches et services entrepris par l'Etat sont chaque jour plus nombreux.

D'autre part, ce sont toutes les autres institutions administratives, aux différents degrés de l'échelle, qui, chaque jour, entreprennent des services publics et établissent des monopoles. Départements ou municipalités s'occupant de gaz, d'électricité, de voirie, de tramways, voire même de pompes funèbres. Partout, par conséquent, où l'Etat, les Départements, les Communes ont à leur disposition plus ou moins d'entreprises économiques, il est incontestable que la coopération est entravée dans son extensibilité. On voit difficilement comment on pourrait substituer immédiatement à l'organisation des Postes de l'Etat, une grande coopérative de consommation des Postes, Télégraphes et Téléphones. Elle ne pourrait, en tout cas, se développer à côté de l'organisme d'Etat. Elle n'en aurait ni le droit ni les moyens. Il n'y a donc aucun espoir de pouvoir dresser à côté d'un service semblable une autre organisation économique et ce n'est qu'en pénétrant celle qui existe que l'on peut avoir la prétention de réaliser l'idéal coopératif. Ce qui est vrai des P. T. T. est également vrai des routes et canaux. Nous ne voyons pas comment, même avec un grand développement de la coopération, on songerait à établir des routes et canaux coopératifs à côté de ceux existants. Il faut donc tenir compte de ces faits.

De même, il est devenu indispensable de n'avoir qu'une Compagnie de gaz ou d'électricité ou de tramways par ville; on avait pensé, à un moment donné, à établir la concurrence entre elles. Il y a eu plus d'inconvénients que d'avantages. On est donc en présence de monopoles, même quand ce n'est pas la ville ou le département qui gère. Un certain nombre de départements ont entrepris la gestion de chemins de fer départementaux; quand le chemin de fer est là, on ne peut concevoir que l'on créera une ligne à côté. Il est vrai que l'on pourrait, à ce sujet, citer l'exemple de l'Angleterre où les chemins de fer, sinon départementaux, tout au moins nationaux, appartiennent à des Compagnies qui n'ont pas de monopoles et se font concurrence quelquefois pour des trajets absolument identiques. Mais si la chose était à refaire, il est douteux que l'on revienne à un pareil régime. En tous cas, il n'y a plus de place pour des chemins de fer coopératifs, même dans l'hypothèse d'une coopération amplifiée et triomphante. Les chemins de fer sont là, il faut ou les transformer en une institution coopérative ou les laisser tels quels.

A côté des monopoles économiques des services publics, il y a aussi un certain nombre de monopoles privés, industriels et commerciaux, véritables monopoles de fait. En face d'eux, il est pour ainsi dire impossible de songer à un avenir de la coopération. Tel est le cas dans maintes branches d'activité économique. En Amérique, actuellement en matière de viande, il y a un trust qui fournit, en réalité, la totalité des consommateurs de viande dans certaines parties des Etats-Unis. Là où ce trust existe avec une puissance formidable, même si théoriquement on pouvait susciter une concurrence coopérative, si l'on établissait à côté une autre organisation, en fait, cela serait impossible; il suffirait du reste de l'essayer pour que, en quelques mois, le trust existant trouve le moyen d'abattre la nouvelle organisation en lui faisant la mortelle concurrence qui consiste à faire des conditions de vente au-dessous du prix de revient.

Ce qui est vrai pour le commerce de la viande en Amérique l'est également pour certains commerces ou industries en France. Sans doute, nous n'avons pas encore ici de monopole, ni de trust aussi complets que ceux qui existent au delà de l'Atlantique, mais nous sommes tout prêts à les avoir pour certains produits.

C'est un fait que créer ou vouloir créer des organisations coopératives à côté de pareils organismes serait extrêmement coûteux; c'est peut-être possible, mais certainement beaucoup plus difficile qu'on ne le pense.

A côté des monopoles de fait d'industries privées, existent également des monopoles dûs aux concessions de l'Etat, créés par des lois qui ont donné ce droit. Par exemple, deux grands genres de concessions constituent un monopole de fait : les chemins de fer et les mines. Dans la législation française, il est impossible d'imaginer que demain, la coopération pourra obtenir une concession pour mettre une ligne de chemins de fer à côté de celles qui existent. Pour les mines, vous direz : de nouveaux gisements peuvent être exploités et l'on peut obtenir de nouvelles concessions, mais en fait, les grands gisements sont aujourd'hui assurés dans leur exploitation par de grandes Compagnies et là, on ne peut dire que la Coopération trouvera place dans des conditions normales d'égalité.

Ainsi, toutes sortes de monopoles privés ou publics interdisent à la coopération de se développer dans un temps bref ou de s'y substituer même un jour futur.

Si la coopération ne peut pas ou n'est pas encore en mesure de réaliser la souveraineté du consommateur et leur gestion collective dans certaines branches d'activité sociale, il n'en est pas moins nécessaire de voir si, indirectement, les idées que représente la coopération ne peuvent pas s'exprimer et recevoir satisfaction pour une part ou pour la totalité. Ce qui est certain, c'est que les principes coopératifs n'en sont pas moins valables; les principes coopératifs affirment qu'une organisation économique bien faite, rationnelle, doit avoir pour objet de servir les besoins et que, par conséquent, la production doit être organisée en vue de ces besoins et soumise à eux. Et si nous pensons que la société est faite elle-même pour les consommateurs, il semble bien que c'est par là-même justifier le droit des consommateurs à avoir non seulement le droit de regard, mais un contrôle et la possibilité de propriété et de gestion sur l'ensemble des organismes économiques.

Comment ce droit du consommateur sur la gestion économique peut-il s'exercer ? Nous voyons que dans l'évolution moderne, elle le peut en tout cas sous forme collective et cela partout où l'économie a mené au travail collectif, à l'entreprise collective elle-même. Les intéressés, c'est-à-dire les consommateurs, sont en réalité les plus qualifiés pour organiser à leur profit et suivant leur intérêt le régime économique. Nous avons par là-même déterminé le droit des intéressés à essayer de connaître ce qui se passe dans la vie économique, en même temps que le droit du consommateur à la gestion des organisations économiques.

Ceci fait, voyons si on tient beaucoup compte, dans toutes les institutions économiques actuelles, qui ne sont pas du ressort de la coopération, du rôle du consommateur et envisageons les défauts qui ressortent des organisations non coopératives, du point de vue de l'intérêt même de ce consommateur.

Pour cela, distinguons d'abord le cas des services publics : Etats, Départements, Communes et le cas des monopoles privés, qu'ils soient concédés ou le résultat d'entreprises privées.

Concernant l'Etat et les gestions de services par l'Etat, nous n'avons pas à examiner les arguments qui sont présentés pour ou contre ce système de gestion, nous nous plaçons simplement du point de vue des principes coopératifs et du droit des consommateurs, c'est notre rôle. De ce point de vue, deux arguments doivent être mis au premier plan. La gestion par l'Etat entraîne souvent un mélange, une confusion entre ce qui est le rôle même de l'Etat et ce qui est le but d'une entreprise économique; l'Etat est, par excellence, dans sa nature propre, une institution de coercition. Il gouverne les hommes; au contraire, une entreprise économique n'a pas pour but de gouverner les hommes, mais d'administrer les choses. C'est du reste la véritable justification d'une parole de Saint-Simon : « Il faudra qu'à un moment donné, le gouvernement des hommes fasse place à l'administration des choses ». Mais quand il s'agit d'entreprises d'Etat et, dans une certaine mesure d'entreprises mêmes de départements ou communes qui, quoique n'étant pas l'Etat en subissent le contrôle et sont sous sa tutelle, cette erreur s'implante que l'on applique à l'administration des choses les règles d'un gouvernement des hommes. De là, ce que nous connaissons malheureusement trop bien en France, la bureaucratie — le mot le dit — qui est le commandement des bureaux. Elle provient de ce fait que l'on a comme objectif. non pas servir le consommateur ou le client, mais simplement de remplir une fonction publique relevant du gouvernement des hommes; on considère par conséquent les clients et consommateurs uniquement comme des gens que l'on gouverne.

On multiplie toutes sortes de règles, soit de comptabilité, soit de gestion, qui ne sont économiquement que tracasseries et formalisme et sont le témoignage de l'esprit de commandement des hommes, alors qu'il s'agit d'une entreprise économique.

Il importe de confier la gestion des monopoles publics à des offices jouissant de l'autonomie financière et administrative.

Il paraît donc plus indispensable encore que les consommateurs soient appelés à donner leur avis et à participer à la gestion de ces services publics.

Il y a une deuxième raison du point de vue du consommateur, non pas de faire une critique très sévère de la gestion de tous les services publics, mais plus particulièrement, de la gestion de certains monopoles par l'Etat.

Le jour où l'Etat a une direction industrielle, commerciale, agricole, bancaire, il prétend comme le dit le mot : rendre service au public. Mais il ne faut pas oublier que l'Etat n'est pas préoccupé que de l'exploitation de ces entreprises économiques, il doit faire face à un nombre énorme de tâches, de charges. Il a à assurer le paiement de ses dettes, de ses arrérages, de ses pensions; en tout cas, il doit faire face à tous les besoins de l'Etat. Lorsqu'il a des exploitations économiques, il est quelquefois conduit à ne pas voir justement le but primitif qui est de rendre service, mais il trouve simplement dans l'exploitation du public, un moyen de se procurer des ressources : c'est ce qu'on appelle les régies fiscales. Il est peut-être très loisible, comme homme d'Etat, de dire : « Pour trouver de l'argent, nous allons profiter du monopole des allumettes, du tabac » ; peut-être même d'un point de vue financier, est-ce le moyen le plus simple de remplir la caisse en faisant crier beaucoup moins les producteurs et consommateurs que par des impôts directs, mais du point de vue du consommateur, la régie fiscale est un impôt indirect et son organisation est contraire à tout ce qui est la règle normale des entreprises économiques; c'est un moyen d'exploitation du consommateur. La régie fiscale prend le titre de service public, mais elle met le public au service de l'Etat pour le profit de celui-ci. Elle a comme premier point de vue, le rendement maximum; elle cherche d'abord à retirer de l'argent. Là, se légitime par conséquent, le droit des consommateurs à jeter un regard, à gérer, à contrôler, puisque nous pensons que les entreprises économiques sont faites pour satisfaire les besoins des consommateurs.

En deuxième lieu, nous avons aussi des reproches à faire à la gestion des monopoles privés du point de vue du même consommateur et dans les deux cas qui se présentent, que ces monopoles soient concédés par l'Etat, comme par exemple les mines ou chemins de fer ou que ce soit des monopoles issus du développement même du régime capitaliste, d'un trust ou d'un cartel capitaliste. Ces organismes ne sont pas dirigés vers la satisfaction des besoins du consommateur; il y a des raisons fondamentales. Quand il s'agit de monopoles concédés : mines, chemins de fer, de monopoles de fait ou sur le point de le devenir, quel est le but poursuivi par ceux qui détiennent les concessions ? Les exploitants de la mine, les dirigeants des Compagnies de chemins de fer ? C'est de donner à ceux qui leur ont fourni les capitaux le plus de satisfaction possible : le maximum de rendement est à la base de leur effort; c'est, il est vrai, un rendement singulièrement privilégié car dans l'état normal du régime de la libre concurrence, malgré tout, s'ils voulaient donner trop à leurs actionnaires, à leurs obligataires, ils risqueraient qu'à côté, un concurrent s'établisse et offre au consommateur les mêmes services à meilleur compte, tandis que lorsqu'il s'agit au contraire de monopoles de fait, le danger n'existe pas pour eux, ils n'ont plus le souci du consommateur qui devient la bonne bête de somme à exploiter. Ses commodités, ses besoins, son intérêt ne comptent pas.

La course au profit est le ressort de la vie économique. Monopoles de fait ou concessions aboutissent au fait grave que le consommateur est négligé; il semble donc que son appel au droit de regard, au contrôle, à la gestion même, ne serait-ce que comme un contrepoids au fait de monopole, se légitime encore plus qu'en tout autre cas.

Le deuxième argument que nous voudrions donner en faveur d'un droit du consommateur à une gestion des monopoles privés, est le fait que le progrès économique lui-même n'est pas toujours servi par le régime économique actuel. On a dit qu'il avait cet avantage énorme de susciter l'initiative personnelle dans l'état de libre concurrence et par conséquent d'améliorer la technique, d'aboutir à un rendement meilleur; ce serait en partie vrai s'il y avait libre concurrence réelle, mais ce n'est plus vrai du tout lorsqu'il s'agit de monopole, car là, nous sommes en présence de gens qui resteront d'autant mieux dans leur routine qu'ils sont assurés de leur clientèle. C'est donc une sorte de prime à la paresse, à la régression économique. Le consommateur, lui, a le plus d'intérêt au développement de la richesse en général, à l'accumulation des marchandises. Plus il y en aura dans le monde, plus le monde a une chance de plus d'être heureux. Le consommateur a intérêt à avoir le plus de richesses possibles : donc, intérêt au progrès, à la productivité plus grande, au développement de la production. Voilà donc le résultat d'une gestion économique qui serait faite par lui et à son profit.

Ainsi, ayant légitimé le droit du consommateur à la gestion, non pas seulement des coopératives, mais des branches d'activité de la vie sociale où la coopération n'est pas encore allée et où elle ne peut aller, comment, en ce qui concerne les monopoles privés ou d'Etat, — chemins de fer, postes, etc. — réclamer le droit du consommateur à regarder, contrôler et même, si on voulait nous suivre jusqu'au bout, à gérer partiellement ou totalement. Pour cela, il faut agir. Quels sont les moyens d'action ? Trois se présentent à l'esprit : action directe du consommateur, action gouvernementale et action législative.

Que peut-on faire dans le sens de l'action directe pour que les consommateurs arrivent à faire valoir leurs revendications ? Nous avons un exemple, c'est celui des producteurs. En s'associant, en s'organisant sous forme de syndicats ou d'associations professionnelles, ils sont arrivés à faire valoir leurs droits de producteurs; en présentant non une poussière d'individus, mais une force collective. Les consommateurs, en s'associant, eux aussi, peuvent avoir le moyen d'agir et de faire entendre leurs voix sous la forme d'organisations collectives. Il faudrait donc, en réalité, faire un effort énorme pour créer partout des ligues ou associations de consommateurs. Il y en a déjà quelques-unes, par exemple : le Touring-Club de France, qui est une ligue pour les routes, une ligue d'abonnés au téléphone, également quelques organisations de voyageurs, mais c'est encore très faible. Il faudrait déterminer en vérité une action considérable pour engager les consommateurs à se défendre. Depuis quelques années, une catégorie de consommateurs, les locataires, se sont concertés, il est vrai qu'ils ont de redoutables adversaires. Ils commencent à se remuer et à s'unir; les extravagances de certains grands propriétaires ont tout de même fait déborder la coupe et déterminé l'organisation des locataires qui sont aussi des consommateurs de loyers.

Nous voudrions un gros effort des Ligues de consommateurs avec des programmes extrêmement simples; elles devraient présenter leurs revendications en commun, obtenir tous les concours, susciter les initiatives, observations, suggestions, et essayer avec quelque force de les faire entendre à ceux qui dirigent actuellement les entreprises économiques aussi bien d'Etat que les monopoles de fait. Mais il faudrait aller plus loin : réclamer le droit du consommateur sur la gestion, savoir dans quelles conditions financières ou commerciales, services publics et monopoles fonctionnent, obtenir des réponses aux observations faites : en résumé, pratiquer le contrôle sur la gestion de ces entreprises, et allons plus loin, — tout cela serait illusoire si l'on n'obtenait pas le droit de gestion partiel ou total. Ce serait alors la véritable coopératisation qui se concrétise dans le droit de gestion et la représentation des consommateurs à la direction, au contrôle de l'entreprise, soit des services publics d'Etat, soit des monopoles concédés ou privés.

Si l'on veut aboutir dans ce sens, il ne faudra pas se contenter de créer des Ligues spéciales de consommateurs, mais aboutir à constituer, en vérité, une espèce de Comité national des organisations de consommateurs. La Fédération nationale des Coopératives de consommation se doit d'en prendre l'initiative et de l'organiser sous son égide.

Si l'on arrivait, sous cette inspiration des coopératives à constituer un Conseil national des Ligues de consommateurs, bien des choses pourraient en résulter. Le droit du consommateur serait mieux défendu, d'une façon plus sérieuse et plus forte, une sorte d'appui mutuel permettrait d'agir avec plus d'efficacité et aussi, peu à peu, au contact des uns et des autres, des relations s'établiraient, une connaissance des besoins effectifs de tous les consommateurs de voyages, de téléphones, de loyer. Enfin, la propagande serait facilitée si ce Comité examinait la possibilité de créer des organismes départementaux, régionaux, qui pourraient l'aider, lui faciliter la besogne, faire entendre la voix par conséquent de l'homme qui est, sous la forme économique, le consommateur.

Ne croit-on pas que lorsqu'il s'agit de l'intérêt du consommateur, on doive laisser seules les Chambres de Commerce le représenter ? Pourquoi n'admettrait-on pas les coopérateurs et consommateurs à y figurer ? Pourquoi ne pas prétendre, au nom de l'idée du consommateur souverain, que dans les grandes Chambres économiques régionales, ils doivent largement y avoir place ? Dans les projets déposés, on a prévu seulement la représentation des gros intérêts privés, industriels, agricoles ou commerciaux, n'y aurait-il pas lieu d'envisager des Chambres spéciales de consommateurs ? Il y a des législations en Suisse, en Italie, en train de se créer, qui ont pour but de permettre au consommateur, régionalement et nationalement, de faire entendre sa voix, ses desiderata et ses revendications.

Enfin, d'une façon générale, chaque fois qu'une grande question se pose au point de vue économique, — question nationale ou internationale, question, par exemple, de tarifs de douane, d'hygiène sociale, même de solutions à trouver pour les crises économiques, — on appelle seulement des financiers, des diplomates, quelquefois des industriels; or, l'intérêt général représenté par les consommateurs devrait avoir la première place à tous les Conseils nationaux ou internationaux.

On peut prétendre que les consommateurs ont, dès maintenant, cet organe de représentation, même sous la forme la plus complète et la plus décisive, sous la forme des consommateurs associés dans les coopératives; c'est pourquoi on dit toujours, du reste, que les coopérateurs prétendent parler au nom de l'intérêt général des consommateurs. Ils sont plus qualifiés que quiconque, puisque leur programme ne consiste pas à défendre seulement les consommateurs de telle catégorie. Ils veulent donner satisfaction aux consommateurs sur tous les terrains, à mesure du développement de la coopération. N'empêche que le résultat de l'existence d'organisations spécialisées de consommateurs serait de décupler la force générale de revendications des consommateurs en général.

Maintenant, du point de vue de l'action gouvernementale, nous voudrions que l'on demande aux gouvernements de créer des Conseils consultatifs pour toutes les administrations d'Etat; nous voudrions que les consommateurs soient appelés à faire connaître leurs besoins en matière même de finances, de justice, etc. Ils pourraient marquer tous les enfantillages ou erreurs de la bureaucratie. Ils pourraient essayer d'apporter des remèdes s'inspirant de l'administration des choses et s'éloignant du gouvernement des hommes.

L'on devrait également, au nom des consommateurs, demander immédiatement leur participation directe à un certain nombre de monopoles de l'Etat, à leurs Conseils de direction et de gestion. Voici par exemple les Postes que l'on va réorganiser, les Chemins de fer qui vont être dotés d'une espèce de Conseil supérieur placé au-dessus des Compagnies; dans ces Conseils, on appelle tout le monde: les représentants des Conseils généraux, des intérêts régionaux, de l'Etat, puis les représentants des Chambres de Commerce au nom des commerçants, puis les représentants des grands industriels, des producteurs, et des travailleurs; mais il y a toujours quelqu'un que l'on oublie, pour qui l'entreprise est créée et à qui l'on ne donne pas la plus modeste des parts, c'est le consommateur. C'est son droit absolu à la gestion qui devrait être proclamé, exigé des gouvernements et non une portion infime de ce droit; la part qui devrait lui être faite devrait être la plus large des parts. Voilà donc comment les consommateurs pourraient obtenir la reconnaissance de leurs droits par l'action gouvernementale. Nous ne parlons que des Postes ou des Chemins de fer, la même chose pourrait être dite à propos des Allumettes, du Tabac et de toutes les grandes administrations ou services publics.

Il est possible aussi de concevoir une action législative.

Lorsque l'on établit par exemple des concessions, on devrait demander aux gouvernements de songer, pour les Conseils de direction ou de contrôle, à appeler les représentants des consommateurs, soit des Ligues spéciales de consommateurs, soit des consommateurs organisés plus généralement sous forme de coopératives; or, cela n'existe pas encore. L'Etat dit: les représentants des pouvoirs publics représentent les consommateurs. Ce n'est pas exact: ils représentent l'ensemble des citoyens, c'est-à-dire l'homme se manifestant par l'acte politique, mais différent de l'homme se manifestant comme agent économique.

Quand on manifeste son opinion comme citoyen, c'est pour le gouvernement des hommes et non pour une administration des choses.

Lorsqu'on établit des concessions de mines, de chemins de fer ou autres, on devrait exiger une part de représentation non seulement pour les consommateurs individuels, mais aussi pour les consommateurs collectifs, les usagers des industries.

Voilà donc tout un programme d'action tendant à la coopératisation des services publics. Encore est-il qu'il faut au plus tôt agir pour essayer de le réaliser.

PROPOSITION DE RÉSOLUTION

Le Congrès invite la Fédération nationale des Coopératives de consommation à continuer son action pour que les représentants des consommateurs, représentants de leurs Associations particulières, qu'il faut désirer aussi nombreuses et aussi fortes que possible, et représentants du mouvement coopératif qui est l'émanation la plus complète et la plus grande de l'intérêt des consommateurs, soient appelés à siéger, avec l'importance la plus considérable possible, dans les Comités ou Conseils consultatifs ou délibératifs qui sont, ou devraient être constitués pour la gestion des services publics et des monopoles économiques de fait ou concédés.

Il donne mandat à la Fédération nationale des Coopératives de consommation de prendre l'initiative de la constitution, sous son égide, d'un Conseil national des Associations ou Ligues de consommateurs, afin que, par un appui mutuel, les revendications de tous les consommateurs puissent s'affirmer utilement et qu'une action soit entreprise pour la défense du principe de leur participation à la gestion des services publics et monopoles économiques.

Organisation et Extension des Colonies de Vacances au Profit des Consommateurs

Rapporteurs : BERLAND et Isidore LÉVY

C'est devenu un lieu commun de dire maintenant que la Coopération n'aurait pas suscité un mouvement aussi profond et aussi puissant et un enthousiasme aussi débordant que celui que nous constatons depuis quelques années, si elle s'était bornée à être seulement un « système commercial » perfectionné.

Mais les précurseurs de la Coopération, les « pauvres tisserands de Rochdale » avaient entrevu le caractère social et éducatif de la Coopération et l'affirmaient, dès 1844, dans leur profession de foi devenue fameuse.

Même si nous en croyons notre ami Gaumont qui s'est, sur ce point, livré à des recherches patientes, le « Commerce véridique et social », création à base coopérative de Michel Derrion et Regnier, à Lyon, avait introduit, en 1835, dans ses directives la répartition des bonis à des œuvres sociales et d'éducation.

La volonté des coopérateurs de s'intéresser aux œuvres sociales, de créer des institutions capables d'améliorer le sort des consommateurs, celui de tous par conséquent, est aussi vieille que la conception de la Coopération elle-même.

Les œuvres auxquelles s'intéresse la Coopération, soit qu'elle les ait créées par ses propres moyens, soit qu'elle y apporte seulement sa collaboration, sont nombreuses et embrassent le champ complet de l'activité humaine.

Mais parmi elles, nulle n'est plus intéressante, nulle ne peut être plus fertile en résultats que celle des Colonies de vacances. Entre toutes, c'est celle qui, présentement, doit le plus attirer notre attention et solliciter nos efforts.

Depuis longtemps, des sociétés particulières, véritables coopératives par leur but, comme par l'allure générale de leurs statuts, se sont spécialisées dans les œuvres des Colonies de vacances.

Le Grand Air, la Nature pour Tous, le Rayon de Soleil, la Plage, etc., étaient et sont encore, pour la plupart, des associations qui groupent ceux qui, désirant profiter de leurs quelques jours de congé annuel pour les passer agréablement et profitablement, soit au bord de la mer, soit à la montagne, n'ont cependant pas les moyens suffisants pour fréquenter les plages à la mode, ni les stations climatériques en vogue.

Là, par le groupement des efforts, par une coopération bien comprise, unissant leurs moyens, les « Colons » peuvent obtenir à bon compte et le logement et la nourriture et le repos nécessaire pendant leur court séjour dans le lieu où ils viennent reprendre des forces, renouveler leur provision d'air pur, puiser une énergie nouvelle pour le recommencement de leur vie de labeur, car, à peine est-il besoin de le dire, ces « petits trous pas chers » sont seulement fréquentés par des travailleurs manuels ou intellectuels dont aucun, par ce fait, ne se trouve dépaysé dans cette existence en commun, hélas, trop courte à leur gré.

La vie en collectivité est une forme d'éducation supérieure. Il suffit de passer quelques jours en vacances pour s'apercevoir que l'on devient, au fur et à mesure que l'on se connaît mieux, plus tolérants.

A part quelques rares exceptions, qui proviennent plutôt de questions de politique que de questions de caractère ou de tempérament, on s'habitue très bien à vivre en collectivité et les groupes ne tardent pas à se former, par affinités, par goûts, pour trouver tous les amusements qui aident à passer le temps agréablement.

Jusqu'à ces temps derniers, les fonctionnaires seulement ou quelques catégories de métiers privilégiés ont profité des vacances. Il est donc nécessaire de mettre à la disposition de presque tous ceux qui travaillent, les moyens de se reposer sans avoir de grosses dépenses à faire et cette tâche est, tout naturellement, dévolue à la Coopération.

En Angleterre, c'est devenu une coutume presque générale, dans la classe ouvrière, de se reposer chaque année.

Avec l'esprit de méthode qu'on leur connaît, les Anglais n'attendent pas le moment de partir en vacances pour prendre leurs dispositions. Dès les vacances terminées, on commence à économiser les sommes nécessaires pour se reposer l'année suivante.

A cet effet, chaque famille possède un petit carnet et achète des timbres qui représentent une somme d'épargne qui servira à payer les frais des vacances. De cette manière, les charges sont supportées, non pas sur un mois ou deux, mais sur l'ensemble de l'année.

Les Sociétés coopératives sont également appelées à faire profiter tout leur personnel des vacances et les chefs de service savent combien ils éprouvent des difficultés, au moment de la bonne saison, quand il s'agit de donner satisfaction à toutes les demandes. Combien il serait intéressant aussi de régulariser les vacances du personnel, en habituant les employés à prendre leurs vacances en hiver comme en été.

Le jour où les Coopératives posséderaient, dans le Midi, dans des endroits tempérés, des Colonies de vacances, elles trouveraient peut-être des employés et des coopérateurs sensibles aux grands froids, préférant les vacances d'hiver aux vacances d'été.

Mais, l'existence de sociétés spécialisées dans cette branche toute particulière et extrêmement pleine d'aléas, ne permet pas à notre sens de donner le maximum de résultats. Pour qu'une organisation donne son plein rendement, pour qu'elle apporte des avantages toujours plus grands et toujours plus nombreux, il faut qu'au point de vue matériel elle soit pleinement assise et assurée d'une continuité régulière.

Les sociétés spécialisées, sans lien entre elles, se jalousant et se concurrençant parfois, au lieu de grouper leur force d'achat pour leur permettre de réaliser une économie sensible sur le prix de revient de toutes choses: mobilier, nourriture, matériel d'exploitation, etc., se contentent chacune de leur force propre, réduite par conséquent. D'autre part, les immeubles qui sont souvent la propriété de ces associations sont inutilisées 9 et même 10 mois sur douze. Le matériel qui subit le même sort est parfois laissé sans aucun soin pendant la même période.

A notre avis, la Fédération nationale, et le Congrès doit lui en donner le mandat, doit s'efforcer de fusionner entre elles les associations déjà existantes, qu'elles soient ou non adhérentes à notre organisation, de façon à poursuivre, aussi bien dans cette branche que dans l'autre (la consommation proprement dite), le mouvement déclenché dans le pays dans la voie de la fusion et la concentration des forces coopératives.

Ainsi, ces associations trouveront des avantages certains et analogues à ceux que nous constatons par ailleurs.

Si les Associations spéciales de Colonies de vacances étaient rattachées intimement aux organisations coopératives elles-mêmes, aux Sociétés de fusion et de développement qui, seules, ont la puissance nécessaire et les moyens suffisants, si les Sociétés de développement créaient elles-mêmes des Colonies de vacances, si en un mot ces colonies de vacances devenaient dans nos Sociétés un moyen d'intéresser leurs membres aux œuvres sociales, sinon un but à atteindre, ce serait la possibilité pour le Mouvement coopératif et pour les Colonies de vacances ainsi élargies de créer à bref délai et pour le plus grand bien de tous, des orphelinats, des maisons de convalescence pour nos malades, les femmes en couches, nos accidentés du travail, des maisons de retraite, etc.

Une organisation de ce genre, ayant de multiples lieux de séjour dans tous les coins de la France, pouvant satisfaire à tous les goûts des colons, ayant des ramifications avec un grand nombre de Sociétés coopératives, serait appelée à rendre des services extrêmement importants aux sociétaires de nos Coopératives et constituerait pour nos Sociétés elles-mêmes une œuvre sociale peu coûteuse et des plus intéressantes.

Déjà un pas a été fait dans le sens du rattachement des Colonies de vacances aux Sociétés de développement. Depuis quelques années, deux Sociétés de Colonies de vacances : *La Nature pour Tous* et le *Grand Air* ont fusionné avec l' « Union des Coopérateurs » de la région parisienne, par cette fusion, cette Société possède, à l'heure actuelle, cinq colonies de vacances, quatre au bord de la mer, Saint-Trojean, dans l'Ile d'Oléron, et Châtellaillon, toutes deux dans la Charente-Inférieure, Yport, dans la Seine-Inférieure, Larmor-Baden, dans le Morbihan et une à la montagne, à Allevard, dans l'Isère.

Ces stations sont on ne peut mieux placées, les personnes qui paient pour leurs vacances annuelles des prix élevés ne peuvent trouver des sites plus charmants, plus agréables que ceux mis à leur disposition par la Coopération, avec des locaux s'améliorant chaque année par l'utilisation des résultats acquis.

La nourriture y est saine et abondante et le prix modique demandé ne peut être trouvé dans aucune autre organisation privée.

« L'Union des Coopérateurs » a fait de ces Colonies une œuvre sociale dans toute l'acception du mot, elle n'en tire au point de vue commercial aucun profit, elle a mis à la disposition des Colonies des sommes importantes sans demander aucun intérêt, elle a fait profiter cette œuvre de tous ses services et de son personnel.

Enfin, depuis cette année, et par une légère contribution, ces Colonies sont ouvertes aux membres de toutes les Sociétés coopératives de France.

Il y a un an à peine, une autre colonie, d'une nature toute particulière, a été organisée à Limoges.

Sur l'instigation de la Municipalité, l' « Union de Limoges », a créé elle aussi une Colonie de vacances dans une magnifique propriété que la Ville a mise à la disposition de la Coopérative pour 99 ans par un bail en bonne et due forme, et ce... gratuitement, ou plutôt moyennant un loyer de 1 franc par an.

Là, dans un cadre et dans une situation admirables, à 12 kilomètres seulement de Limoges, mais en pleine campagne, 300 enfants envoyés moitié par l'Union, moitié par la Municipalité, sont allés l'été dernier jouir de l'air pur et des saines distractions que leur a procuré la Colonie du Mas-Eloi à laquelle est jointe une ferme modèle exploitée par l'Union et qui fait partie de la propriété concédée. Cette année et les années suivantes, le nombre des bénéficiaires sera considérablement augmenté.

Disons aussi qu'il entre dans les vues du Comité des Œuvres sociales de l'« Union de Limoges » d'organiser dans cette même propriété, dont les locaux une fois appropriés sont suffisamment vastes, des vacances pour les grandes personnes et les ménages à l'instar de celles qui existent déjà par ailleurs. Il créera aussi, et au même lieu, dans un bâtiment spécial, d'accord avec la Mutualité, une maison de convalescence pour tous ceux dont la santé est à parfaire et pour les accidentés du travail que pourra lui envoyer le Dispensaire mutualiste.

Nous n'osons dire, ce n'est pas encore vrai, que l'on envisage la création d'un orphelinat, quoique cette idée soit bien dans l'intention de quelques militants limousins de la Coopération.

Peut-être y a-t-il là, dans la Colonie de l' « Union de Limoges », l'indication à retenir d'une collaboration possible et heureuse entre les Coopératives et les Municipalités désireuses de s'associer à une œuvre aussi belle que les Colonies de vacances, œuvre en tout cas utile et profitable à l'ensemble des populations urbaines.

Voici, trop rapidement esquissées peut-être, les réflexions suggérées par les Colonies de vacances actuelles. Nous nous sommes refusés à faire un historique de la question et les deux exemples cités le sont dans l'unique but d'illustrer deux façons différentes de comprendre et de résoudre le problème. Nous avons encore moins voulu donner toutes les raisons qui militent en faveur de la création de Colonies de vacances et des avantages qu'en peuvent retirer ceux qui y participent. Nous sommes fermement convaincus de l'inutilité d'un pareil développement.

Mais, si les résultats obtenus jusqu'à présent sont intéressants, cette organisation est loin de constituer ce que l'on pourrait appeler une œuvre nationale pouvant satisfaire à tous les désirs des consommateurs.

Si un certain nombre de Sociétés se réunissent, apportent chacune une légère contribution qui ne constituera qu'une avance, les Colonies pouvant vivre par leurs propres moyens, si les fonds versés permettent l'ouverture de plusieurs colonies nouvelles, particulièrement dans le Midi, si enfin les Sociétés adhérentes aident l'organisme central dans la propagande et le recrutement, nous obtiendrons une meilleure utilisation du personnel, comme conséquence une diminution des frais, une variété heureuse dans le genre et la possibilité de satisfaire toutes les demandes.

Par le groupement des Associations existantes, l'augmentation par conséquent des colons, peut-être y aurait-il possibilité d'envisager l'utilisation des colonies en dehors des vacances, pour les accidentés du travail, la question des convalescents ou des malades devant faire l'objet de la création de maisons spécialement destinées à cet effet et réalisables par la suite suivant les résultats acquis dans les Colonies.

Il y aura également lieu d'examiner la question des Colonies spéciales enfantines. Nous aurons à nous rendre compte des expériences passées, mais nous pensons déjà qu'en coordonnant les efforts, nous pouvons arriver à mettre une ou plusieurs œuvres debout en profitant d'immenses bâtiments qui sont inoccupés à l'heure actuelle dans toute la France. Nous pouvons obtenir des Ministères intéressés, pour cet objet, des subventions que d'autres obtiendront si nous négligeons cette question.

En France, les enfants qui profitent des vacances sont l'exception. En Allemagne, avant la guerre, en Angleterre également, non seulement les enfants profitaient des vacances chaque année, mais quelques grandes villes avaient organisé l'éducation journalière de l'enfance dans des lieux éloignés des villes, en se servant de moyens rapides de locomotion, pour permettre aux enfants débiles ou attardés, de vivre dans des milieux sains et aérés.

Si nous groupons nos efforts, si nous apportons une légère contribution par nos œuvres sociales, si nous habituons l'enfant à mettre chaque mois, chaque semaine, quelques sous de côté, si nous demandons aussi aux parents un effort, nous aurons la possibilité de réunir un grand nombre d'enfants, de nous organiser pour que ce soit pour eux une véritable fête, car si quelques enfants, des privilégiés, connaissent les amusements, le jeu et le bien-être, nous avons pu constater par des essais qui viennent d'être faits à la Fédération parisienne que beaucoup parmi les petits auraient besoin que ces vacances se renouvellent souvent.

Nous savons que nous aurons une grosse responsabilité de ce chef, nous connaissons toutes les critiques qui peuvent être faites à ceux qui en auront la lourde charge, mais nous devons vaincre toutes les critiques, et au risque de commettre quelques erreurs, tous nos efforts doivent tendre à veiller sur l'enfance qui, pour nous, est l'avenir.

Nous devons envisager aussi la possibilité d'organiser à proximité des grands centres des colonies de vacances enfantines où les parents pourront, à peu de frais, passer tous les dimanches avec leurs enfants.

Nous aurons à examiner, indépendamment des Colonies de vacances collectives, si dans certaines régions, nous ne pourrions trouver des fermiers, des paysans ayant la possibilité de louer quelques chambres à bon compte. Il suffirait, dans ce cas, d'indiquer quel est le coût de la vie dans la contrée pour trouver un certain nombre de coopérateurs désirant s'isoler ou rester en famille loin du bruit et leur donner satisfaction par toutes sortes d'indications utiles.

La question de l'orphelinat coopératif également sera à examiner, les locaux des Colonies de vacances pourraient, peut-être, être utilisés à cet effet.

Il y aurait aussi à se rendre compte s'il ne serait pas intéressant de faire différentes catégories de colonies de vacances. Nous avons, dans la Coopération, diverses catégories de coopérateurs et si un certain nombre ont les moyens de payer plus cher, nous aurions peut-être la possibilité d'en faire bénéficier ceux qui sont obligés de rechercher le bon marché. Nous ne verrions pas d'inconvénient à organiser des colonies de vacances avec plus de luxe et plus de confort, en augmentant le prix en conséquence et ces colonies devant nous apporter des avantages pécuniaires plus grands, nous pourrions en faire bénéficier d'autres pour lesquelles nous prendrions des prix extrêmement bas, tout en tenant compte que les Colonies de vacances doivent être agréables quel que soit le prix que l'on paie. On doit y trouver tout le confort désirable, une bonne nourriture et une chambre convenable.

Toutes ces questions doivent faire l'objet de l'attention de tous les coopérateurs, mais il est indispensable que nous nous pénétrions bien tous de la nécessité d'agir et que nous mettions au premier rang de nos préoccupations la question de la création et de l'extension des colonies de vacances.

PROPOSITION DE RÉSOLUTION

Le Congrès,

Considérant l'importance grandissante que de plus en plus prennent et doivent prendre les Colonies de vacances dans le mouvement coopératif ;

Estimant que l'activité des Comités d'œuvres sociales ou de solidarité constitués au sein de la Coopération doit s'exercer sur ce domaine et tendre à la création de maisons de convalescence, de retraites, d'orphelinats, en un mot toutes institutions pouvant se rattacher à l'œuvre des Colonies de vacances.

Invite les sociétés à mettre à l'ordre du jour de leurs préoccupations immédiates la question des Colonies de vacances et les moyens de les réaliser.

Donne mandat au Conseil central :

a) *De s'entremettre auprès des sociétés spéciales de Colonies de vacances en vue de les amener à un groupement de leurs efforts ;*

b) *De constituer un organisme central concentrant les renseignements sur les diverses initiatives prises et sur les résultats acquis et coordonnant les efforts ;*

c) *De diriger l'action des Coopératives, et surtout des Sociétés de développement, dans la voie de la création de Colonies de vacances avec un but de plus en plus élargi.*

Création d'un Office National de Publicité

Rapporteur : Maurice CAMIN

Il est apparu au Conseil central de la Fédération nationale des Coopératives de consommation qu'en l'état actuel des choses, il était important, pour le mouvement coopératif, d'examiner comment et dans quelles conditions il pouvait augmenter avec profit l'effort de publicité commerciale qui devient chaque jour plus nécessaire.

C'est un fait incontestable que, de plus en plus, pour gagner les masses consommatrices, la propagande morale, l'appel aux sentiments d'équité et de justice ne suffisent plus : l'état de concurrence est tel, les combinaisons mercantiles sont si nombreuses et si souvent habiles que les consommateurs qui, mieux informés, pourraient devenir des clients des Sociétés de consommation, se laissent prendre aux pièges du commerce et se font tromper par des attraits factices que les adversaires de la coopération savent jeter sous leurs yeux. A la propagande, à l'éducation morale des consommateurs, toujours et imprescriptiblement nécessaire, il apparaît à tous que ce qu'il est convenu d'appeler la « publicité commerciale » doit être jointe et développée.

Sans doute, est-ce là une conception qui, il y a encore quelque dix ans, aurait pu sembler quasi subversive. Notre mouvement, à cette époque, faisait un patient effort de recrutement, la vente au public était peu connue, peu développée dans tous les cas, et l'idée de faire de la « publicité commerciale » serait apparue choquante et comme parfaitement inutile. Les temps sont changés; une évolution profonde s'est produite sous l'influence des décisions de Congrès : un peu dans tous les coins de la France, des Sociétés de développement existent et grandissent d'année en année, de mois en mois, avec des succursales toujours plus nombreuses créées sous la pression des besoins; enfin, nombre de Sociétés, sans avoir la qualité de Sociétés de développement, ont cependant ouvert leurs portes au public et s'adressent maintenant à tous les consommateurs, à quelque catégorie sociale qu'ils appartiennent. Cette sorte de transformation des méthodes, des directives présidant à la destinée de notre Mouvement coopératif a eu, c'est indiscutable. les plus heureux effets : la Coopération y a gagné de devenir une force sociale qui marque désormais sa place dans l'économie nationale. C'est là un fait qui, normalement, doit, à chaque heure qui vient, se vérifier davantage.

Mais, si l'ensemble du mouvement peut, dès maintenant, donner la juste impression de puissance qu'il donne, si l'importance de nos Sociétés s'accroît avec une persistance permettant tous les espoirs, il importe cependant d'examiner les conditions mêmes dans lesquelles se poursuit leur développement et de voir ce qui peut, tout à la fois les aider à vaincre les difficultés nombreuses qu'elles rencontrent en cours de progression et leur permettre d'atteindre la grande masse des consommateurs encore restée indifférente.

A l'analyse de la situation, une capitale raison nous pousse à dire que, devenues des institutions à procédés et à technique de plus en plus modernes, développées rapidement pour satisfaire aux impérieuses exigences de consommateurs pressés de se libérer de la tutelle du commerce, les Coopératives — un grand nombre du moins d'entre elles — ont aujourd'hui à faire face à toutes les charges que nécessite obligatoirement le développement de ces méthodes et de cette technique. Sans doute, bénéficient-elles en même temps et par contre, des avantages de leur évolution, mais il est hors de doute que, parallèlement à leur adaptatation à l'évolution technique du commerce, elles doivent aussi s'efforcer d'utiliser les procédés de propagande commerciale qui constituent pour nos adversaires une source énorme de gains et de profits. Elles le doivent pour s'assurer la stabilité dans le présent et pour gagner plus rapidement le développement qu'elles se doivent d'atteindre demain. A dire net, la « publicité commerciale » devient pour les Sociétés coopératives de consommation, une impérieuse nécessité. Cela, semble-t-il, ne fait plus de doute pour personne et, s'il en était besoin, les résultats obtenus par cette publicité lors de la « Journée d'adhésion » apporteraient une preuve de plus de sa réelle efficacité.

Il n'est donc plus besoin que d'examiner dans quelles conditions pratiques cette forme d'activité peut être envisagée.

Une constatation doit être faite tout de suite, c'est que la « publicité » coûte cher sous quelque forme qu'elle se présente: annonces dans la grande presse, affiches, tracts, cinéma, etc. Et, de ce fait, une obligation découle qui est celle de rechercher les moyens d'obtenir les meilleurs prix en même temps que le maximum de rendement. Or, là encore comme du reste pour tant d'autres choses, il apparaît indispensable de centraliser les forces, de grouper les moyens. Qu'il s'agisse des journaux ou qu'il s'agisse d'impressions, dans les deux cas, l'intérêt réside dans la concentration des moyens d'action et c'est ainsi que se trouve posée la question de la création d'un *Office national de Publicité* qui aurait précisément pour but et pour objet d'être l'agent d'exécution pour l'ensemble des Sociétés et d'obtenir pour elles des conditions différentes de celles qu'elles obtiendraient isolément. Par exemple, en ce qui concerne la publicité dans les journaux, il est vraisemblable qu'un pareil Office pourrait obtenir des journaux les mêmes conditions qui sont faites aux diverses agences auxquelles actuellement on se trouve en quelque sorte tenu de s'adresser et qui font payer les prix forts.

Or, ces conditions comportent des réductions au bénéfice des agences, qui vont jusqu'à plus de trente pour cent. Ce serait là un premier résultat important, mais il en est d'autres qui ne seraient pas non plus négligeables. A mesure que se développe notre mouvement, à mesure que les coopérateurs concentrent leurs efforts, les Sociétés se doivent de bénéficier chacune de l'expérience acquise par toutes et peu à peu, une tendance s'accroît vers la vente des mêmes articles et des mêmes produits; la publicité pour le lancement, pour la propagande en faveur de ces produits peut être la même et elle sera grandement facilitée si un centre, chargé spécialement de ces questions, les étudie et, par l'importance des commandes dont il pourra disposer, arrive à éditer tous documents nécessaires à des prix de bon marché que la multiplicité, la division des commandes ne permettrait pas d'obtenir.

D'autre part, il est un moyen de propagande puissant que, jusqu'ici, notre Mouvement n'a pas ou peu employé. C'est le cinématographe. Pourtant, la preuve est faite qu'il est, de plus en plus, de nature à toucher la masse et capable de donner les meilleurs résultats. Ce serait le rôle de l'Office national de publicité d'étudier dans quelle mesure et comment il serait popssible d'organiser, pour ainsi dire nationalement, ce service qui pourrait être en même temps un moyen d'éducation générale des consommateurs et un moyen de publicité commerciale particulièrement efficace. Là encore, d'ailleurs, l'effort individuel des Sociétés serait à peu près vain, alors que la concentration permettrait certainement qu'un vaste champ d'action s'ouvre à nous; pour l'exploiter favorablement, il est indispensable de s'y attacher le plus rapidement possible.

Enfin, à une heure où, comme nous l'avons déjà dit, il est nécessaire d'utiliser toutes les possibilités qui s'ouvrent à nous, il n'est pas inutile d'envisager un autre moyen encore qui permettrait à toutes nos Sociétés de faire, presque sans bourse délier, une propagande de chaque heure. Ce moyen, déjà au moins partiellement pratiqué dans certains pays étrangers, consisterait à ne plus se servir pour l'empaquetage des produits quels qu'ils soient, de papier non imprimé : papiers d'emballage divers, sacs, étiquettes, etc., pourraient facilement être obtenus à des prix sensiblement égaux à ceux d'aujourd'hui, mais pourvus des formules de propagande, des réclames commerciales adéquates à chaque Société si l'Office national de publicité était appelé à centraliser tous les besoins des Coopératives. Ainsi, chaque papier, si petit soit-il, sortant d'un entrepôt, d'un magasin coopératif serait un agent, un véhicule de propagande. En Allemagne, par exemple, c'est un organisme central qui assure à ses Sociétés adhérentes la presque totalité de ces fournitures et cet organisme central a obtenu, en cette branche, d'impressionnants résultats puisque, actuellement, c'est lui qui procède directement aux fabrications et il possède à cette fin des ateliers d'imprimerie et de papeterie qui n'ont rien à envier aux industries capitalistes les mieux outillées. Il ne semble pas douteux qu'un effort dans ce sens pourrait être tenté en France et qu'il ne manquerait pas, conduit prudemment, d'être couronné de succès.

L'Office envisagé pourrait encore utilement, avec le concours des techniciens et des intéressés, se préoccuper d'une autre question importante qui est celle de la présentation des Magasins coopératifs. Il est certain que cette présentation joue un rôle. Le magasin bien présenté est en soi un attrait pour le consommateur et si l'Office arrivait à créer un type de Magasin répondant à cette préoccupation, il s'en suivrait la nécessité de le généraliser partout. Ce serait d'un bel exemple d'unité et de volonté créatrice si, de plus en plus, les Coopératives ayant adopté le titre général de « Union des Coopérateurs » avaient les mêmes magasins, les mêmes enseignes et les mêmes formules de publicité.

Sans doute, il apparaîtra qu'un pareil programme ne pourra être réalisé qu'au prix de très gros efforts et à une échéance à long terme. Peut-être. Mais le Mouvement coopératif français se doit cependant d'en poursuivre la réalisation, car il est tout-à-fait certain que, devant les moyens dont dispose le commerce pour exercer sa pression sur les consommateurs, il serait particulièrement dangereux de rester dans une expectative qui, pour être sans imminent danger, pourrait avoir, par la suite, de funestes conséquences.

C'est en raison de l'ensemble de ces considérations que nous demandons au Congrès de charger le Conseil central de se saisir de cette question et de faire effort pour réaliser l'Office national de Publicité. C'est dans cette intention que nous vous proposons d'adopter la résolution suivante :

PROPOSITION DE RÉSOLUTION

Le Congrès des Coopératives de Consommation, réuni à Marseille, les 25, 26, 27 et 28 mai.

Considérant l'importance considérable que prennent, dans la vie économique, la propagande et la publicité commerciale sous toutes formes. Considérant la nécessité, pour le mouvement coopératif, de ne pas négliger l'utilisation maximum de tous moyens susceptibles d'augmenter ses forces et sa puissance. Considérant encore que pour cet effort comme pour tous les autres, la condition de succès réside dans la concentration des moyens particuliers d'action de chacune des Sociétés;

Décide que le Conseil central aura mission de créer, à la Fédération nationale des Coopératives de consommation, et le cas échéant, avec le concours du M. D. G., un Office national de publicité, chargé 1° de centraliser la publicité commerciale des Sociétés coopératives de consommation aux fins de faciliter cette publicité par des conditions de tarifs aussi réduites que possibles; 2° de s'efforcer d'obtenir des Sociétés coopératives l'unité de propagande dans la recommandation des produits aux consommateurs, ce qui permettra la généralisation, à meilleur compte, d'une propagande coûteuse quand elle est faite isolément; 3° de créer un service cinématographique qui, tant au point de vue moral que commercial, aurait pour objet d'aider au développement de la Coopération et à l'éducation générale des consommateurs; 4° de s'assurer des moyens propres à permettre aux Sociétés de recourir, sans grands frais supplémentaires, à toute la publicité qui peut être faite sur tous les papiers, sacs, étiquettes et emballages divers, qui sont mis en circulation dans le public par la livraison des denrées et objets fournis par les Sociétés; 5° de rechercher et de mettre à la disposition des Sociétés, toute forme de publicité de nature à favoriser l'essor de la Coopération, décidée aujourd'hui, dans l'intérêt général, dont elle est l'expression, à recourir aux procédés modernes du commerce.

D'autre part, le Congrès, confiant que l'Office national de Publicité, *dont la réalisation sera sans doute difficile, rendrait d'éminents services au Mouvement coopératif, demande à toutes les Sociétés qu'elles ne manquent pas, dès qu'il sera nécessaire, de lui apporter leur concours afin que, par une unité positive d'action, les Coopératives de consommation soient en mesure de répondre à la publicité du commerce privé, souvent trompeuse, parce que inspirées d'intérêts égoïstes et particuliers par une publicité commerciale coopérative inspirée des intérêts généraux de tous les consommateurs.*

CONFÉRENCES SPÉCIALES

De la place à donner à l'enseignement de la Coopération dans l'Enseignement supérieur, secondaire et primaire

Rapporteur : Ch. GIDE

La question qui fait l'objet de ce rapport n'est pas nouvelle. Elle avait été déjà discutée dans notre Congrès national de 1919 et exposée dans plusieurs articles de l'*Action Coopérative* par MM. Marcel Mauss, Auerbach et Mme Jouenne. Elle avait fait l'objet d'un vœu formel du Conseil supérieur de la Coopération dans sa session d'avril 1920, et même d'un rapport spécial présenté au Congrès de la Fédération de Lorraine, un mois après, le 30 mai, par notre collègue M. Bugnon, qui, dans ce rapport, résume les travaux que je viens de rappeler après lui. Ce rapport a été publié dans l'*Action Coopérative* (20 juin) ; on ne saurait mieux faire que de s'y reporter. Bornons-nous à dire que les conclusions de toutes ces études sont affirmatives et même enthousiastes. M. Bugnon, par exemple, dit : « N'hésitons pas à proclamer que la Coopération doit inspirer l'enseignement public à tous les degrés, dans son esprit, dans sa méthode, dans son organisation générale. »

Et pourquoi attachons-nous tant de prix à cet enseignement et l'inscrivons-nous avec tant de persistance à l'ordre du jour de nos Congrès ?

En ceci, la Fédération Nationale n'a été inspirée que par un sentiment désintéressé. Elle n'ignore pas, en effet, que l'enseignement qu'elle réclame, en supposant même qu'il fût réalisé, ne lui assurerait aucune recrue, car les Sociétés de consommation ne sont d'aucune utilité pratique pour les célibataires et moins encore, par conséquent, pour les étudiants, lycéens ou écoliers — à moins pourtant que nous supposions que ceux-ci, une fois gagnés à l'idée de la Coopération, pourront y gagner leurs parents. Peut-être, en effet, cette conversion à deux degrés pourrait-elle se réaliser parfois pour les enfants du peuple qui fréquentent les écoles primaires, mais elle n'est guère vraisemblable pour les familles des fils de bourgeois qui vont dans les lycées et plus tard dans les Facultés.

Mais ce que nous voudrions, c'est préparer à la Coopération une audience favorable dans tous les milieux sociaux.

Par l'enseignement supérieur, nous voudrions lui faire prendre rang parmi les solutions sociales qui valent la peine d'être examinées et discutées, même par ceux qui ne seraient pas disposés à les adopter.

Par l'enseignement secondaire, nous voudrions attirer l'attention des élèves des classes supérieures sur un mouvement qui est en train de devenir un des facteurs importants du mouvement social, tout aussi bien que le Syndicalisme, et qui, par conséquent, ne doit pas rester complètement ignoré de ceux à qui le baccalauréat va conférer un brevet de culture générale ;

Par l'enseignement primaire, nous voudrions faire connaître à tous un moyen pratique d'amélioration des conditions de vie. Nous voudrions, à côté de l'enseignement professionnel, qui est fait pour les futurs travailleurs, inaugurer un enseignement de la consommation qui n'est pas moins utile, car la fonction de consommateur comporte aussi, quoiqu'on puisse en penser, un enseignement spécial, tant au point de vue pratique (économie, hygiène) qu'au point de vue moral (droits et devoirs du consommateur), et même un enseignement dont la portée est plus générale que l'enseignement professionnel, puisque le métier n'occupe qu'une partie de l'existence, tandis que la consommation remplit toute la vie.

Dans une des précédentes études que je viens de rappeler, Mme Jouenne va plus loin. Elle croit que l'enseignement de la Coopération peut contenir toute une morale nouvelle, qu'elle est de nature « à changer la mentalité actuelle » et à créer une société supérieure « dans laquelle l'intérêt collectif se substituera à l'égoïsme individuel ». Peut-être y a-t-il dans cet espoir quelque exagération, tout au moins un peu d'optimisme, car malheureusement dans l'intérieur de nos Sociétés nous ne constatons guère que même la pratique quotidienne de la Coopération entraîne chez les sociétaires de telles transformations morales. Cependant, il nous paraît exact que tout instituteur qui voudra expliquer et illustrer le principe de solidarité, principe aujourd'hui très en honneur dans l'enseignement, pourra trouver, dans l'histoire et la pratique des Associations coopératives, des leçons plus frappantes que celles qu'il pourrait recueillir dans tout autre domaine et même dans celui de la mutualité.

En ce moment même, j'apprends que le Ministre de l'Instruction publique vient de décréter que l'enseignement de la Coopération sera obligatoire dans les écoles... Malheureusement, c'est de la Bulgarie qu'il s'agit. Il est probable, au reste, que c'est plutôt la Coopération agricole qui se trouve visée que la Coopération de consommation. Tout de même, c'est là un bon argument à faire valoir devant notre administration universitaire.

Recherchons successivement, dans les trois ordres de l'enseignement, ce que nous pourrions obtenir.

I

Enseignement primaire

Ce vaste domaine comporte lui-même plusieurs degrés. Au-dessus des milliers d'*Ecoles primaires*, il y a les *Ecoles primaires supérieures*, les *Ecoles professionnelles*, elles-mêmes comportant des spécialisations diverses, les *Cours supplémentaires* pour les enfants qui ont terminé leur temps d'école entre 12 et 15 ans, et, enfin, les *Ecoles normales*, où se forment les instituteurs et les institutrices.

Si nous voulons atteindre les millions d'enfants des Ecoles primaires, il est clair que nous ne pouvons y arriver qu'autant que, préalablement, nous aurons gagné à la Coopération les instituteurs chargés de les instruire — et que, par conséquent, c'est dans les Ecoles normales chargées de former ces instituteurs qu'il faudrait d'abord installer un enseignement coopératif.

En ce qui concerne les Ecoles normales d'instituteurs, nous avons déjà un point d'appui dans le programme officiel récent, car, par un arrêté du 18 août 1920, a été inscrite au programme de deuxième année la *Sociologie économique* (une heure par semaine), et dans ce programme se trouvent indiqués spécialement « les associations professionnelles, coopératives ».

Toutefois, dans les deux cas, nous n'avons qu'un seul mot sur un programme assez étendu de plus de 100 lignes, et c'est un peu court pour y accrocher tout un enseignement coopératif. Il est vrai qu'un peu plus loin se trouve aussi visée « la *Solidarité* : son influence sur l'éducation », texte qui pourrait servir de thème à notre enseignement.

Néanmoins, si le professeur se contente d'attribuer à la Coopération une part proportionnelle à la place qu'elle occupe sur le programme, elle n'aura guère droit qu'à une demi-heure. Nous réclamons donc un texte un peu plus prolixe en notre faveur, et notamment une distinction entre les diverses formes de la Coopération — tout au moins l'indication des trois principales, à savoir : consommation, production, crédit agricole.

Mais il est clair que même si le programme est ainsi élargi, cela ne servira guère si le professeur n'est pas en situation de l'exposer et, préalablement, de s'y intéresser. Pour cela, il faudrait que dans toutes les bibliothèques des Ecoles normales (il y en a environ deux par département : une pour hommes, une autre pour jeunes filles) se trouvent des livres sur la Coopération et même nos journaux. A cet effet, il faudrait obtenir que les livres et journaux soient inscrits sur les listes établies par le Ministère de l'Instruction publique. Je pense qu'une démarche en ce sens, faite par la Fédération

Nationale, ou un vœu exprimé par le Conseil supérieur de la Coopération, ne serait pas sans résultat.

Il y a aussi pour la Ville de Paris des listes de livres destinés aux écoles et dans lesquelles la Coopération est trop souvent oubliée.

M. l'Inspecteur primaire de Besançon pense que le plus sûr moyen d'atteindre l'instituteur, ce serait les journaux professionnels que chacun d'eux à l'habitude de lire. A cet effet, il serait bon d'avoir quelques amis parmi les rédacteurs des trois ou quatre grands journaux de l'Enseignement primaire.

Les instituteurs sortis des Ecoles normales avec quelques connaissances du mouvement coopératif, s'ils y ont pris goût, ne seront pas en peine de les faire entrer dans leur enseignement sous des formes propres à intéresser les écoliers. Nous en indiquerons deux, notamment :

1° S'il y a dans la même localité quelques Sociétés coopératives agricoles ou urbaines, organiser des visites qui rentreront à merveille dans ce qu'on appelle les leçons de choses. Elles seraient plus utiles que les visites aux cinémas, qui sont pourtant subventionnées largement par diverses villes, notamment par Marseille;

2° Organiser de petites Coopératives scolaires — parallèlement aux Mutualités scolaires qui, on le sait, existent à peu près dans toutes les écoles — Coopératives scolaires pour l'achat de tous articles de classe, livres, papeterie, etc. Il est vrai, en ce qui concerne les livres de classe, que la fourniture de ces livres étant généralement faite à titre gratuit, la création de ces Coopératives d'achat pourra paraître inutile dans la plupart des cas — mais non pourtant dans tous les cas, car en dehors des fournitures faites à titre gratuit, il y en a beaucoup d'autres qui seraient désirables et utiles à des écoliers. C'est ainsi que M. l'Inspecteur de l'Enseignement primaire, à Marseille, nous disait que dans sa circonscription il avait organisé près de deux cents *Musées scolaires* pour achat d'instruments de physique, microscopes, etc., avec les contributions des maîtres et des enfants. Les voilà donc déjà engagés dans la Coopération, mais on pourrait lui donner une forme plus précise et, par là, plus instructive.

En Italie vient de paraître un livre intitulé : *Petit Manuel pour Coopératives scolaires*, par M. Aldo Oberdorfer, sous le patronage de la célèbre Société philanthropique de Milan, dite la *Umanitaria*. C'est cette Société qui se charge de jouer le rôle de Magasin de Gros pour les Coopératives scolaires en fournissant, à prix de revient, tous les articles demandés. Je pense que notre Magasin de Gros coopératif serait disposé à ouvrir un rayon spécial à cet objet, si ce mouvement se développait en France.

On sait qu'après l'Ecole primaire l'instruction n'est pas achevée pour tous les enfants, et qu'il y en a un certain nombre, pas assez malheureusement, pour qui elle se continue, soit dans les cours dits *complémentaires*, soit dans les *Ecoles primaires supérieures*. Par conséquent, nous devons essayer d'introduire ici aussi l'enseignement coopératif pour ceux des enfants qui n'en auraient pas bénéficié à l'Ecole primaire.

Ce sera d'autant plus facile que, dans le programme des Ecoles primaires supérieures et cours complémentaires, la Coopération se trouve déjà visée, et même en termes un peu plus précis que le programme des Ecoles normales (arrêté du 18 août 1920). Il contient toute une section, dite d'*Economie politique*, et dans cette section un alinéa ainsi formulé : « Syndicats professionnels et Associations ouvrières. — *Les Coopératives de production et de consommation.* » Nous voilà nommés en toutes lettres ! Il faut en profiter.

J'ajoute, en ce qui concerne les programmes des cours complémentaires, qu'ils sont laissés dans une certaine mesure à l'initiative des villes qui instituent ces cours, et que les inspecteurs primaires ont une grande part à leur rédaction. C'est ainsi que M. l'Inspecteur primaire de cette ville n'a pas omis d'y faire insérer: « *Notions d'Economie politique et sociale* ».

Evidemment, le concours des inspecteurs de l'Enseignement primaire nous serait très précieux pour faire réaliser la réforme que nous proposons.

II

Enseignement secondaire

L'Enseignement secondaire me paraît être, des trois ordres d'enseignement, celui qui constitue le milieu le plus sympathique à nos desseins. Ce n'est pas, il est vrai, l'opinion de mon collègue M. Auerbach, l'éminent professeur à la Faculté de Lettres à Nancy : il ne voit de chance d'aboutir que dans l'Enseignement supérieur ou primaire. J'ignore pour quelles raisons le degré intermédiaire lui paraît peu favorable. Pour moi, au contraire, je puis affirmer par expérience personnelle que j'ai trouvé parmi les professeurs de lycées nombre de chauds partisans de la Coopération, et qui, même à une époque où l'Administration ne voyait pas de bon œil les professeurs participer de façon active à ces Sociétés, ont fait preuve d'un certain courage pour y rester fidèles, soit comme sociétaires, soit comme administrateurs.

Toutefois, en ce qui concerne les lycées, un enseignement de la Coopération ne peut y trouver place, évidemment, que dans les classes supérieures de philosophie et d'histoire. Les programmes nouveaux du baccalauréat, deuxième partie, comprennent l'enseignement de la *Morale sociale* — et, comme sujets indiqués pour cet enseignement : « le droit, la justice, la charité, la solidarité, le travail » — et dans le programme d'histoire contemporaine : « *les Doctrines sociales et la Législation ouvrière* ». Il est vrai que dans cette énumération la Coopération n'est pas indiquée, non plus que toute autre forme d'association, ce qui nous paraît une regrettable lacune.

Néanmoins, si le professeur y est disposé, rien ne lui serait plus facile que de parler de la Coopération — soit au point de vue philosophique, à propos de la solidarité par exemple, ou même de la justice (le juste prix, le juste salaire) ; — soit au point de vue historique, en montrant quelle a été l'influence du mouvement coopératif pour l'amélioration de la condition de la classe ouvrière, ou aussi en quoi le programme coopératif mérite de prendre place parmi les solutions sociales actuelles. Cet enseignement de la morale sociale et de l'histoire est obligatoire, non seulement pour la classe de philosophie, mais aussi pour celle de mathématique supérieure.

Au reste, dans les principaux manuels de morale et de philosophie en usage pour l'enseignement dans les lycées, il y a quelques pages sympathiques sur la Coopération. Par exemple, dans le livre de M. Malapert, professeur à Louis-le-Grand : *Leçons de Philosophie*, il y a soixante-dix pages sur les questions économiques et sociales, dont quatre pour la Mutualité, Syndicalisme, Participationnisme et Coopération, pêle-mêle, cette dernière, toutefois, n'ayant pour sa part qu'un peu moins d'une page. Dans l'énorme volume

(1200 pages) de M. Rey, aujourd'hui professeur à la Sorbonne, la Coopération est un peu plus favorisée : elle a deux pages. Encore, dans l'un comme dans l'autre de ces deux traités, la Coopération paraît appréciée plutôt comme application pratique que comme doctrine. Cependant, dans un autre manuel classique, celui de M. Thomas, la Coopération, quoique réduite à quelques lignes, est présentée comme « un système de conciliation entre le capitalisme et le socialisme ».

Les professeurs ont d'ailleurs quelque excuse pour réduire ainsi la Coopération à la portion congrue : c'est que les questions qu'ils ont à traiter sont si nombreuses que, soit dans leurs leçons, soit même dans un gros volume, ils ne peuvent accorder qu'une très petite place à chacune.

C'est pourquoi M. Berthod, professeur de philosophie au lycée Saint-Louis, un des signataires de notre manifeste coopératif et membre actif de notre Association pour la propagande coopérative dans les milieux universitaires, en présentant un rapport à cette même Association, l'année dernière, nous a bien avertis qu'en l'état actuel de l'enseignement il ne fallait pas compter obtenir pour la Coopération un cours spécial, ni même des leçons spéciales.

Mais la place accordée à la Coopération pourrait être élargie si, comme le demande l'*Association des Professeurs de philosophie*, le programme, au lieu d'être un cadre rigide, était rendu pour partie facultatif, laissant certaines matières au choix du professeur ou de l'élève. Ce système d'option existe déjà dans les examens des Facultés de Droit. Cette réforme nous permettrait de réclamer, avec beaucoup plus de chance de succès, un chapitre spécial, mais facultatif, sur l'histoire et la doctrine de la Coopération.

S'il se trouvait quelque professeur disposé à ajouter à son exposé théorique des leçons pratiques, ici comme pour les Ecoles primaires, nous recommanderions la création de Coopératives scolaires et la visite des institutions coopératives. Les Coopératives d'achat de livres rendraient même beaucoup plus de services dans les lycées que dans les écoles, puisqu'ici ces fournitures ne sont pas gratuites et que les livres employés sont souvent d'un prix très élevé.

Peut-être y aurait-il quelque entente possible à ce sujet avec la nouvelle maison d'impression et édition, dite *Presses Universitaires*, qui a tenu à se constituer sous forme de Société de consommation (et non de production, comme on aurait pu le penser) et qui va ouvrir une librairie dans le Quartier Latin. Une semblable va se constituer à l'Université de Genève. Ces Coopératives entre étudiants et écoliers ont pris un développement énorme dans les établissements universitaires des Etats-Unis.

III

Enseignement supérieur

L'Enseignement supérieur, contrairement à ce qu'on pourrait croire, ne nous paraît pas le plus facile à convertir à notre entreprise.

D'abord, il faut remarquer que l'enseignement économique et social se trouve à peu près exclusivement concentré dans les Facultés de Droit, lesquelles, après l'avoir admis de très mauvaise grâce en 1880, aujourd'hui, au contraire, en font une sorte de monopole qu'elles défendent jalousement.

Si nous prenons pour exemple Paris, nous voyons que, en dehors de la Faculté de Droit, qui compte huit à dix cours d'Economie politique, on ne trouve guère qu'un cours de Sociologie à la Sorbonne, un à l'Ecole des Hautes-Etudes, deux ou trois au Collège de France, et une demi-douzaine dans les Ecoles d'application, telles que le Conservatoire des Arts et Métiers, l'Ecole des Hautes-Etudes commerciales, l'Ecole des Ponts et Chaussées, etc. Somme toute, l'enseignement économique est assez pauvre en France, et fort loin, comme variété, des grandes Universités de l'étranger.

Ce serait donc, me direz-vous, une raison de plus pour l'enrichir en ajoutant à cette liste quelques cours sur la Coopération ? Sans doute, mais le mal c'est qu'en France les cours sont en fonction des examens. On commence par rédiger les programmes d'examens: combien d'examens? quelles matières pour chaque examen? combien de questions pour chaque matière? et puis on crée une chaire pour chaque matière, à seule fin de permettre aux étudiants de préparer leurs examens et de répondre aux questions inscrites sur le programme. Le Collège de France est le seul grand établissement débarrassé de ce souci — et c'est son honneur — mais aussi compte-t-il parmi ses auditeurs beaucoup moins d'étudiants que de vieux messieurs qui viennent sur ses bancs pour s'y rajeunir.

La condition préalable pour obtenir la création dans les Facultés de Droit d'un cours sur la Coopération serait donc d'obtenir préalablement son inscription sur le programme des examens: or, c'est là une grosse affaire; la concurrence est telle entre les branches nouvelles qui s'y disputent une place qu'il n'y a pas grande chance de l'obtenir. (1)

Mais à défaut d'un cours spécial — et même mieux parce que ces cours spéciaux sont peu suivis — il suffirait que les professeurs chargés des cours réguliers d'Economie politique pour la licence et le doctorat accordâssent quelques leçons à l'exposé de l'histoire et des doctrines coopératives. Tous, en effet, lui font une place plus ou moins large — mais avec plus ou moins de sympathie.

Si je prends comme exemples les deux traités d'Economie politique les plus récents et les plus usités parmi les étudiants en droit, celui de M. Truchy et celui de M. Nogaro, je trouve dans chacun d'eux un chapitre d'une dizaine de pages sur l'Association coopérative. Ils contiennent un exposé sommaire mais exact du mouvement coopératif et aussi du programme coopératif, avec quelques critiques, non toutes sans fondement, et une appréciation générale non exempte de quelque ironie.

« La Société de consommation, dit pourtant M. Nogaro, constituée sur des bases tout à fait différentes de celles sur lesquelles reposent les entreprises à but lucratif, a su, dans certains pays, se créer à côté d'elles une place très notable. » Mais M. Truchy, sans méconnaître les services rendus sur le terrain pratique, juge chimérique le programme coopératif pour autant qu'il vise à éliminer le profit comme moteur de la production: « la Coopération, dit-il, manque d'un système philosophique solidement assis. »

Peut-être pourrions-nous trouver ça et là, dans quelques autres livres ou cours oraux, des appréciations plus chaleureuses sur la Coopération. Cependant, les sympathies ne doivent pas être très nombreuses, car parmi les deux cents signataires du Manifeste

(1) Il y a pourtant à la Faculté de Droit de Paris trois cours sans obligation ni sanction parce que résultant de fondations : c'est même l'un d'eux qui nous a été dévolu pendant 25 ans. On pourrait donc en ajouter un, dans les mêmes conditions, sur la coopération.

coopératif, je n'ai compté, je crois, que six économistes des Facultés de Droit.

Pourtant, gardons-nous d'oublier que nous avons parmi eux au moins deux amis éprouvés : l'un à la Faculté de Droit de Nancy, M. Bernard Lavergne, un militant et, quoique jeune encore, un vétéran de la Coopération à compter ses chevrons, initiateur de l'Association pour la propagande coopérative, éditeur de la nouvelle *Revue Coopérative* et qui a été cet hiver chargé d'un cours sur la Coopération à la Faculté de Droit de Nancy; l'autre, moins connu dans nos milieux coopératifs, mais qui n'est pourtant pas loin d'ici, M. Raynaud, professeur à la Faculté de Droit d'Aix, qui s'est intéressé de façon active au mouvement coopératif dans la région et qui a fait aussi plusieurs leçons spéciales sur la Coopération à la Faculté des Sciences de Marseille.

Il y en a peut-être d'autres ; si je les oublie, je m'en excuse, mais néanmoins les vétérans de la Coopération ne peuvent se défendre de quelque inquiétude en voyant que dans la nouvelle génération universitaire l'enseignement coopératif ne compte pas beaucoup de nouvelles recrues. Il est vrai que notre nouvelle Association pour la propagande dans les milieux universitaires n'a pas encore eu le temps de porter fruit. C'est d'elle, en définitive, que dépendra le succès de l'œuvre qui fait l'objet du présent rapport.

Les Assurances sociales et la Coopération

Rapporteur : Georges YUNG

L'assurance sociale est la mutualité, sous ses différentes formes, rendue obligatoire, généralisée et portée au point de concentration et de puissance où elle cesse d'être un mouvement de prévoyance individuelle pour devenir une institution publique de prévoyance sociale.

La Coopération, qui est la recherche de la justice économique entre les hommes, semble bien dès l'abord n'avoir aucun but commun avec l'assurance sociale.

Tout au plus, en sa qualité de patron, pourrait-elle intervenir pour dire qu'elle a toujours été favorable à l'amélioration des conditions de vie et de travail des salariés et qu'elle n'hésitera pas à contribuer à assurer ses employés contre les risques de perte de salaire par suite de maladie, d'invalidité ou de vieillesse. En ce qui concerne la maladie et la vieillesse, on peut dire que toutes les sociétés coopératives garantissent une partie du risque maladie de leur personnel et que beaucoup contribuent aux retraites, soit en prenant à leur charge la part afférente aux employés, soit même en constituant, sur leurs résultats commerciaux, un fond complémentaire de retraite.

La Coopération aperçoit également l'avantage qu'il y a, au point de vue du rendement du travail, à une organisation médicale permettant à tous, non seulement de se soigner en temps voulu, mais surtout de prévenir certaines maladies contagieuses ou non, à début insidieux et à évolution lente. Les malades qui deviennent chroniques, même en état de travail, sont une lourde charge pour l'exploitation d'une entreprise, à moins de les rejeter impitoyablement sur le marché, ce qu'aucune Société ne se résoudrait à faire. La Coopération préfère donc sur ce point l'assurance sociale à la mutualité, comme plus efficace pour la prophylaxie des maladies contagieuses et l'hygiène sociale.

Favorable au principe de l'assurance sociale, la Coopération ne voit pas cette assurance sans l'obligation la plus stricte et la plus sanctionnée. Non seulement parce que l'action sociale de cette institution serait pratiquement nulle s'il n'y avait pas obligation. Mais surtout pour interdire la constitution d'une prime aux concurrents de la Coopération, qui n'auraient pas toujours au même point qu'elle la préoccupation d'atténuer les risques de leur personnel. L'inapplication de la loi de huit heures crée déjà, au détriment des coopératives, une grande différence de frais généraux avec le commerce privé. Nos Sociétés ne pourraient pas supporter une nouvelle addition aux lois sociales et aux lois de finance pour l'application desquelles le manque de sanctions sérieuses crée une prime à la déloyauté.

Ce seraient probablement les seuls points qui retiendraient l'attention de la Coopération si, à côté de son rôle spécifique, elle n'avait pas, dans tous les pays, mais particulièrement en France, des habitudes de pensée et d'action qui débordent souvent et parfois dominent ses préoccupations économiques.

Depuis les Pionniers de Rochdale et les coopérateurs du Commerce véridique et social, presque toutes nos Sociétés ont inscrit dans leurs buts l'entr'aide mutuelle. Non pas toutes avec la même efficacité: le rapport sur les œuvres sociales de la Coopération, adopté au Congrès de Strasbourg en 1920, montre non seulement la plus grande variété dans les formes d'entr'aide (maladie, naissance, vieillesse, décès, chômage involontaire ou non, voire même périodes militaires), mais aussi l'intensité la plus variable, depuis la société presque uniquement préoccupée de ses réserves et de son boni et qui ne fait figurer un modeste crédit d'œuvres sociales à son bilan que pour y marquer au moins la place de l'idéal, jusqu'aux sociétés plus généreuses, puissantes ou modestes, qui ont vraiment à cœur de réaliser des œuvres fraternelles d'entr'aide et dont les efforts, à cet égard, montrent les préoccupations les plus nobles et les plus touchantes des militants coopérateurs.

On peut dire que, par leur budget d'œuvres sociales, par leur idéal de solidarité, presque toutes nos sociétés coopératives sont plus ou moins des sociétés de secours mutuels, bien qu'elles n'aient pas jugé utile de se placer sous le régime de la loi du 1er avril 1898.

Quelques-unes même, et parmi les plus puissantes, ont constitué entre leurs membres de véritables mutuelles, au sens juridique. C'est lorsque la loi de 1861, sur l'exercice de la pharmacie, et la loi de 1898, sur les sociétés de secours mutuels, les obligeaient à prendre la forme légale sans laquelle il leur eut été interdit d'ouvrir pour leurs sociétaires des pharmacies mutualistes. Ce sont d'ailleurs les pharmacies mutualistes d'origine coopérative, ou qui comptent parmi leurs adhérents des mutuelles coopératives, qui sont les plus nombreuses et les plus fortes. En tout cas, depuis la guerre, les nouvelles pharmacies mutualistes ont été créées uniquement par l'initiative des coopérateurs, en particulier à Paris et à Bordeaux.

Le projet de loi sur les assurances sociales ne peut donc être indifférent, sur le fond, à la Coopération française. Il est pour elle, comme pour la mutualité, l'épanouissement de longs efforts fragmentaires et dispersés et leur justification officielle. Il est naturel aussi que la Coopération cherche dans cette loi si l'esprit dans lequelle elle a toujours agi a été respecté ou si, au contraire, la réglementation nouvelle ne va pas heurter ses principes.

***

Obligation. — Elle est de règle dans la Coopération puisque les œuvres sociales sont généralement indiquées dans les statuts ou dans un règlement intérieur obligatoire.

Dans les sociétés qui ont constitué une mutuelle entre leurs membres, il y a presque toujours obligation d'y être affilié. Tout au moins, on inscrit tous les sociétaires à la mutuelle, on retient d'office la cotisation sur le trop perçu, sauf refus formel et par écrit du sociétaire.

Organisation. — La création de Caisses régionales, ou Unions régionales de Caisses d'assurances, correspondant aux régions économiques, est conforme à l'organisation même de notre Fédération nationale, qui a adapté ses Fédérations régionales à la forme des régions économiques.

Ces Caisses et Unions peuvent percevoir facilement les cotisations patronales et ouvrières bloquées, par le système du précompte, sur les bordereaux d'assurance. Il est indispensable que les employeurs puissent s'acquitter par les procédés les plus faciles pour eux (chèques, virements, chèques postaux, mandats, etc.).

En ce qui concerne les différents risques, la Coopération admet qu'ils soient assurés, après répartition et ventilation des cotisations, par les mutuelles existantes ou à créer, à condition qu'elles aient la puissance et la forme reconnues indispensables pour le risque qu'elles voudront assurer. Ces mutuelles pourront être d'origine coopérative. Certaines coopératives désireront peut-être, en effet, administrer les cotisations de leurs membres soit pour la maladie, soit (par exemple notre Caisse fédérale des Retraites) pour la vieillesse.

La Coopération, en tout cas, ne conçoit pas le fonctionnement de l'assurance sociale sans la création immédiate, dans chaque canton ou commune importante, de Caisses sociales locales, ouvertes à tous, sans aucune distinction confessionnelle, politique, professionnelle, syndicale ou même coopérative. Elle pense que ces Caisses sociales sont précisément dans la tradition coopérative depuis 1913: concentration dans un organisme unique au moins par localité, et action publique en s'ouvrant à tout le monde. Il est probable qu'un grand nombre de sociétés coopératives préfèrent engager leurs membres à entrer dans les Caisses sociales, ce qui ne les empêchera pas d'ailleurs de marquer leur action dans ces caisses, grâce à leur discipline, à leur expérience et à leurs militants. Ceux-ci penseront, en effet, que c'est précisément dans les caisses les plus largement ouvertes que se fera l'assurance vraiment sociale.

En tout cas, il serait peut-être dangereux, pour l'application même de la loi, que les organisations expérimentées se désintéressent des caisses sociales où seront inscrits ceux qui, jusqu'à présent, n'ont jamais été prévoyants.

Cotisations et prestations. — La Coopération ne fait pas d'objection au pourcentage de 10 % du salaire moyen de la catégorie. Cette cotisation paraît élevée, mais il semble bien, d'autre part, que les prestations accordées et qui concernent des risques immédiats, la justifient entièrement. Un pourcentage inférieur entraînerait une assurance plus faible et une retraite moins élevée et, dans ce cas, causerait une résistance plus grande de la part des assurés. Un objet inutile ou insuffisant est toujours payé trop cher.

Le mouvement coopératif n'a pas à prendre parti en ce qui concerne la répartition envisagée; 5 % à l'employeur, 5 % à l'assuré. Il est probable que, dans ce cas comme dans d'autres, il y aura répercussion du prix de revient sur le prix de vente et, par conséquent, répartition réelle sur le consommateur.

Le système des classes de salaires paraît le plus simple. Il semble qu'il y aurait avantage à élever le salaire maximum jusqu'à 12.000 ou 15.000 francs. Cette modification ferait entrer dans la loi un certain nombre de salariés dont le salaire peut être considéré comme normal en raison du coût de la vie. Elle aurait aussi l'avantage d'améliorer le fonctionnement financier de la loi.

Pourquoi également ne pas obliger tout citoyen, même au-dessus de 15.000 francs de salaire, à entrer dans la catégorie supérieure de l'assurance? Est-il sûr de l'avenir? Ne tombera-t-il pas un jour dans les catégories de l'assurance obligatoire et, en ce cas, avec une retraite diminuée? Ne doit-il pas enfin, en tout état de cause, participer à une assurance qui à côté de buts individuels, aura à exercer une action sociale contre les fléaux qui déciment la race et qui risquent de l'atteindre, lui et sa famille?

En ce qui concerne l'assurance vieillesse, la Coopération estime le geste de l'Etat prenant à sa charge les sommes nécessaires à la garantie du minimum de 500 francs de retraite à ceux des travailleurs qui bénéficient de la loi de 1910 et dont la pension sera liquidée après la promulgation de la loi nouvelle. Elle regrette vivement que cette mesure ne soit pas prévue également en faveur des vieux ouvriers dont la pension est déjà liquidée. Ce serait non seulement nécessaire en raison du coût de la vie, frappant une catégorie de citoyens particulièrement intéressants et incapables de réagir, ce serait aussi un acte de justice, car ces pensions ne sont-elles pas payées avec les impôts actuels, en francs-papier, alors que l'Etat a employé autrefois les cotisations de ces travailleurs pour ses besoins en francs-or. L'Etat a bénéficié de la baisse des monnaies, n'est-il pas juste qu'il restitue aux plus intéressants et aux plus pauvres de ses rentiers? Ce sera d'ailleurs presqu'autant à diminuer du budget de l'assistance publique.

Enfin, la Coopération, qui groupe des familles plutôt que des individus, s'intéresse particulièrement à la femme et aux enfants. Aussi est-elle sensible à la place importante que le projet accorde à la maternité, conformément aux décisions de Washington, ainsi qu'aux charges de famille pendant la maladie et l'invalidité. La loi ne pourrait-elle pas prévoir la réversibilité d'une partie raisonnable de la pension sur la tête du conjoint de l'assuré en cas de décès de celui-ci, et ceci quelle que soit l'époque du décès. Il paraît indispensable que la ménagère, non assurée, qui, par suite du décès de son mari, devient salariée et entre dans l'assurance, ne soit pas trop infériorisée pour sa retraite. Il semble également difficile d'admettre que, lorsque l'assuré pensionné meurt, après avoir prévu la fin de sa vie dans la dignité de l'assurance, sa veuve soit aussitôt abandonnée et tombe dans l'humiliation de l'assistance publique.

Pour tous ces points et pour le détail des observations qu'il y a lieu de faire en ce qui concerne les cotisations et les prestations prévues au projet, la Coopération est généralement en complet accord avec les désirs exprimés, à l'unanimité, par les délégués des caisses de malades d'Alsace-Lorraine à leur Assemblée générale de Metz le 20 octobre 1921.

Administration. — Fidèle à son principe d'administration des choses par les usagers eux-mêmes, la Coopération réclame pour les assurés la majorité des places du Conseil d'administration. Elle ne pourrait donc admettre une diminution du chiffre prévu pour les assurés, soit 18 sur 36.

En raison de son action mutualiste passée, des services qu'elle peut rendre à l'assurance, et dans l'intérêt public qu'elle représente évidemment, la Coopération demande à être comprise parmi les organisations dont les représentants composeront le 4me quart du Conseil. Il y aurait peut-être intérêt à désigner dans la loi les neuf organisations qui participeront ainsi à la gestion de la caisse régionale. En tout cas, la Coopération estime, avec la Mutualité et les Syndicats, que le Ministre ne devrait désigner que les organisations, en laissant à celles-ci le soin de choisir leurs représentants. Dans les caisses sociales ou succursales, les deux organisations d'intérêt général pourraient être désignées: 1° dans les communes, par le maire; 2° dans les cantons, par la réunion des maires. Ces mesures auraient pour effet de donner aux divers conseils d'administration une forme plus démocratique tout en assurant la représentation des compétences.

Pour la simplification des opérations, et pour augmenter l'importance des caisses sociales et de la caisse régionale, il semble que les sections de l'office régional d'assurance pourraient être supprimées et leurs attributions reportées aux caisses sociales (art. 125). L'allocation prévue à l'art. 127 serait alors portée au compte des caisses sociales.

L'Office régional subsisterait conformément à l'art. 126.

Le paragraphe 10 de l'article 79, qui laisse à un décret et à un arrêté préfectoral le soin de désigner les personnes qui assureront le fonctionnement de la loi pendant la première année, sera admis difficilement. Il semble que les organisations mutualistes, syndicales, coopératives et patronales, qui s'intéressent à la loi, sont assez nombreuses et actives pour que les assurés, connus d'après les premiers bordereaux patronaux, puissent faire leurs élections conformément à la loi.

Enfin, une autonomie très grande de gestion, dans les limites nécessaires au contrôle, doit être accordée aux caisses sociales et aux unions régionales ou caisses régionales.

Finances. — Le fonctionnement financier de la loi ne peut donner lieu à aucune critique de la part du mouvement coopératif.

On pourrait toutefois préciser, in fine du paragraphe 4 de l'article 87, en ce qui concerne les insuffisances prévues du fond de garantie des pensions de vieillesse pendant les 30 premières années, que les avances du fond de réserves, non remboursées au bout de ces 30 années, seront prises en charge par la caisse de garantie *ou à défaut par l'Etat*. La garantie de ces prélèvements ne saurait, en effet, être trop grande.

A l'article 94, la Coopération émet le vœu que les placements prévus au paragraphe 2 soient autorisés jusqu'à concurrence de 100 %, comme dans la législation antérieure, en ce qui concerne les départements, communes, colonies et établissements publics.

A l'alinéa C de ce même paragraphe : Prêts hypothécaires sur habitations ouvrières ou jardins ouvriers, la Coopération demande que soient ajoutés les prêts hypothécaires sur les immeubles appartenant aux Sociétés coopératives qui répondent à la définition de la loi du 7 mai 1917. Ces prêts, d'ailleurs, ne manqueraient pas d'être autorisés par l'article 105 du projet au cas où des caisses coopératives d'assurance-vieillesse seraient créées conformément à l'article 104 modifié, c'est-à-dire assimilant les caisses coopératives gérant les cotisations des coopérateurs, aux caisses patronales gérant les cotisations de leurs employés. On peut donc admettre ces prêts à l'article 94 avec les garanties prévues à l'article 105 (première hypothèque et 50 % de la valeur) et au besoin avec la garantie supplémentaire de l'organisation bancaire nationale des coopératives françaises.

Sanctions. — Pour les motifs exposés dans la première partie de ce rapport, la Coopération désire les sanctions les plus efficaces. Aussi, estime-t-elle qu'il est impossible d'atténuer les dispositions des articles 19 et 20 du projet.

En ce qui concerne l'employé, il y a intérêt également à une sanction au cas où sa résistance rendrait pratiquement impossible le précompte par le patron. En ce cas, celui-ci transmettrait son bordereau avec son seul versement et la mention de refus de paiement par l'employé. La Caisse sociale serait chargée d'adresser un avis à l'employé. Pendant toute la durée du non-versement, l'employé continuerait à être assuré pour les soins médicaux et les produits pharmaceutiques, ainsi que sa famille, mais il n'aurait pas droit à l'indemnité de maladie ou d'invalidité.

De plus, pour les classes 3, 4, 5 et 6 les versements au compte retraite seraient diminués de la part de la prime non versée sur le risque soins et pharmacie. Il semble que cette sanction pourrait déterminer le versement de l'employé et éviterait à l'employeur des discussions délicates ou difficiles.

***

Les assurés considérés comme consommateurs de soins. — Lescontrats qui seront passés entre les caisses régionales et unions de caisses sociales et les organisations médicales, nous font revenir dans le domaine spécifiquement coopératif.

Là, les coopérateurs peuvent avoir une opinion très nette. Ils ne veulent pas de la médecine au rabais, que les Sociétés de secours mutuels ou des établissements de bienfaisance ont pu obtenir assez souvent de jeunes débutants sans clientèle ou de médecins philanthropes. L'un et l'autre cas sont contraires à la dignité du malade et aux intérêts du médecin. Ils n'admettent pas non plus les tarifs différentiels établis par certains syndicats médicaux ou par certains médecins, et d'après lesquels les malades sont rangés en diverses catégories sociales selon l'impression du médecin. Ils tiennent : 1° à payer le juste prix; 2° à obtenir des soins efficaces.

I. Le juste prix des soins est difficile à déterminer. On peut connaître à peu près, et encore, le juste prix d'un objet matériel, en tout cas son cours sur le marché. Les soins médicaux sont faits de science, d'expérience, de travaux antérieurs, d'intelligence, toutes choses non mesurables. Encore peut-on dire que lorsque le médecin emploie ses ressources intellectuelles pour soigner son malade, celui-ci est incapable de s'en rendre compte et ne peut leur appliquer une valeur d'échange. La discussion isolée entre malade et médecin est donc inefficace, et les procédés ordinaires de la concurrence commerciale ne peuvent pas rendre justes les prix des soins médicaux. Un malade choisit son médecin pour des raisons qui n'ont rien à voir avec la valeur exacte des soins qu'il recevra et il ne peut savoir si le prix qu'il a payé est inférieur ou supérieur.

Puisque les consommateurs se sont associés en vue de rémunérer justement les services des producteurs, il semble donc qu'ils ont un intérêt au moins égal à s'associer pour rémunérer justement les soins médicaux, d'autant plus que les malades isolés ont beaucoup moins de défense encore que les acheteurs isolés.

A cet égard, l'association des assurés peut donc être considérée comme une coopérative mutuelle et c'est elle qui doit discuter avec les médecins pris isolément, car si l'assuré n'est pas compétent pour reconnaître la valeur des soins qui lui sont donnés, l'association aura-t-elle plus de compétence ? C'est donc plutôt avec l'organisation syndicale de médecins qu'elle discutera, car elle pourra lui faire confiance, et il y a toute chance, en raison de la valeur morale des deux groupes en présence pour que l'accord intervenu entre eux soit le plus équitable.

Il semble bien que c'est le régime du forfait par tête d'assuré qui donne le plus de garantie financière, et qui laisse en même temps à l'organisation syndicale le plus de dignité.

Ainsi, plus de discussions pécuniaires mêlées à la mission si élevée du médecin. Celui-ci partagera avec ses pairs, selon son travail et sa compétence, le montant total payé par l'assurance à l'organisation médicale pour maintenir les assurés en bonne santé. Et ainsi apparaît la combinaison ingénieuse qui remplace la notion des soins médicaux aux malades aigus par la notion de santé au sens collectif. A la médecine qui soigne pour faire disparaître les symptômes, le contrat ajoute la préoccupation de la médecine qui combat la maladie d'abord, préventiment, puis jusqu'à disparition complète des germes les plus cachés.

Ce sont les médecins eux-mêmes dans leurs groupements, qui détermineront la valeur relative du travail et des compétences. Ils tiendront compte du nombre des visites, de l'éloignement, de la spécialité des frais et des responsabilités dans les inventions. Probablement, les médecins demanderont à placer les interventions chirurgicales en dehors du forfait, à cause des aléas, et ceci dans l'intérêt du malade, mais un tarif officiel sera établi. De même, les assurés demanderont peut-être que le traitement des maladies très longues soient rémunéré en dehors du forfait et sans tenir compte du nombre des visites; ceci permettra des soins plus efficaces pour la tuberculose, et la protection de la famille par l'éloignement du malade. En tout cas, toujours, il y aura libre débat des tarifs. Ceux-ci devront être tels que les médecins auront une existence aisée et digne par un travail librement organisé par eux-mêmes. Les différences de traitement proviendront d'une part, du libre choix des assurés eux-mêmes, et d'autre part, des spécialisations.

Le groupement professionnel aura tout intérêt à veiller à la réduction raisonnable du nombre des médecins et les assurés sauront agir auprès du même groupement lorsqu'il leur semblera que ce nombre est trop réduit. On n'assistera donc plus au spectacle anarchique des régions où beaucoup de médecins ont peine à vivre tandis que d'autres régions sont exploitées et mal soignées par des médecins trop peu nombreux.

Il est certain que les tarifs d'assurance, basés sur des moyennes, seront considérés comme inférieurs par les médecins qui se sont acquis une renommée. A ceux-ci, l'assurance pourra offrir des traitements suffisamment élevés dans ses maisons de santé. Ils auront aussi à soigner les personnes non comprises dans l'assurance. C'est cette dernière considération qui portera un certain nombre de médecins à s'opposer à l'augmentation du maximum de salaires, et surtout à l'obligation pour tout citoyen, même riche, de s'assurer dans la catégorie la plus élevée.

Pourtant, l'assurance n'est pas l'assistance, et le forfait devra pouvoir assurer à l'ensemble des médecins des avantages égaux à ceux d'aujourd'hui. Peut-être même supérieurs, en raison des efforts que fera l'assurance pour persuader les malades de se faire soigner dans les établissements spécialisés et non chez eux. Il faut dire aussi qu'un certain nombre d'assurés riches, ou même simplement aisés, voudront, conformément à l'article 24, être soignés par un médecin ayant un nom, quelquefois aussi par un médecin n'appartenant pas à l'assurance.

II. Les consommateurs de soins non seulement, voudront le juste prix, mais des soins efficaces.

Déjà, le contrat avec l'organisation médicale permettra une orientation rapide des études médicales vers l'hygiène sociale. De même, ce contrat obligera les médecins à accepter le self-contrôle. Des médecins contrôleurs, nommés par l'organisation médicale et payés par l'assurance, veilleront à la durée des incapacités de travail. Il est évident que l'intérêt de leur groupement coïncidera avec l'intérêt des malades et qu'ils redresseront les erreurs, d'abord amicalement puis, si besoin est, en éliminant les mauvais éléments dont la liberté actuelle est extrêmement nuisible à la bonne renommée du corps médical. Il va sans dire qu'ils n'admettront aucun des procédés de réclame par lesquels les malades sont si souvent dupés. Enfin, à l'exemple des caisses de malades d'Alsace-Lorraine, un médecin de confiance, respecté de tous, aura le dernier mot. Il examinera particulièrement les ordonnances du point de vue de l'économie dans les prescriptions.

Ainsi, l'assurance donnera aux consommateurs de soins la garantie d'un contrôle d'autant plus efficace que l'intérêt collectif des médecins sera de les conserver en bonne santé et non de cultiver leurs maladies.

***

Les assurés considérés comme consommateurs de produits pharmaceutiques. — La Coopération a toujours considéré qu'il y avait lieu d'assurer en premier lieu le juste prix des produits nécessaires à l'existence : pain, alimentation, charbon, etc... Il est certain que les produits pharmaceutiques entrent dans cette catégorie et les Sociétés coopératives belges, comme les municipalités italiennes ont fait à cet égard de très grands efforts et obtenu les meilleurs résultats.

En France, la loi n'autorise pas encore la défense du consommateur de produits pharmaceutiques.

L'assurance toutefois pourra passer avec les syndicats de pharmaciens des contrats comportant un tarif étudié d'après le prix des matières et d'après le travail de manipulation. Cette première défense sera complétée : 1° par le contrôle des produits délivrés; 2° par le contrôle des pharmaciens-experts payés par l'assurance en ce qui concerne les prix.

Le médecin de confiance d'autre part aura la charge de contrôler les ordonnances du point de vue économique. La petite brochure du Docteur Ott, de Strasbourg, est très suggestive à cet égard. Elle montre comment un médecin peut obtenir le même résultat médical avec moins de frais, s'il tient compte de la valeur relative des médicaments, de leur quantité raisonnable, et de leur conservation, de leur manipulation et même de leur emballage. Toutes choses dont l'observation donne chaque fois une petite économie, mais multipliée par plusieurs fois dix mille.

Les tarifs des syndicats des pharmaciens pourront être d'ailleurs utilement influencés par les tarifs des pharmaciens mutualistes et en particulier par le tarif des pharmacies qui seront créées par l'assurance, assimilée aux sociétés mutuelles régies par la loi du 1er avril 1898. Il est indispensable pour cela, que cette assimilation soit inscrite dans la loi. La concurrence en ce cas ne peut manquer d'être loyale puisque l'assurance n'aurait aucun intérêt à délivrer à ses malades (dont le choix d'ailleurs sera libre) des produits qui lui reviendraient plus cher que ceux délivrés par les pharmacies privées.

Au surplus, les produits à réclame coûteuse seront ordinairement écartés. Ce sont en général des compositions dont on connaît la formule galénique. Ce sont souvent aussi des produits commerciaux qui font le plus grand tort non seulement aux médecins, mais aussi aux malades en leur donnant une illusion néfaste.

***

L'hygiène alimentaire. — La Coopération sur ce terrain se rencontrera encore avec l'assurance sociale et celle-ci trouvera dans l'organisation coopérative le moyen le plus efficace de diminuer considérablement les risques de maladies par la lutte contre les produits falsifiés et par la propagande des meilleurs moyens de préparer les aliments. Des laboratoires comme celui de la Coopérative de Bâle dépisteront les fraudes et les mauvais produits seront impitoyablement chassés de la consommation.

L'habitation, les sports. — Beaucoup de Sociétés ont inscrit dans leurs buts la construction d'habitations. Non seulement pour lutter contre les prix élevés, mais aussi pour que les coopérateurs veillent eux-mêmes à l'amélioration du logement non plus en vue du profit, mais en vue de la commodité de l'habitant. Les Sociétés n'ont presque jamais atteint ce but, faute de capitaux. L'assurance sociale, en vue de réduire le nombre des taudis et de créer pour les travailleurs un milieu plus sain et par conséquent moins coûteux pour elle, aura intérêt à aider les Sociétés d'habitations à bon marché et les Coopératives de maisons ouvrières. Le meilleur placement de l'assurance sera évidemment le placement en santé publique, puisque à côté de l'intérêt normal de l'argent, elle bénéficiera dans l'avenir d'une sérieuse économie de prestations.

Dans le même ordre d'idées, la préoccupation de vulgariser la pratique des sports si répandue dans la Coopération, est une aide précieuse pour l'assurance sociale.

Il était d'ailleurs évident à priori que l'assurance sociale et la Coopération représentant toutes deux au plus haut degré l'intérêt général, ayant un domaine d'action extrêmement large et divers, ne pouvaient manquer d'avoir un certain nombre de points communs et de les résoudre dans le même esprit, avec le même souci de l'intérêt supérieur des travailleurs associés.

PROPOSITION DE RÉSOLUTION

Le Congrès national de la Coopération, réuni à Marseille, les 25, 26, 27 et 28 mai 1922;

I. — Considérations générales.

Considérant que le projet de loi sur les assurances sociales est l'épanouissement des longs efforts fragmentaires et dispersés de la Coopération et de la Mutualité françaises en faveur de la solidarité sociale;

Approuve ce projet dans ses grandes lignes, déclare nécessaire d'assurer les travailleurs contre tous les risques de perte de salaire par suite de maladie, d'invalidité et de vieillesse, estime que l'obligation doit être à la base de la loi;

Insiste surtout sur l'urgence du vote de la loi, de façon à en obtenir l'application avant la fin de la présente législature.

II. — Considérations particulières.

Demande que l'assurance soit administrée par les assurés eux-mêmes, selon la tradition de la Coopération française dans les organismes uniques et ouverts à tous, c'est-à-dire dans les caisses sociales, et ceci dès l'application de la loi, contrairement au paragraphe 10 de l'article 79 du projet;

Demande, pour les Sociétés coopératives, le droit de constituer pour leurs membres des caisses de complément, soit pour l'assurance-maladie, soit par la Caisse fédérale des retraites, pour l'assurance-vieillesse;

Recommande toutefois aux Coopératives d'engager plutôt leurs membres à s'affilier aux caisses sociales, mais en maintenant à l'intérieur des caisses leur union et leur discipline de façon à faire pénétrer des coopérateurs au sein des Conseils d'administration à tous les degrés.

En ce qui concerne les catégories d'assurés, émet le vœu que le salaire maximum soit porté à 15.000 francs, et que l'obligation soit étendue à tout citoyen salarié, même au delà de ce chiffre, pour la catégorie supérieure de l'assurance, avec versement entier à sa charge.

Déclare absolument nécessaire que les vieux travailleurs qui sont ou qui seront pensionnés sous le régime de la loi des retraites de 1910, aient la garantie du minimum de 500 francs et que la réversibilité d'une part raisonnable de la pension sur la tête du conjoint soit inscrite dans la loi.

Au point de vue du placement des fonds de l'assurance, émet les vœux suivants :

1° Art. 94, § 2, alinéa *a*). — *Pourcentage porté à 100 % en faveur des départements, communes, colonies et établissements publics.*

2° Ar. 94, § 2, alinéa *c*). — *Autorisation des prêts hypothécaires sur les immeubles appartenant à des Sociétés coopératives répondant à la définition de la loi du 7 mai 1917, ou aux unions de ces Sociétés.*

3° Art. 104. — *Assimilation des caisses coopératives gérant les cotisations de leurs membres aux caisses patronales gérant les cotisations de leurs employés.*

Estime enfin que la défense des consommateurs de soins et de produits pharmaceutiques sera plus efficace si les organes de l'assurance passent des contrats avec de puissantes organisations syndicales de médecins et de pharmaciens. Celles-ci auront alors pour préoccupation dominante l'organisation rationnelle et économique de la médecine, l'hygiène sociale et la prophylaxie des maladies contagieuses. Le contrat sauvegardera à la fois les intérêts des médecins et ceux des malades par la combinaison ingénieuse du forfait collectif par tête d'assuré et par le self-contrôle médical.

Demande l'encouragement à la création de pharmacies mutualistes et même de pharmacies coopératives, tout en conservant les garanties techniques inscrites dans la loi de 1861 sur l'exercice de la pharmacie.

Invite toutes les Sociétés coopératives à étudier et à propager l'idée des assurances sociales et à prendre dans l'application de la loi la place légitime et de premier plan qui revient à la Coopération, d'accord avec les organisations syndicales et les organisations mutualistes.

Résumé du projet de loi sur les Assurances sociales

ASSUJETTIS. — a) *Obligatoires: Les salariés et métayers des deux sexes, jusqu'à 10.000 francs de salaires par an.*

b) *Facultatifs: fermiers, artisans, petits patrons, seuls ou avec un ouvrier, ayant un revenu annuel inférieur à 10.000 francs.*

Tableau général des prestations accordées aux assurés

CLASSES DE SALAIRES	SALAIRES DE BASE		COTISATIONS dues respectivement par l'assuré et l'employeur		MALADIE Pendant les six premiers mois		MALADIE Après les six premiers mois		MATERNITÉ				DÉCÈS		INVALIDITÉ				VIEILLESSE	PENSION transitoire
									ALLOCATION JOURNALIÈRE accordée pendant 12 semaines	ALLOCATION mensuelle d'allaitement		ALLOCATIONS de NAISSANCE			RENTE TOTALE pour incapacité de travail		RETRAITE POUR INCAPACITÉ partielle de travail 60 0/0	MAJORATION par ENFANT		
	Journalier	Annuel	Journalières	Annuelles	Allocation journalière	Majoration par enfant	Allocation mensuelle	Majoration par enfant		Premier mois	Mois suivants		VERSEMENT	MAJORATION PAR ENFANT					RETRAITE GARANTIE après 30 années de versements	MINIMUM DE RETRAITE GARANTI invalidité et vieillesse
1	2	3	4	5	6	7	8	9	10	11	12	13	14	15	16	16	17	18	19	20
																0/0 par rapport au salaire moyen				
1re	0 à 4 (3)	0 à 1.200 (900)	0 15	45	1.50	0.50	45 »	10 »	1.50	25 »	15	200 francs, dont 100 francs à la naissance si l'enfant naît viable et 50 fr. à la fin du sixième mois, et 50 francs à la fin du douzième mois si l'enfant survit. Cette allocation est portée au double si le père et la mère sont tous deux assurés.	150	100	500	55	300	100 francs en en cas d'incapacité totale de travail. Cette majoration subit, en cas d'incapacité partielle de travail, une réduction proportionnelle.	500	500
2e	4 à 8 (6)	1.200 à 2.400 (1.800)	0.30	90	3 »	0.50	75 »	10 »	3 »	25 »	15		300	100	900	50	540		900	500
3e	8 à 13.50 (10.00)	2.400 à 4.000 (3.200)	0.55	160	5.25	0.50	110 »	10 »	5.25	25 »	21		525	100	1.275	40	705		1.275	500
4e	13.50 à 20 (16.00)	4.000 à 6.000 (5.000)	0.85	250	8.25	0.50	140 »	10 »	8.25	33 »	33		825	100	1.050	33	900		1.050	500
5e	20 à 26.75 (23.33)	6.000 à 8.000 (7.000)	1.20	350	14.50	0.50	195 »	10 »	11.50	46 »	46		1.150	100	2.325	33	1.395		2.325	500
6e	26.75 à 33.50 (30)	8.000 à 10.000 (9.000)	1.50	450	15 »	0.50	250 »	10 »	15 »	60 »	60		1.500	100	3.000	33	1.800		3.000	500

c) *Assurance-vieillesse, continuée pour ceux qui ne réunissent plus ces conditions, mais veulent continuer les versements pour ce risque.*

CLASSES DE SALAIRES. — *Les assujettis sont groupés en six classes déterminées par leur salaire (colonnes 2 et 3 du tableau ci-après).*

COTISATIONS. — *10 % du salaire moyen de chaque classe. La cotisation est due moitié par l'assuré, moitié par le patron. Celui-ci retient donc 5 % sur le salaire, par le système du précompte. Il ajoute la même somme et verse le tout à la Caisse régionale des Assurances sociales.*

AVANTAGES. — *L'assurance sociale intervient pour aider l'assuré à surmonter les crises qui atteignent la santé ou le salaire de l'ouvrier: maladies courtes, maladies longues, invalidité, vieillesse, mort. Elle tient compte en même temps des charges de famille.*

MALADIE COURTE. — *Soins médicaux et chirurgicaux, traitements spéciaux, médicaments. Du 4e au 180e jour: allocation journalière (environ la moitié du salaire moyen), plus 0 fr. 50 par jour et par enfant pour toutes les classes (colonnes 6 et 7).*

Le conjoint et les enfants de moins de 16 ans ont droit aux secours médicaux, chirurgicaux et pharmaceutiques.

MALADIE LONGUE. — *Au delà de 6 mois et pendant 4 ans et demi de maladie, mêmes droits aux soins médicaux et aux médicaments.*

Allocation mensuelle du 1/3 du salaire moyen pour la catégorie la plus élevée. Cette proportion augmente au fur et à mesure que le salaire diminue, jusqu'à 1/2 pour les salaires les plus faibles. Majoration de 10 francs par enfant pour toutes les classes (colonnes 8 et 9).

INVALIDITÉ. — *Un ouvrier malade plus de 5 ans, avec 60 % au moins d'incapacité de travail, est dit invalide. Il est considéré comme vieillard prématuré et une pension d'invalidité lui est accordée. Elle est, pour une invalidité totale, de 33 % du salaire moyen pour les salaires élevés. Cette proportion augmente au fur et à mesure que le salaire diminue. Elle est de 55 % pour les bas salaires. Majoration de 100 francs, par enfant pour toutes les classes (colonnes 16 et 18). Cette rente est naturellement réduite au pourcentage d'invalidité constaté par l'examen médical. La colonne 17 donne la pension la plus réduite.*

MATERNITÉ. — *L'assurée a droit aux soins médicaux, chirurgicaux et aux médicaments pendant sa grossesse et six mois après l'accouchement. Six semaines avant et six semaines après la naissance, elle a droit au repos payé selon l'indemnité journalière allouée en cas de maladie (colonne 10).*

Si elle allaite son enfant, ce qui peut lui causer des difficultés dans son travail, elle a droit à une indemnité allant de 25 à 60 fr. pour le premier mois et de 15 à 60 francs par mois pour les onze mois suivants.

La mère reçoit de plus 100 francs à la naissance de l'enfant, 50 francs six mois après et 50 francs douze mois après. Cette allocation est doublée si le père et la mère sont tous deux assurés (colonne 13).

DÉCÈS. — *Allocation au conjoint survivant d'une allocation allant de 150 à 1.500 francs (colonne 14), majorée de 100 francs par enfant pour toutes les classes (colonne 15).*

VIEILLESSE. — *Après 30 ans de versements, retraite variant de 500 à 3.000 francs (colonne 10). Age: 60 ans, avec faculté de faire liquider la pension à 55 ans ou de la différer jusqu'à 65 ans.*
Minimum garanti de retraite: 500 francs.

FONCTIONNEMENT DES ASSURANCES. — *Dans chaque région d'assurances (correspondant à la région économique), une Caisse régionale chargée de toutes les opérations des assurés, sauf lorsque ceux-ci ont demandé que leur compte maladie courte ou vieillesse soit tenu par une Caisse de complément (mutualiste, syndicale ou patronale).*
Dans chaque canton ou commune de plus de 10.000 habitants, est constituée une section qui ouvre une succursale chargée du service des prestations du groupe.
La section a un Conseil composé de deux assurés, deux employeurs, deux représentants d'Associations. Ces administrateurs nomment au deuxième degré le Conseil de la Caisse régionale composé de 18 assurés, 9 employeurs et 9 représentants d'associations d'intérêt général. Ces Conseils élaborent leur règlement intérieur, nomment leur directeur et leurs employés, assurent le fonctionnement administratif et la comptabilité, fixent les jetons de présence et les frais de voyage de leurs membres.
La Caisse régionale reçoit toutes les cotisations. Elle les ventile dans tous les comptes chargés de supporter les différents risques. Elle les répartit ensuite aux diverses caisses de complément pour les assurés inscrits à ces caisses.
Ces ventilations sont indiquées par la loi. Le taux en est revisable périodiquement selon les données des statistiques de l'ensemble des caisses.
Les fonds sont placés en valeurs d'Etat, en obligations communales ou ferroviaires, en prêts aux départements, communes, colonies, en prêts hypothécaires sur habitations ouvrières ou jardins ouvriers, en terrains et immeubles destinés à des établissements de prévention et de cure.
Les caisses de complément, selon certaines conditions de forme et de nombre, peuvent se charger des sections suivantes: maladie courte, maternité, charges de famille, vieillesse.
Une caisse générale de garantie, alimentée par une partie des réserves des caisses a pour but, la compensation et la réassurance. Elle est administrée par 18 représentants des caisses régionales, 9 des caisses de complément et 9 des intérêts généraux. Son fonctionnement est réglé par la loi.

PARTICIPATION FINANCIÈRE DE L'ETAT. — *1/3 de la cotisation nécessaire pour l'assurance maladie des invalides (l'autre tiers par la commune, le troisième tiers par l'invalide).*
Toutes les allocations de charges de famille. 1/2 de la construction et aménagement des établissements de cure et de prévention des caisses. La garantie du minimum des pensions d'invalidité et de vieillesse, les frais de gestion des caisses (4 % des services de répartition, 2 francs par compte-vieillesse, 3 francs par compte retraite; les frais des offices d'assurance.

ADMINISTRATION ET JURIDICTION. — *Un Office régional d'assurance : contrôle et propagande. Il comporte une direction au chef-lieu de la région et un bureau dans chaque section d'arrondissement.*
Les sections de l'Office sont chargées : de l'immatriculation, de

la délivrance et de la mise à jour des livrets, des renseignements, de la transmission des déclarations, de la transmission des adhésions.
L'Office est la première juridiction pour les litiges des assurances.

CONTENTIEUX. — 1° *Un Conseil local du contentieux dans chaque arrondissement; 2° Un Conseil régional du contentieux; 3° Un Conseil supérieur du contentieux, contestations, poursuites, recours en annulation, validité des élections. Toute la procédure est réglée par la loi.*

COMITÉ CONSULTATIF DES ASSURANCES SOCIALES. — *Qui nomme une section permanente.*

RÉGIMES SPÉCIAUX. — *Ils sont maintenus par la loi, à condition que les avantages soient au moins égaux à ceux de la loi.*

TABLE DES MATIÈRES

Pages

Ouverture du Congrès 5
Discours d'ouverture de Charles Gide, président. 5
Les organisations étrangères excusées 10

Réception des délégués étrangers 15
Discours de Galacher, délégué de la Wholesale écossaise. . 15
Discours de Mac Leod, délégué de la Wholesale écossaise. . 16
Discours de Dupont, délégué belge 18
Discours de Nast, représentant de l'Office National du Crédit agricole 20

La réglementation des travaux du Congrès 24
Rapport de la Commission de vérification des mandats . . . 27

Discussion sur le rapport du Conseil Central 27
Discours de Landy. 27
Discours de Henriet 29
Déclaration de G. Gérard. 40
Discours de Poisson 41

Rapport de la Commission de Contrôle 55

Vote du rapport du Conseil Central 55

La crise économique et ses répercussions sur le mouvement coopératif 55
Discours de Henriet 56
Intervention de Thiriet 60
Discours de Boyet 64
Discours de Gaston Lévy. 81

Organisation et extension des colonies de vacances au profit des coopérateurs 94
Discours de Lavielle 94
Discours d'Isidore Lévy 96

Nomination du Conseil Central. 101
Discours de Joseph J. Davis, délégué de l'Union Coopérative de Grande-Bretagne 105

Pages

Création d'un Office de Publicité à la F. N. C. C. 106
Discours de Maisonneuve 106
Intervention de Camin 107

La représentation des consommateurs dans les Conseils des Services Publics et des Monopoles de fait 109
Discours de Henriet 109
Discours de Chiousse 116
Discours de Blondelu 117
Discours de Poisson 119
Intervention de Deschamps 123

Les rapports de la Commission des Résolutions 125
Les conférences spéciales 129

ANNEXES

RAPPORTS ET DOCUMENTS

PREMIÈRE PARTIE

Pages

Rapport de la F. N. C. C. et des différents services :

Bureau permanent de la F. N. C. C. 133
Conseil Central. 133
Renouvellement du tiers du Conseil central. 134
Commission de Contrôle. 134
Service administratif 134
Conseil supérieur du Travail. 135
Le mouvement des Sociétés 135
Les Sociétés de développement. 135
La famine en Russie. 144
Régions libérées. 144
Bourses d'apprentissage 144
Crédits du Ministère du Travail 144
Représentation aux Congrès étrangers 145
Journal " L'Action Coopérative ". 145
Librairie. 145
Statistique 146
Propagande coopérative 146
Journée d'adhésion. 147
Service juridique 148
Questions fiscales 148
Comité d'éducation. 150
Ecole coopérative 150
Office technique 151
Chaire au Collège de France 152
Conseil supérieur de la Coopération 152
Décisions et vœux du Congrès de Lyon. 155
Alliance coopérative internationale. 157

Rapport de la Commission de Contrôle 165

Bilan au 31 Décembre 1921 165
Rapport de la Caisse Fédérale 170

DEUXIÈME PARTIE

Rapports sur les questions inscrites à l'ordre du jour du Congrès :

La crise économique et ses répercussions sur le mouvement coopératif 172
Rapport Gaston Lévy.

La représentation des consommateurs dans les conseils de gestion des Services publics et des Monopoles de fait 176
Rapport Ernest Poisson.

Organisation et extension des colonies de vacances au profit des Consommateurs 184
Rapport Berland et Isidore Lévy.

Création d'un Office de publicité à la F. N. C. C. 190
Rapport Maurice Camin.

Conférences spéciales :

De la place à donner à l'Enseignement de la Coopération dans l'Enseignement supérieur, secondaire et primaire 194
Rapport Charles Gide.

Les Assurances sociales et la Coopération 201
Rapport G. Yung.

BIBLIOTHÈQUE NATIONALE R.F. IMPRIMÉS

L'ÉMANCIPATRICE, 3 RUE DE PONDICHÉRY, PARIS (XVe) - 8044-8-22

www.ingramcontent.com/pod-product-compliance
Ingram Content Group UK Ltd.
Pitfield, Milton Keynes, MK11 3LW, UK
UKHW020243180726
13839UKWH00001B/149

9 782329 201795